読解力と語彙力を鍛える!

なぞ解きストーリードリル

四字熟語

小学4年生から

ナツメ社

監修 陰山英男　物語 たかはしみか

もくじ

この本の使い方

なぞ解《と》きストーリードリル

物語を読もう！

主人公たちがなぞ解《と》きに挑戦《ちょうせん》する物語を読んで、楽しみながら問題を解《と》いていこう。見開きページの物語を読んだら、下の段《だん》の問題にチャレンジ！

線をヒントに！

文章には、読解問題《どっかいもんだい》に関係《かんけい》のあるところに線が引いてあるよ。線をヒントにして、答えを読み取ろう。

四字熟語《よじじゅくご》を学ぼう！

文章中の、覚《おぼ》えておきたい四字熟語《よじじゅくご》は、太字で示《しめ》しているよ。文章の中でどんなふうに使われているか注目しよう。また、下の段《だん》で「四《よ》字熟語《じじゅくご》の問題」として出題されている四字熟語《よじじゅくご》には、黄色いマーカーが引いてあるよ。前後の文章の流れから、その四字熟語《よじじゅくご》がどんな意味で使われているかを考えながら読むようにしよう。

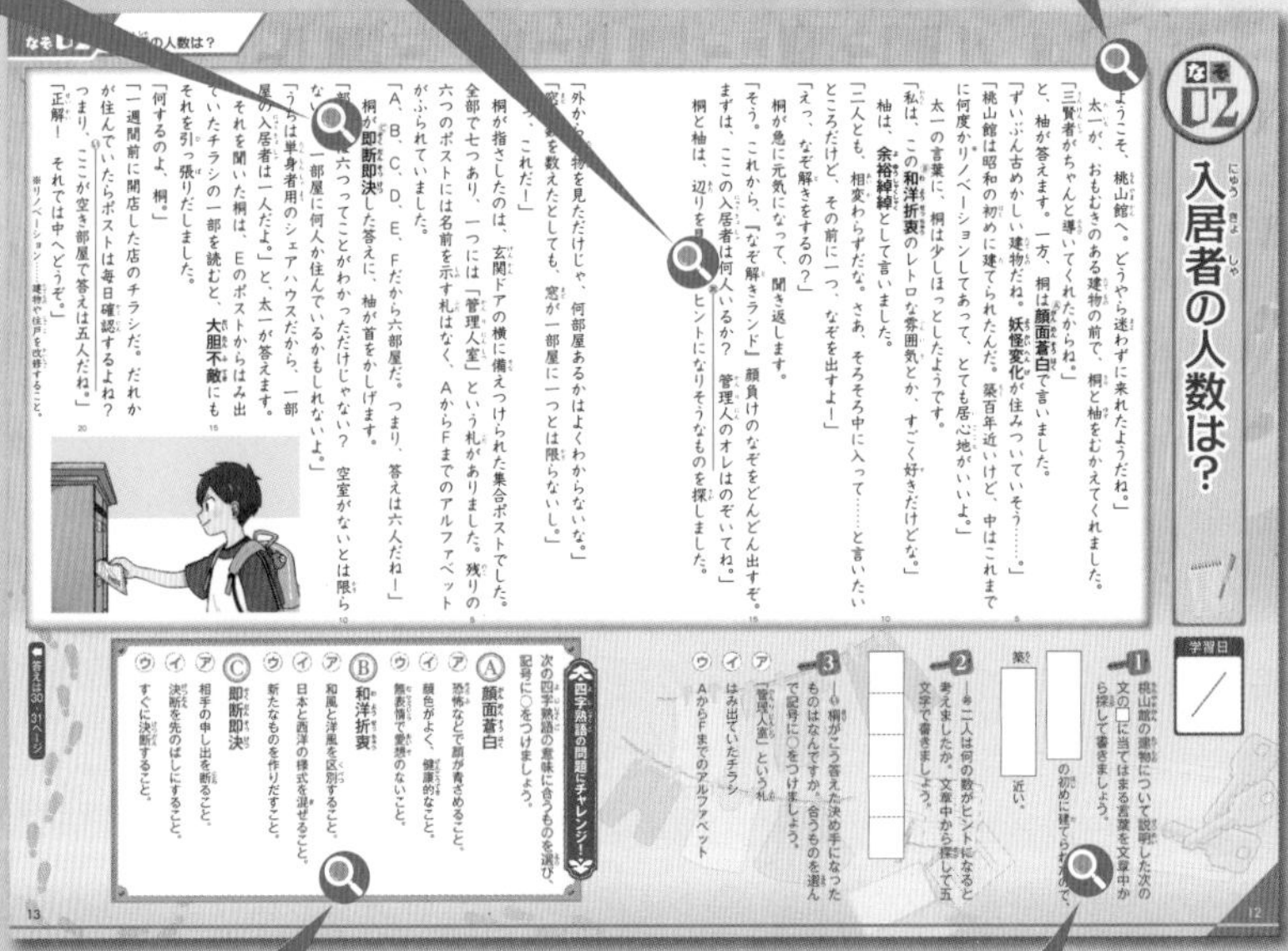

読解問題《どっかいもんだい》を解《と》こう！

右側《みぎがわ》のページでは、読解問題《どっかいもんだい》が出されているよ。文章をよく読んで、問題に答えてね。

四字熟語《よじじゅくご》の問題を解《と》こう！

左側《ひだりがわ》のページでは、四字熟語《よじじゅくご》の問題に取り組んでみよう。問題を解《と》くことで、四字熟語《よじじゅくご》の意味や使い方を勉強することができるよ。

解《と》き終《お》わったら

答えと解説《かいせつ》

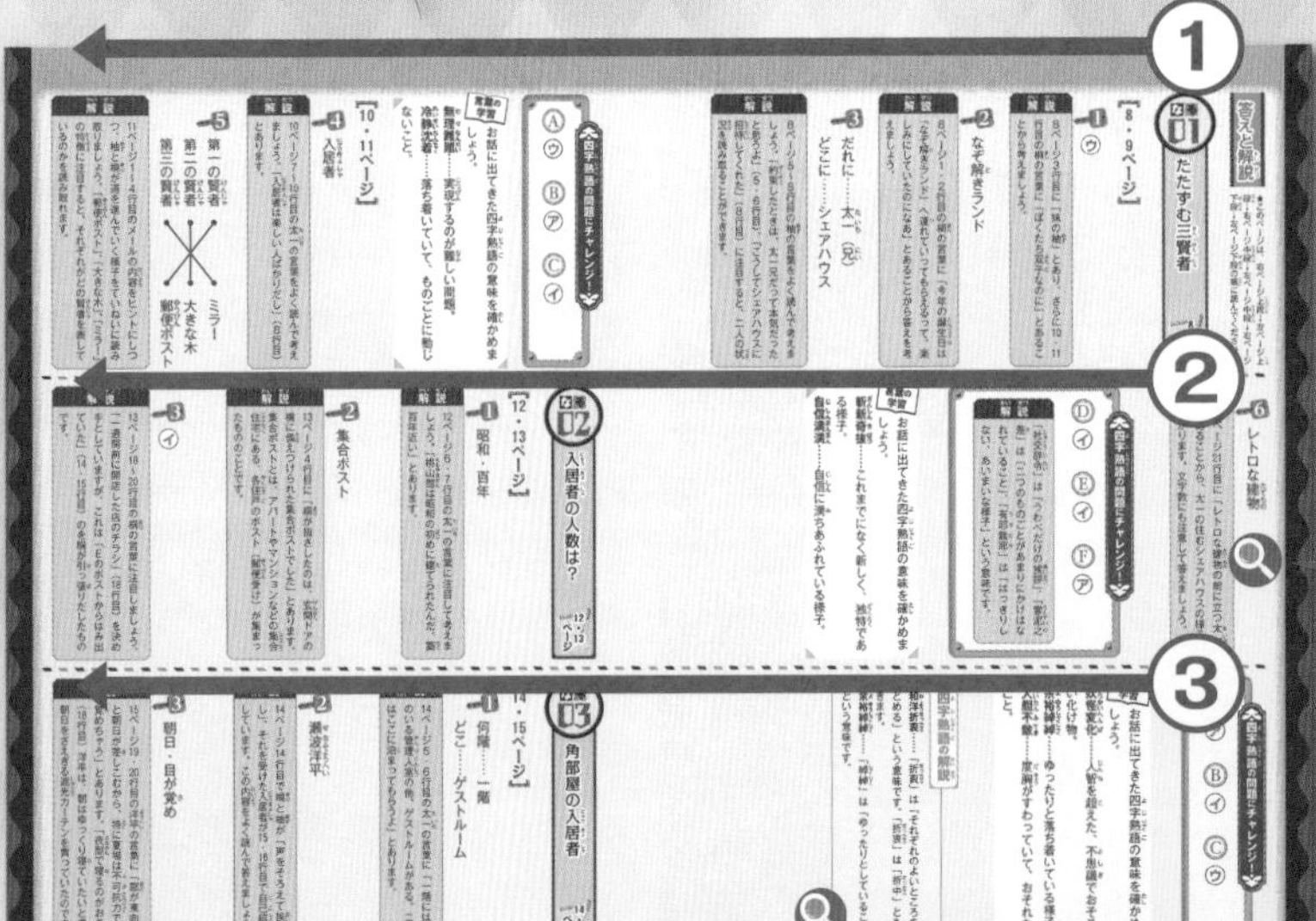

答えと解説《かいせつ》を読もう！

問題の答えと、答えを導《みちび》きだす方法《ほうほう》や考え方の説明《せつめい》が書かれているよ。①右ページ上段《じょうだん》→左ページ上段《じょうだん》→②右ページ中段《ちゅうだん》→左ページ中段《ちゅうだん》→③右ページ下段《げだん》→左ページ下段《げだん》の順《じゅん》で読んでね。まちがえてしまった問題は特《とく》にしっかり読んで、答えの見つけ方を身につけよう。

言葉の意味を確《たし》かめよう！

『言葉の学習』では、物語に出てきた四字熟語《よじじゅくご》の意味を説明《せつめい》しているよ。問題には出されていないけれど、覚《おぼ》えておきたい四字熟語《よじじゅくご》なので、じっくり読んで、四字熟語《よじじゅくご》と意味をセットで覚《おぼ》えよう。

四字熟語《よじじゅくご》の解説《かいせつ》を読もう！

物語に出てきた四字熟語《よじじゅくご》についての説明《せつめい》が書かれているよ。よく読んで、四字熟語《よじじゅくご》の知識《ちしき》を身につけよう。

もっと四字熟語《よじじゅくご》を楽しもう

動物・植物の漢字が入った四字熟語《よじじゅくご》

四字熟語	意味	書いてみよう
虎視眈眈《こしたんたん》	すきをねらって様子をうかがっていること。 虎がするどい目で獲物をねらう様子から来ている。「眈眈」は、目を光らせて何かをねらう様子を表す言葉。	
獅子奮迅《ししふんじん》	とてもすごい勢いで活動すること。 「獅子」はライオン、「奮迅」は激しくさかんに、という意味。	
馬耳東風《ばじとうふう》	他人の言葉を聞き流すこと。 気持ちのよい春の風（東風）が吹いても、馬は何も感じないことから。	
羊頭狗肉《ようとうくにく》	見た目が立派でも、中身がともなっていないこと。 「狗」は犬のこと。羊の頭を看板に出しているのに、実際は犬の肉を売っている、という意味。	
鶏口牛後《けいこうぎゅうご》	大きなグループの最後尾にいるより、小さなグループのリーダーになるほうがよいということ。 「鶏口」は鶏のくちばし、「牛後」は牛のおしりの意味。	
竹馬之友《ちくばのとも》	幼いころからの友だち、幼なじみ。 ここでいう「竹馬」は、竹の棒を馬の姿に見立ててまたがり、走り回って遊ぶおもちゃのこと。	
花鳥風月《かちょうふうげつ》	美しい自然の風景のこと。 また、それをテーマに絵をかいたり、詩や和歌を作ったりして楽しむこと。	

四字熟語《よじじゅくご》イラストクイズ

イラストが表している四字熟語を考えて、マスに書いてみよう！

❶ ❷ ❸

答えは70ページ

＼もっと／四字熟語を楽しもう

このページでは、四字熟語をさまざまなテーマに分けて紹介するよ。四字熟語の書き取りやイラストクイズにもチャレンジしてみてね！

132ページの答え
❶魑魅魍魎《ちみもうりょう》 ❷満身創痍《まんしんそうい》 ❸怒髪衝天《どはつしょうてん》

36

読み終わったら

クイズにチャレンジ！

表の説明《せつめい》を読んだら、イラストクイズにチャレンジしよう。説明《せつめい》されていた四字熟語《よじじゅくご》のおさらいクイズだよ。わからないときや、答えをまちがえてしまったときは、表をもう一度しっかり読んで、正しく理解《りかい》しよう。

いろいろな四字熟語《よじじゅくご》を知ろう！

さまざまなテーマに分けて、四字熟語《よじじゅくご》の意味や由来を紹介《しょうかい》しているよ。「書いてみよう」の欄《らん》には、四字熟語《よじじゅくご》を実際《じっさい》に書いてみよう！

読み終わったら

別冊《べっさつ》四字熟語《よじじゅくご》ドリル

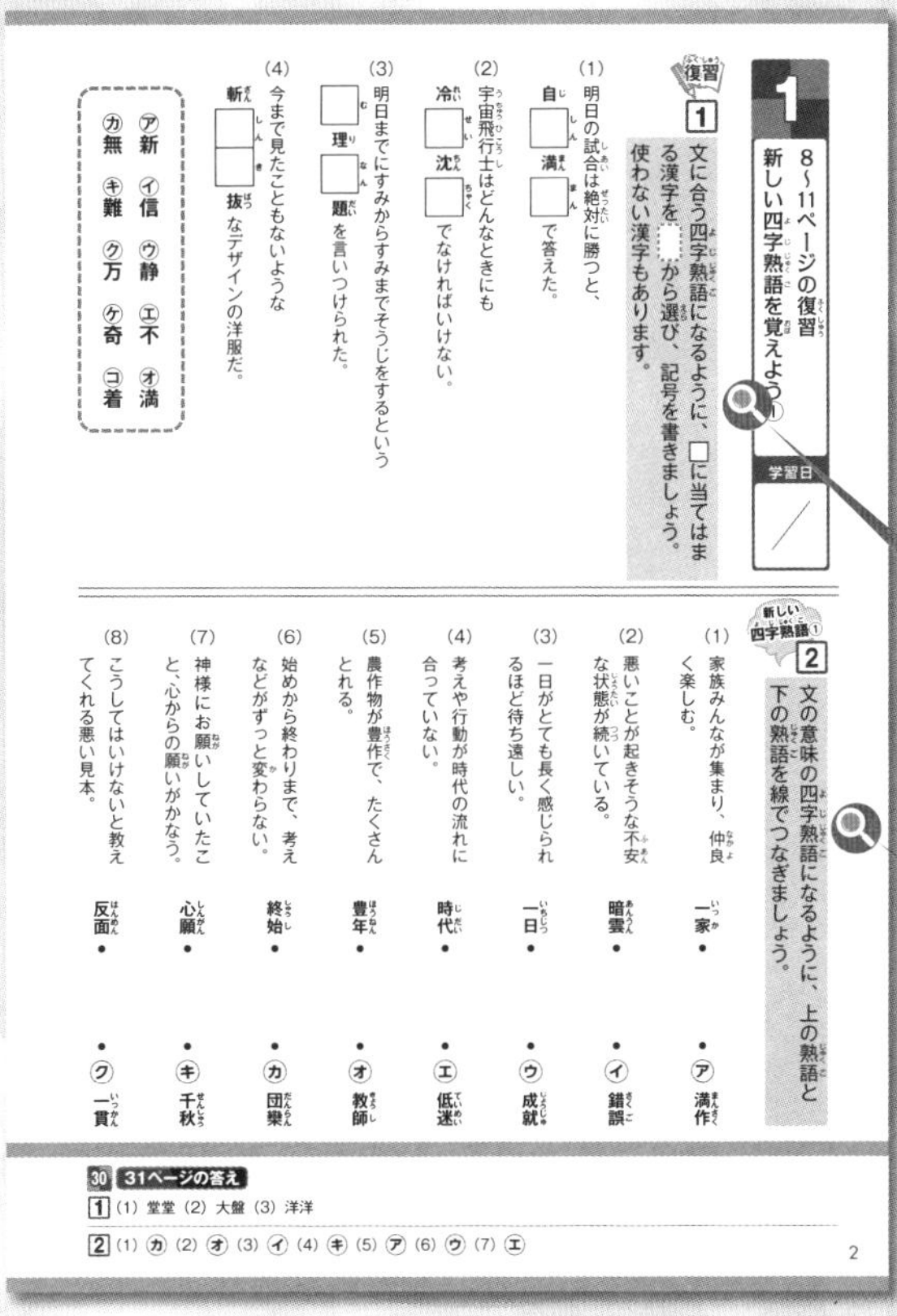
1 8～11ページの復習　新しい四字熟語を覚えよう①　学習日　／

復習 **1** 文に合う四字熟語になるように、□に当てはまる漢字を□から選び、記号を書きましょう。使わない漢字もあります。

(1) 明日の試合は絶対に勝つと、自□満□で答えた。
(2) 宇宙飛行士はどんなときにも冷□沈□でなければいけない。
(3) 明日までにすみからすみまでそうじをするという□理□題を言いつけられた。
(4) 今まで見たこともないような斬□□抜なデザインの洋服だ。

㋐新 ㋑信 ㋒静 ㋓不 ㋔満 ㋕無 ㋖難 ㋗万 ㋘奇 ㋙着

新しい四字熟語① **2** 文の意味の四字熟語になるように、上の熟語と下の熟語を線でつなぎましょう。

(1) 家族みんなが集まり、仲良く楽しむ。　一家・　・㋐満作
(2) 悪いことが起きそうな不安な状態が続いている。　暗雲・　・㋑錯誤
(3) 一日がとても長く感じられるほど待ち遠しい。　一日・　・㋒成就
(4) 考えや行動が時代の流れに合っていない。　時代・　・㋓低迷
(5) 農作物が豊作で、たくさんとれる。　豊年・　・㋔教師
(6) 始めから終わりまで、考えなどがずっと変わらない。　終始・　・㋕団欒
(7) 神様にお願いしていたこと、心からの願いがかなう。　心願・　・㋖千秋
(8) こうしてはいけないと教えてくれる悪い見本。　反面・　・㋗一貫

30 31ページの答え
1 (1) 堂堂 (2) 大盤 (3) 洋洋
2 (1) ㋕ (2) ㋔ (3) ㋑ (4) ㋖ (5) ㋐ (6) ㋒ (7) ㋓

2

四字熟語《よじじゅくご》の復習《ふくしゅう》をしよう！

『なぞ解《と》きストーリードリル』で学習した四字熟語《よじじゅくご》の復習問題《ふくしゅうもんだい》が出されているよ。復習《ふくしゅう》問題《もんだい》を解《と》いて、四字熟語《よじじゅくご》の意味や使い方をおさらいしよう。

新しい四字熟語《よじじゅくご》を学ぼう！

四字熟語《よじじゅくご》ドリルでは『なぞ解《と》きストーリードリル』に出てきていない、新しい四字熟語《よじじゅくご》も勉強することができるよ。下の段《だん》の問題を解《と》いて、さらに四字熟語《よじじゅくご》を覚《おぼ》えよう。

はじめに

陰山《かげやま》 英男《ひでお》

最近《さいきん》、子どもたちの読解力《どっかいりょく》が弱まっていると言われており、中高生になっても教科書の中の文章を正しく読み取れないことが問題とされています。また、他の問題はすらすら解《と》けても、読解問題《どっかいもんだい》になると読み取りまちがいをしてしまったり、答えを書くことすらできなかったり、という人も少なくありません。

この原因《げんいん》は、大きくふたつ挙《あ》げられます。ひとつは、言葉の意味をきちんと知らない、つまり「語彙力《ごいりょく》が弱い」こと。もうひとつは、文章を集中して正しく読めていないことです。

では、語彙力《ごいりょく》と文章を読む力を高めるためには、どうすればいいのでしょうか。もっとも有効《ゆうこう》なのは、国《こく》語辞典《ごじてん》や漢和辞典《かんわじてん》を引き、調べることです。しかし、それはどうしても「作業」となりがちで、継続《けいぞく》することが難《むずか》しい場合が多いのです。

私《わたし》が有効《ゆうこう》だと感じているのは、「楽しい物語を読み、深く理解《りかい》する中でたくさんの言葉を知っていくこと」です。知っている言葉の数が増《ふ》える、つまり語彙力《ごいりょく》が高まると、自然《しぜん》と読解力《どっかいりょく》は上がっていくのです。

とはいえ、いきなり難《むずか》しい言葉の並《なら》んだ文章を目の前にしても、みなさんは読む意欲《いよく》を失《うしな》っていくでしょう。一方で、いつまでも簡単《かんたん》な文章だけを読んでいても、力はつきません。

そこで、楽しい物語を読みながらたくさんの言葉にふれ、また、読解問題《どっかいもんだい》を解《と》くことで内容《ないよう》を理解《りかい》する力もついていく、そういうドリルに取り組んでみるのはいかがでしょうか。

今回の『なぞ解《と》きストーリードリル』は「四字熟語《よじじゅくご》」がテーマです。物語の中には、たくさんの四字熟語《よじじゅくご》が登場しますよ。物語に出てきた四字熟語《よじじゅくご》を、せっかくですからきちんと学習して身につけられるよう、復習《ふくしゅう》もできる「四字熟語《よじじゅくご》ドリル」も別冊《べっさつ》でつけてみました。

ただ言葉を覚《おぼ》えるのではなく、ただ文章を楽しむのでもなく、それらを一体として学習し、語彙力《ごいりょく》を高めることと読解力《どっかいりょく》を身につけることができるよう、願《ねが》っています。

1章 桃《もも》山《やま》館《かん》へようこそ

登《とう》場《じょう》人《じん》物《ぶつ》紹《しょう》介《かい》

前原《まえはら》 桐《きり》

なぞ解《と》きが大好《だいす》きな小学５年生。柚《ゆず》の双子《ふたご》の兄。人当たりがよく頭の回転が速いが、少しぬけているところもある。

前原《まえはら》 柚《ゆず》

一見クールな小学５年生。桐の双子《ふたご》の妹。好奇心《こうきしん》が旺盛《おうせい》だが、なぞ解《と》きでは一歩引いた冷静《れいせい》な視点《してん》で、するどい推理《すいり》をする。

中村《なかむら》 太一《たいち》

桐と柚の従兄《いとこ》で、フリーランスのウェブデザイナー。管理人《かんりにん》を始めたシェアハウス「桃山館《ももやまかん》」に、桐と柚を招待《しょうたい》する。

なぞ01 たたずむ三賢者《さんけんじゃ》

「あーあ。今年の誕生日《たんじょうび》は『なぞ解《と》きランド』へ連《つ》れていってもらえるって、楽しみにしていたのになあ。」

　桐《きり》はブツブツ言いながら、バスに乗りこみました。そんな桐を妹の柚《ゆず》がたしなめます。

「桐ったら、まだ言ってる。約束《やくそく》したときは、太一兄《たいちにい》だって本気だったと思うよ。でも、今は状況《じょうきょう》が変《か》わっちゃったんだから、仕方ないじゃない。約束《やくそく》したからって**無理難題《むりなんだい》**を押《お》しつけたら悪いよ。それに、Ⓐ**苦肉之策《くにくのさく》**とはいえ、こうしてシェアハウスに招待《しょうたい》してくれたんだし。」

「まあ、それはたしかにそうなんだけど……。柚はいつだって、**冷静沈着《れいせいちんちゃく》**だよな。それに引《ひ》き換《か》え、ぼくはすぐに文句《もんく》ばっかり言っちゃう。ぼくたち双子《ふたご》なのに、性格《せいかく》は結構《けっこう》ちがうよな。」

「桐、Ⓑ**自己嫌悪《じこけんお》**におちいるのはあとにして。太一兄からきたメールを読み直しておこうよ。」

　話は数か月前にさかのぼります。春休み中のある日、桐と柚の従兄《いとこ》である太一が、ふらりと家を訪《たず》ねてきました。太一は大学卒業《そつぎょう》後、会社勤《かいしゃづと》めをしていましたが、四月に三十歳《さい》をむかえるのを機《き》に、会社をやめて

学習日　／

1 桐《きり》と柚《ゆず》は、どのような関係《かんけい》ですか。合うものを選《えら》んで記号に○をつけましょう。

ア 幼《おさな》なじみ

イ 同級生

ウ 双子《ふたご》

2 桐がもともと行きたがっていたところはどこですか。文章中から探《さが》して七文字で書きましょう。

3 桐と柚は、だれによって、どこに招《しょう》待《たい》されましたか。文章中から探《さが》してそれぞれ書きましょう。

だれに

どこに

フリーランスのウェブデザイナーになることにしたそうです。

久々《ひさびさ》に会った太一との話が盛《も》り上《あ》がる中、いつしか最近《さいきん》できた『なぞ解《と》きランド』というテーマパークの話題になりました。そこには、なぞ解《と》きを楽しめるアトラクションがたくさんあり、子どもから大人まで夢《む》中《ちゅう》になれると評判《ひょうばん》でした。

「いつか行ってみたいけど、休日は予約《よやく》が殺到《さっとう》していて、チケットが取れないんだって。子どもたちだけで行っちゃダメみたいだし。」

桐が残念《ざんねん》そうにそう言うと、太一は©**破顔一笑**《はがんいっしょう》して、

「じゃあ、桐と柚が夏休みの間に、オレが連《つ》れていってあげるよ。仕事を調整すれば、平日でも一日くらいはなんとかなるだろうから。」

と言ったのです。そのときの桐の喜《よろこ》びようといったら、これ以上《いじょう》ないほどでした。

ところが、夏休み前に太一からきた連絡《れんらく》は、楽しみにしていた二人にとって、とても残念《ざんねん》な内容《ないよう》でした。

「親しくしていた近所のおばあさんがギックリ腰《ごし》になってね。実はこのおばあさん、シェアハウスの管理人《かんりにん》さんだったんだ。そこの入居者《にゅうきょしゃ》やオレもときどき手伝《てつだ》って、腰《こし》はだいぶよくなっ

四字熟語の問題にチャレンジ！

次の四字熟語《よじじゅくご》の意味に合うものを選《えら》び、記号に○をつけましょう。

Ⓐ **苦肉之策**《くにくのさく》
- ア　身を切られるほど苦しい思い。
- イ　苦労《くろう》した割《わり》によくない方法《ほうほう》。
- ウ　苦しまぎれに考えだした案《あん》。

Ⓑ **自己嫌悪**《じこけんお》
- ア　自分で自分が嫌《いや》になること。
- イ　自分中心で他人を嫌《いや》がること。
- ウ　自分も周《まわ》りも嫌《いや》になること。

Ⓒ **破顔一笑**《はがんいっしょう》
- ア　泣《な》き顔《がお》を笑《わら》われること。
- イ　にっこりと笑《わら》うこと。
- ウ　つらくて笑《わら》えないこと。

答えは30・31ページ

たんだけど、遠方に住むむすめさん夫婦《ふうふ》のところへ引《ひ》っ越《こ》すことになってね。それで、代わりに管理人《かんりにん》をやってくれってたのまれたんだ。今、デザインの仕事もしながら、シェアハウスの管理《かんり》もしているんだよ。」

太一《たいち》は、ウェブデザイナーの仕事をしながら、不慣《ふな》れな管理人《かんりにん》の業務《ぎょうむ》を果《は》たすので精一杯《せいいっぱい》の様子。そのため、夏休み中に桐《きり》と柚《ゆず》を『なぞ解《と》きランド』へ連《つ》れていくのは難《むずか》しいとのことでした。

「それで、代わりといったらなんだけど、よかったらこのシェアハウスへ遊びにこない？　入居者《にゅうきょしゃ》は楽しい人ばかりだし、みんなオレより年下で大学生もいるから親しみやすいんじゃないかな？　事情《じじょう》を話したら、二人が楽しめるよう、(あ)みんなでなぞを用意してくれるって言ってるし。」

それを聞いて「面白《おもしろ》そう！」と目をかがやかせたのは柚でした。

「柚、それ本気で言ってるの？　それともⒹ**社交辞令**《しゃこうじれい》？　『なぞ解《と》きランド』とシェアハウスじゃⒺ**雲泥之差**《うんでいのさ》じゃないか。」

「そんなことないと思う。シェアハウスに何泊《なんぱく》かさせてもらえるなんて、なかなか**斬新奇抜**《ざんしんきばつ》な夏休みになるんじゃないかな。」

「まあ、そう言われればたしかに、面白《おもしろ》そうな気もしてきた。かと言って、これで約束《やくそく》をⒻ**有耶無耶**《うやむや》にされなきゃいいけど。」

こういうわけで、二人は今、シェアハウスへと向かっているのです。

バス停《てい》からシェアハウスまでの道順《みちじゅん》について、太一は二人に住所を教える代わりに、次のような文章を送ってきました。

4 ━(あ)「みんな」とは、どんな人たちのことですか。□に当てはまる言葉を文章中から探《さが》して三文字で書きましょう。

シェアハウスの □□□

5 ━(い)は、それぞれ何を指していましたか。合うものを選《えら》んで線でつなぎましょう。

第一の賢者《けんじゃ》 ・　　・ミラー
第二の賢者《けんじゃ》 ・　　・大きな木
第三の賢者《けんじゃ》 ・　　・郵便《ゆうびん》ポスト

6 太一《たいち》が管理人《かんりにん》を務《つと》めるシェアハウスは、どんな建物《たてもの》ですか。文章中から探《さが》して六文字で書きましょう。

□□□□□□

(い)『三人の賢者《けんじゃ》が道しるべとなってくれよう
第一の賢者《けんじゃ》：赤き衣《ころも》に身を包《つつ》みしもの
第二の賢者《けんじゃ》：天へ向かって手をのばすもの
第三の賢者《けんじゃ》：真の己《おのれ》を映《うつ》しだすもの』

メールの文面を再《ふたた》び確認《かくにん》してから、柚が辺《あた》りの風景《ふうけい》を見回します。

「赤、赤、赤……あった！　こっちの道を進めってことだね。」

自信満満《じしんまんまん》に柚が指さした分かれ道の先には、郵便《ゆうびん》ポストがありました。

「そういうことか。じゃあ次の賢者《けんじゃ》は……。」

桐がつぶやきながら進んでいくと、大きな木を囲《かこ》む広場が目に入りました。その木の大きなことといったら、まさに天にも届《とど》きそうです。

「わかった！　きっとこれが第二の賢者《けんじゃ》だ。」

広場の前を通り、さらに進むと、再《ふたた》び分かれ道がありました。右の道には近くのお店の看板《かんばん》が、左の道には丸い形をしたミラーが見えました。

「『真の己《おのれ》を映《うつ》しだす』ってことは、第三の賢者《けんじゃ》は……。」

二人は顔を見合わせてほほえむと、ミラーがある道を進みました。やがて、レトロな建物《たてもの》の前に立つ太一を見つけ、二人はかけだしました。

四字熟語《よじじゅくご》の問題にチャレンジ！

次の四字熟語を正しい意味で使っている文を選《えら》び、記号に○をつけましょう。

D 社交辞令《しゃこうじれい》
- ア 退社《たいしゃ》するので社交辞令《しゃこうじれい》を書いた。
- イ さそったのは社交辞令《しゃこうじれい》でしかない。
- ウ 社交辞令《しゃこうじれい》で転勤《てんきん》させられた。

E 雲泥之差《うんでいのさ》
- ア 似《に》たり寄《よ》ったりで雲泥之差《うんでいのさ》だ。
- イ 師匠《ししょう》の仕事とは雲泥之差《うんでいのさ》がある。
- ウ 昨日《きのう》の雨で道が雲泥之差《うんでいのさ》だ。

F 有耶無耶《うやむや》
- ア 告白《こくはく》の返事を有耶無耶《うやむや》にされる。
- イ 有耶無耶《うやむや》のやからが行き来する。
- ウ 有耶無耶《うやむや》の文化財《ぶんかざい》を守る。

← 答えは30・31ページ

なぞ02

入居者《にゅうきょしゃ》の人数は？

「ようこそ、桃山館《ももやまかん》へ。どうやら迷《まよ》わずに来れたようだね。」

太一《たいち》が、おもむきのある建物《たてもの》の前で、桐《きり》と柚《ゆず》をむかえてくれました。

「三賢者《さんけんじゃ》がちゃんと導《みちび》いてくれたからね。」

と、柚が答えます。一方、桐はⒶ**顔面蒼白**《がんめんそうはく》で言いました。

「ずいぶん古めかしい建物《たてもの》だね。**妖怪変化**《ようかいへんげ》が住みついていそう……。」

「桃山館は昭和の初《はじ》めに建《た》てられたんだ。築《ちく》百年近いけど、中はこれまでに何度か※リノベーションしてあって、とても居心地《いごこち》がいいよ。」

太一の言葉に、桐は少しほっとしたようです。

「私《わたし》は、このⒷ**和洋折衷**《わようせっちゅう》のレトロな雰囲気《ふんいき》とか、すごく好《す》きだけどな。」

柚は、**余裕綽綽**《よゆうしゃくしゃく》として言いました。

「二人とも、相変《あいか》わらずだな。さあ、そろそろ中に入って……と言いたいところだけど、その前に一つ、なぞを出すよ！」

「えっ、なぞ解《と》きをするの？」

桐が急に元気になって、聞き返します。

「そう。これから、『なぞ解《と》きランド』顔負けのなぞをどんどん出すぞ。まずは、ここの入居者《にゅうきょしゃ》は何人いるか？　管理人《かんりにん》のオレはのぞいてね。」

桐と柚は、辺《あた》りを見回し、(あ)ヒントになりそうなものを探《さが》しました。

学習日

／

1 桃山館《ももやまかん》の建物《たてもの》について説明《せつめい》した次の文の□に当てはまる言葉を文章中から探《さが》して書きましょう。

□の初《はじ》めに建《た》てられたので、

築《ちく》□近い。

2 ―(あ)二人は何の数がヒントになると考えましたか。文章中から探《さが》して五文字で書きましょう。

□□□□□

3 ―(い)桐《きり》がこう答えた決め手になったものはなんですか。合うものを選《えら》んで記号に○をつけましょう。

ア 「管理人室《かんりにんしつ》」という札《ふだ》

イ はみ出ていたチラシ

ウ AからFまでのアルファベット

なぞ02 入居者《にゅうきょしゃ》の人数は？

「外から建物《たてもの》を見ただけじゃ、何部屋あるかはよくわからないな。」

「窓《まど》の数を数えたとしても、窓《まど》が一部屋に一つとは限《かぎ》らないし。」

「あっ、これだ！」

桐が指さしたのは、玄関《げんかん》ドアの横に備《そな》えつけられた集合ポストでした。全部で七つあり、一つには「管理人室《かんりにんしつ》」という札《ふだ》がありました。残《のこ》りの六つのポストには名前を示《しめ》す札《ふだ》はなく、AからFまでのアルファベットがふられていました。

「A、B、C、D、E、Fだから六部屋だ。つまり、答えは六人だね！」

桐がⓒ**即断即決**《そくだんそっけつ》した答えに、柚が首をかしげます。

「部屋数は六つってことがわかっただけじゃない？　空室がないとは限《かぎ》らないし、一部屋に何人か住んでいるかもしれないよ。」

「うちは単身者用《たんしんしゃよう》のシェアハウスだから、一部屋の入居者《にゅうきょしゃ》は一人だよ。」と、太一が答えます。

それを聞いた桐は、Eのポストからはみ出ていたチラシの一部を読むと、**大胆不敵**《だいたんふてき》にもそれを引《ひ》っ張《ぱ》りだしました。

「何するのよ、桐。」

「一週間前に開店した店のチラシだ。だれかが住んでいたらポストは毎日確認《かくにん》するよね？　つまり、ⓘここが空き部屋で答えは五人だね。」

「正解《せいかい》！　それでは中へどうぞ。」

※リノベーション……建物《たてもの》や住戸《じゅうこ》を改修《かいしゅう》すること。

四字熟語《よじじゅくご》の問題にチャレンジ！

次の四字熟語《よじじゅくご》の意味に合うものを選《えら》び、記号に○をつけましょう。

Ⓐ **顔面蒼白**《がんめんそうはく》

ア 恐怖《きょうふ》などで顔が青ざめること。

イ 顔色がよく、健康的《けんこうてき》なこと。

ウ 無表情《むひょうじょう》で愛想《あいそ》のないこと。

Ⓑ **和洋折衷**《わようせっちゅう》

ア 和風と洋風を区別《くべつ》すること。

イ 日本と西洋の様式を混《ま》ぜること。

ウ 新たなものを作りだすこと。

Ⓒ **即断即決**《そくだんそっけつ》

ア 相手の申し出を断《ことわ》ること。

イ 決断《けつだん》を先のばしにすること。

ウ すぐに決断《けつだん》すること。

答えは30・31ページ

なぞ03 角部屋の入居者《にゅうきょしゃ》

太一《たいち》が言っていた通り、桃山館《ももやまかん》の中は適度《てきど》なリノベーションがほどこされていて、とても明るく快適《かいてき》な空間でした。

「わあ、すごくいいところだね！」

桐《きり》も安心したようです。

「そうだろ？　さあ、間取りを説明《せつめい》するよ。一階にはオレのいる管理人室《かんりにんしつ》の他、ゲストルームがある。二人にはここに泊《と》まってもらうよ。それから、こっちがリビングで、奥《おく》にキッチン。そこのとびらを開けると、右側《みぎがわ》にトイレ、左側《ひだりがわ》に洗面所《せんめんじょ》とお風呂《ふろ》がある。二階にもトイレはあるけど、二人は一階のものを使って。二階には六つの居室《きょしつ》の他、小さなキッチンと洗濯乾燥機《せんたくかんそうき》が設置《せっち》されたランドリールームがある。」

ゲストルームに荷物を置《お》いた二人は、リビングのソファに座《すわ》ってジュースを頂《いただ》きました。外が暑かったので、よく冷《ひ》えたジュースがⒶ**五臓六腑**《ごぞうろっぷ》にしみわたります。そこへ、㋐出かけていた入居者《にゅうきょしゃ》の一人が帰ってきました。

二人は声をそろえて挨拶《あいさつ》をします。

「こんにちは。君たちが**前途有望**《ぜんとゆうぼう》な双子《ふたご》だね。ぼくは瀬波洋平《せなみようへい》っていいます。大学二年生で、今はぼくも夏休み中だよ。よろしくね。」

すると、太一が洋平に耳打ちしました。

学習日
／

1 桐《きり》と柚《ゆず》は、何階のどこへ泊《と》まることになりましたか。文章中から探《さが》して書きましょう。

何階 ＿＿＿＿

どこ ＿＿＿＿

2 ―㋐この入居者《にゅうきょしゃ》の名前を、文章中から探《さが》して書きましょう。

＿＿＿＿

3 2の人物が遮光《しゃこう》カーテンを注文したのはなぜですか。□に当てはまる言葉を文章中から探《さが》して書きましょう。

東向きの窓《まど》から ＿＿＿＿ が差しこんで ＿＿＿＿ ると困《こま》るから。

「そうだった。ぼくからもなぞを出すよ。あ、そこにちょうど間取り図があるね。さて、ぼくの部屋は何号室でしょうか？」

初対面《しょたいめん》の洋平にそう言われ、Ⓑ**青天霹靂**《せいてんのへきれき》の二人でしたが、柚《ゆず》が**独断専行**《どくだんせんこう》でヒントを求《もと》めました。

「ぼくが住んでいるのは角部屋だよ。」

二人は先を争《あらそ》って間取り図を見ましたが、AとDの二つが角部屋で、それだけでは決め手に欠《か》けてしまいます。

そこへ、たまたま洋平あての宅配便《たくはいびん》が届《とど》きました。

「注文していたものが届《とど》いたよ。これで朝早くに目を覚《さ》まさなくて済《す》む。」

洋平が受け取った箱には『遮光《しゃこう》カーテン』と書いてありました。

「わかった！　洋平さんの部屋は、東向きの窓《まど》があるA号室ですね。」

柚の答えを聞いて、洋平はにっこりと笑《わら》いました。

「正解《せいかい》！　ぼくは夜型《よるがた》で寝《ね》るのがおそいから、朝はゆっくり寝《ね》ないと、Ⓒ**半醒半睡**《はんせいはんすい》になってしまうんだ。窓《まど》が東向きだと朝日が差《さ》しこむから、特《とく》に夏場は**不可抗力**《ふかこうりょく》で目が覚《さ》めちゃうんでね。」

洋平はそう言うと、箱をかかえて自分の部屋へと向かいました。

四字熟語《よじじゅくご》の問題にチャレンジ！

次の四字熟語の意味に合うものを選《えら》び、記号に○をつけましょう。

Ⓐ **五臓六腑**《ごぞうろっぷ》
- ア 国の重要《じゅうよう》な機関《きかん》。
- イ 体や心の中のすべて。
- ウ 消化をつかさどる器官《きかん》。

Ⓑ **青天霹靂**《せいてんのへきれき》
- ア 予感が的中《てきちゅう》すること。
- イ 予期せぬ突然《とつぜん》のできごと。
- ウ 予想をはるかに超《こ》えた事実。

Ⓒ **半醒半睡**《はんせいはんすい》
- ア 半分ねむっているような状態《じょうたい》。
- イ 一日の半分を寝《ね》て過《す》ごすこと。
- ウ 今までの半分しか寝《ね》ないこと。

← 答えは31・32ページ

なぞ04 朝日が差《さ》しこむ部屋

次の入居者《にゅうきょしゃ》が帰ってきました。近所へ買い物をしに出ていたようです。Tシャツにジーンズという**平平凡凡**《へいへいぼんぼん》な服装《ふくそう》で、手にはエコバッグをさげています。

「もしかして、あの人の部屋も当てるの？」

桐《きり》が確認《かくにん》すると、太一《たいち》は大きくうなずいてから言いました。

「いつか『なぞ解《と》きランド』へ行くためのⒶ**武者修行**《むしゃしゅぎょう》だと思ってがんばれ。」

太一と同じくらいの年齢《ねんれい》に見える男性《だんせい》は、二人に笑《わら》いかけてきました。

「やあ、いらっしゃい。もう着いたんだね。ぼくは山本千里《やまもとせんり》っていいます。フリーライターをしていて、ここでくらしながら原稿《げんこう》を書いているんだ。君たちぐらいの年齢《ねんれい》の子に向けた本も何冊《なんさつ》か手がけているよ。」

「そうなんですか！　どんな本か見てみたいな。」

本好《ず》きの柚《ゆず》が、Ⓑ**純真無垢**《じゅんしんむく》な笑顔《えがお》を見せました。

「あとで二人で遊びにおいでよ。ぼくの部屋は……おっと、当ててもらうんだった。さて、どこでしょう？」

桐が何かヒントを得《え》ようとよく考えて、**一球入魂**《いっきゅうにゅうこん》の質問《しつもん》をしました。

「千里さんの部屋は角部屋ですか？」

角部屋は二つしかなく、片方《かたほう》には洋平《ようへい》が住んでいます。もし、千里が

学習日　／

1 千里《せんり》の職業《しょくぎょう》はなんですか。文章中から探《さが》して書きましょう。

［　　　　］

2 千里がくらしているのはどんな部屋ですか。合うものを選《えら》んで記号に○をつけましょう。

ア　角部屋

イ　朝日が差《さ》しこむ部屋

ウ　木の枝《えだ》が窓《まど》にかかる部屋

3 ―(あ)二人はどうやって、答えを見つけましたか。□に当てはまる言葉を文章中から探《さが》して書きましょう。

［　　　　］に出て、外からBとCの部屋の［　　　　］を見つけた。

角部屋だと言ったら、答えは**単純明快**《たんじゅんめいかい》です。

「残念《ざんねん》ながら、ちがうよ。ぼくは徹夜《てつや》で原稿《げんこう》を書いたあとに、朝日を浴《あ》びるのが好《す》きだから、朝日が窓《まど》いっぱいに差《さ》しこむ部屋にしたんだ。」

柚と桐は、間取り図を確認《かくにん》しました。

「朝日が当たるのは、さっきの洋平さんと同じ東《ひがし》側《がわ》、つまりA、B、Cの部屋だよね。」

「Aはすでに洋平さんの部屋だってわかっているから、BかCのどっちかってことか。」

桐がさらにヒントをもらおうとすると、太一にさえぎられてしまいました。そこで二人は、外からBとCの部屋のちがいを見つけようと庭に出てみました。

(あ)「あっ、見て！」

柚が指したものを見て、桐も答えがわかりました。二人は急いで建物《たてもの》の中へ戻《もど》り、声をそろえて言いました。

「千里さんの部屋は、B号室ですね。」

「正解《せいかい》！ なんでわかったの？」

「C号室の窓《まど》には、大きな木の枝《えだ》がかかっていて、日当たりがよくなさそうだったから。」

それを聞いて、太一がⓒ**拍手喝采**《はくしゅかっさい》しました。

四字熟語《よじじゅくご》の問題にチャレンジ！

次の四字熟語の意味に合うものを選《えら》び、記号に○をつけましょう。

Ⓐ **武者修行**《むしゃしゅぎょう》
ア 強い者をおそれること。
イ 訓練《くんれん》して技術《ぎじゅつ》をみがくこと。
ウ いきなりおそいかかること。

Ⓑ **純真無垢**《じゅんしんむく》
ア なんでもすぐに疑《うたが》うこと。
イ 悪気はないが失礼《しつれい》なこと。
ウ 心が清《きよ》く純粋《じゅんすい》なこと。

Ⓒ **拍手喝采**《はくしゅかっさい》
ア 手をにぎり、はげますこと。
イ 手を打って、大笑《おおわら》いすること。
ウ 手をたたき、大声でほめること。

← 答えは32・33ページ

なぞ05 二人の女性《じょせい》

「わあ、本がいっぱい！　こんなにたくさん本がある家に住めるなんて、うらやましいな。ここでⒶ**二六時中《にろくじちゅう》**、本を読んでくらしたいよ。」

柚《ゆず》がリビングの一角にある、ⓐ大きな本棚《ほんだな》をながめながら言いました。

「こんなに大きいのに、マンガが一冊《さつ》もないなんて……。」

と、桐《きり》は顔をしかめます。そこへ、太一《たいち》がやってきました。

「そこの本は、前の管理人《かんりにん》さんのコレクションなんだ。子ども時代はⒷ**多情《たじょう》多感《たかん》**だというから、読書は大いに結構《けっこう》だね。自由に読んでいいよ。」

「やった！」

柚は、さっそく本棚《ほんだな》を物色し始めました。

「ねえ、ⓘシェアハウスって食事はどうするの？　太一兄が毎日作るの？」

桐が、キッチンへ向かう太一のあとにくっついてたずねます。

「うちは食事つきじゃないから、**三者三様《さんしゃさんよう》**だよ。管理人《かんりにん》としてのオレのおもな仕事は朝のそうじかな。ウェブデザイナーとしての仕事もあるから、毎日苦手な早起きをして、Ⓒ**全身全霊《ぜんしんぜんれい》**をこめてそうじしているよ。」

「ふうん。太一兄、**一生懸命《いっしょうけんめい》**がんばっているんだね。それで、ここにいる間のぼくたちの食事はどうなるの？」

「さては桐、そろそろおなかがすいてきたんだな。二人の食事は、オレが

学習日　／

1 ―ⓐ本棚《ほんだな》の本を集めたのはだれですか。文章中から探《さが》して七文字で書きましょう。

□□□□□□□

2 ―ⓘについて、合うものを選《えら》んで記号に○をつけましょう。

ア　入居者《にゅうきょしゃ》の食事は太一《たいち》が作る。

イ　入居者《にゅうきょしゃ》の食事は桐《きり》が作る。

ウ　桐と柚《ゆず》の食事は太一が作る。

3 ―ⓤどういう二人でしたか。□に当てはまる言葉を文章中から探《さが》して書きましょう。

片方《かたほう》が［　　］の入居者《にゅうきょしゃ》で、

もう片方《かたほう》が［　　］の入居者《にゅうきょしゃ》。

作るよ。今日は特製《とくせい》夏野菜《なつやさい》カレーだ。さあ、桐も手伝《てつだ》って。」

「オッケー！」

あとから柚も加《くわ》わって、お肉はもちろん、ナスやピーマン、オクラにズッキーニなど夏野菜《なつやさい》がたくさん入った**豪華絢爛《ごうかけんらん》**カレーが完成《かんせい》しました。

夕食後、二人はゲストルームで過《す》ごすことにしました。柚は本棚《ほんだな》から借《か》りた本を読み、桐は持ってきたゲームをし始めます。やがて、午後八時を過《す》ぎたころ、部屋の外からにぎやかな話し声が聞こえてきました。

「だれか帰ってきたんじゃない？」

「そうみたい。挨拶《あいさつ》をしにいこう。」

桐と柚が部屋を出ると、（う）大学生くらいに見える女の人が二人、リビングのソファで楽しそうに談笑《だんしょう》しているところでした。

「こんばんは。」と挨拶《あいさつ》をすると、二人とも笑顔《えがお》で返してくれました。

そのとき、太一が管理人室《かんりにんしつ》から顔を出し、二人の女性《じょせい》に目配せしました。

「あっ、そうだった。なぞを出すんだよね。私《わたし》たちのうち、どちらか片方《かたほう》がC号室で、もう片方《かたほう》がD号室の入居者《にゅうきょしゃ》なの。」

桐と柚は、再《ふたた》び間取り図を確認《かくにん》します。もう一人の女性《じょせい》が続《つづ》けました。

四字熟語《よじじゅくご》の問題にチャレンジ！

次の四字熟語《よじじゅくご》の意味に合うものを選《えら》び、記号に○をつけましょう。

Ⓐ **二六時中《にろくじちゅう》**
- ア 二時から六時の間。
- イ 一日の三分の一ぐらいの時間。
- ウ 一日中ずっと。

Ⓑ **多情多感《たじょうたかん》**
- ア 感受性《かんじゅせい》が強く、感じやすいこと。
- イ 情《なさ》けないできごとが多いこと。
- ウ 考え方が変《か》わりやすいこと。

Ⓒ **全身全霊《ぜんしんぜんれい》**
- ア 自然界《しぜんかい》のありとあらゆる存在《そんざい》。
- イ 身も心もすべて。
- ウ 世の中のもの、すべて。

← 答えは32・33ページ

「ヒントをあげるね。C号室に住んでいるほうは、出版社《しゅっぱんしゃ》の編集部《へんしゅうぶ》に勤《つと》めていて、ときどき**疲労困憊**《ひろうこんぱい》気味……。D号室のほうはまだ大学生。獣医《じゅうい》学部《がくぶ》でⒹ**一意専心**《いちいせんしん》勉強中。さて、どちらがどちらでしょうか？」

二人は顔を寄《よ》せ合《あ》って、にこにこしています。シェアハウスで出会ったにもかかわらず、Ⓔ**竹馬之友**《ちくばのとも》のように仲良《なかよ》くなった二人が、外で待ち合わせをして夕飯《ゆうはん》を食べてくることは、**日常茶飯**《にちじょうさはん》だそうです。

「うーん。見たところ、二人とも同じくらいの年齢《ねんれい》に思えるし……。」

桐《きり》がそう言うと、柚《ゆず》もうで組みをして

「それに、半そでのシャツにパンツ姿《すがた》っていう服装《ふくそう》も似《に》ている。」

と返します。

「ちがうところといえば……あっ、髪型《かみがた》は？」

「髪型《かみがた》？」

「うん。向かって右の人は髪《かみ》の毛《け》が肩《かた》より長い。でも、左の人はショートカットだよ。」

「それがどうしたの？」

「髪《かみ》の毛《け》が長いと、動物に接《せっ》するときにじゃまになるんじゃない？」

「でも、きれいに後ろでしばっているし、関係《かんけい》なさそうだけど……。」

そう答えつつも、柚は桐の意見から何かヒントを得《え》たようです。

㋓「動物に接《せっ》するとき……そっか！」

柚は、二人の女性《じょせい》の前に立ち、手を見せてほしいとたのみました。

「いいよ。はい。」

4 ——㋓柚《ゆず》はどんなことを確《たし》かめたかったのですか。□に当てはまる言葉を文章中から探《さが》して書きましょう。

手のつめに［　　　　］をしているかどうか。

5 野村菜緒《のむらなお》、木原真琴《きはらまこと》について、合うものをあとから選《えら》んで記号を書きましょう。

野村菜緒［　　］

木原真琴［　　］

ア 髪型《かみがた》はショートカット。
イ 髪《かみ》の毛《け》は後ろでしばっている。
ウ C号室の入居者《にゅうきょしゃ》。
エ D号室の入居者《にゅうきょしゃ》。
オ 獣医学部《じゅういがくぶ》の学生。
カ 出版社《しゅっぱんしゃ》に勤務《きんむ》。

二人が差《さ》しだした手を見て、柚は「やっぱり。」とつぶやきます。

「何がやっぱりなんだよ、柚。」

言いながら、二人の指先を見比《みくら》べた桐もハッとしました。

二人のうち、ショートカットの女性《じょせい》のほうは、きれいに整えたつめに、ラメや小さな光るストーンを乗せたネイルをしていたのです。

「あっ、答えがわかっちゃった？」

と、ショートカットの女性《じょせい》がいたずらっぽく笑《わら》います。

「はい。あなたが出版社《しゅっぱんしゃ》に勤《つと》めている人。つまり、C号室の入居者《にゅうきょしゃ》さんですね。」

柚の言葉に、彼女《かのじょ》はうなずきました。

「そう。私《わたし》は野村菜緒《のむらなお》。よろしくね。」

続《つづ》けて、もう一人の女性《じょせい》も自己紹介《じこしょうかい》をしてくれました。

「私《わたし》は木原真琴《きはらまこと》。二人が気づいたように、獣医学部《じゅういがくぶ》の学生の私《わたし》は動物の体にふれることが多いから、ネイルはしないようにしているの。」

C・D号室の入居者《にゅうきょしゃ》が一気にわかり、桐と柚がⒻ**狂喜乱舞《きょうきらんぶ》**していると、そこへ最後《さいご》の入居者《にゅうきょしゃ》が帰ってきました。

四字熟語《よじじゅくご》の問題にチャレンジ！

次の四字熟語《よじじゅくご》を正しい意味で使っている文を選《えら》び、記号に○をつけましょう。

Ⓓ 一意専心《いちいせんしん》

ア 合格《ごうかく》目指して一意専心《いちいせんしん》に努《つと》める。

イ 一意専心《いちいせんしん》で集中できない。

ウ さまざまな課題《かだい》に一意専心《いちいせんしん》する。

Ⓔ 竹馬之友《ちくばのとも》

ア 彼《かれ》は竹馬之友《ちくばのとも》で、なんでも話せる。

イ 姉は大学で竹馬之友《ちくばのとも》をつくった。

ウ 竹馬之友《ちくばのとも》と呼《よ》べる車を買った。

Ⓕ 狂喜乱舞《きょうきらんぶ》

ア 伝統的《でんとうてき》な狂喜乱舞《きょうきらんぶ》を見る。

イ 逆転勝利《ぎゃくてんしょうり》に狂喜乱舞《きょうきらんぶ》した。

ウ 悲しいできごとに狂喜乱舞《きょうきらんぶ》する。

答えは32・33ページ

なぞ 06

彼女《かのじょ》の職業《しょくぎょう》

夜九時近くに帰ってきたのは、さっきの二人よりは少し年上に見える女性《じょせい》でした。Ⓐ**悠悠閑閑**《ゆうゆうかんかん》としたその女性《じょせい》は、双子《ふたご》を見るとすぐに、

「こんばんは。私《わたし》は町田鈴子《まちだすずこ》というの。よろしくね。」

と挨拶《あいさつ》をしてくれました。

「こんばんは！　よろしくお願いします。」

二人も声をそろえて、挨拶《あいさつ》を返します。

「えっと、残《のこ》っている部屋はEかFだよね。鈴子さんの部屋は……。」

「桐《きり》ったら、忘《わす》れちゃったの？　Eは空き部屋だったじゃない。ポストのチラシを確《たし》かめたのは自分なのに。」

「ああ、そうだった！　じゃあ、鈴子さんはF号室の入居者《にゅうきょしゃ》なんですね。」

鈴子は、二人のやりとりを見て、くすくす笑《わら》いながらうなずきました。

「そう、私《わたし》の部屋はたしかにF号室よ。だけど、私《わたし》も何かなぞを出したいな。そうだ、私《わたし》の職業《しょくぎょう》を当てられるかしら？」

「鈴子さんの職業《しょくぎょう》？」

二人は顔を見合わせたあと、**無礼千万**《ぶれいせんばん》にならない程度《ていど》に、鈴子の姿《すがた》をじっくりと観察《かんさつ》しました。

鈴子は、やわらかそうな生地《きじ》でできたあわいピンクのふんわりしたブ

学習日　／

1 町田鈴子《まちだすずこ》の部屋は何号室ですか。文章中から探《さが》して書きましょう。

□号室

2 桐《きり》と柚《ゆず》は、鈴子の何を当てることになりましたか。文章中から探《さが》して二文字で書きましょう。

□□

3 鈴子からヒントを得《え》た柚と桐は、まずは何について話し合いましたか。□に当てはまる言葉を文章中から探《さが》して書きましょう。

□にかかわりのある職業《しょくぎょう》について。

なぞ06 彼女《かのじょ》の職業《しょくぎょう》

ラウスを着て、明るい色のジーンズをはいていました。ほんのりラメの光るシンプルなネイルに、小ぶりで上品なゴールドのピアスとネックレス。長い髪《かみ》の毛《け》は大部分が後ろにまとめられ、顔の周《まわ》りに少しだけふわりと垂《た》らしてありました。

「どれもよく似合《にあ》っていてとっても素敵《すてき》。男性《だんせい》から、Ⓑ**高嶺之花《たかねのはな》**って思われていそう。でも、見た目から職業《しょくぎょう》を当てるのは難《むずか》しいなあ。」

柚《ゆず》が**意気消沈《いきしょうちん》**すると、桐も鈴子にヒントを求《もと》めました。

「ヒントは、衣食住《いしょくじゅう》のいずれかとかかわりが深くて、接客《せっきゃく》が中心の仕事って言ったらわかるかしら？　考えてみて。私《わたし》は着がえてくるわね。」

そう言って鈴子は部屋へ向かいました。

ヒントを得《え》た柚と桐は、しばらくⒸ**沈思黙考《ちんしもっこう》**してから、思いうかんだことを話し合いました。

「衣食住《いしょくじゅう》のどれかとかかわりが深い職業《しょくぎょう》か。」

「『衣《い》』なら、服にかかわる仕事だよね。デザイナーとか、服を売る店の店員とか？」

「うんうん。『食』だったら、食品を開発する仕事とか？　飲食店で働《はたら》いているってこともあり得《え》るか。」

「もし『住』だったら、建築家《けんちくか》とか、インテリアコーディネーターとか？　あっ、不動産会社《ふどうさんがいしゃ》

四字熟語《よじじゅくご》の問題にチャレンジ！

次の四字熟語《よじじゅくご》の意味に合うものを選《えら》び、記号に○をつけましょう。

Ⓐ **悠悠閑閑《ゆうゆうかんかん》**

ア　ゆっくり見えつつも素早《すばや》い様子。

イ　ゆっくりしたり急いだりする様子。

ウ　ゆっくりしていて落ち着いた様子。

Ⓑ **高嶺之花《たかねのはな》**

ア　山の高いところにだけ咲《さ》く花。

イ　高すぎて買う気がしないもの。

ウ　あこがれるが入手できないもの。

Ⓒ **沈思黙考《ちんしもっこう》**

ア　深く反省《はんせい》すること。

イ　だまって考えこむこと。

ウ　心を閉《と》ざしてしまうこと。

←答えは33・34ページ

の営業《えいぎょう》ってこともあるかも。」

二人で挙《あ》げてみると、衣食住《いしょくじゅう》のどれかにかかわっていそうな職業《しょくぎょう》は思いのほかⒹ**多種多様**《たしゅたよう》で、なかなかしぼりきれません。

そこへ、**一部始終**《いちぶしじゅう》を聞いていた太一《たいち》が声をかけました。

「ヒントの中にあった二つの要素《ようそ》のうち、㋐もう一つの要素《ようそ》について考えられていないんじゃない？」

二人は顔を見合わせます。

「もう一つの要素《ようそ》？」

「衣食住《いしょくじゅう》のどれかとかかわりが深いっていう他に、何か言っていた？」

「あっ、そういえば、接客《せっきゃく》が中心の仕事って言ってたよね。」

桐《きり》はノートに、今までに挙《あ》げた職業《しょくぎょう》を書きだしました。

●衣《い》……デザイナー、服を売る店の店員

●食……食品の開発者、飲食店の店員

●住……建築家《けんちくか》、インテリアコーディネーター、不動産会社《ふどうさんがいしゃ》の営業《えいぎょう》

「この中のうち、接客《せっきゃく》が中心の仕事ってどれだろう？」

「接客《せっきゃく》って、直接《ちょくせつ》お客さんの相手をする仕事ってことだよね。」

二人は相談して、「服を売る店の店員」「飲食店の店員」「不動産会社《ふどうさんがいしゃ》の営業《えいぎょう》」に○印《じるし》をつけました。そこへ、着がえた鈴子《すずこ》が戻《もど》ってきました。

「どう？　わかった？」

「まだなんですけど、この○印《じるし》をつけた中に答えはありますか？」

柚《ゆず》がたずねると、鈴子はにっこり笑《わら》ってうなずきました。

4 ――㋐とはなんですか。文章中から探《さが》して八文字で書きましょう。

5 ノートに書いた職業《しょくぎょう》のうち、二人が4の要素《ようそ》を満《み》たしていると考えた仕事はどれでしたか。文章中から三つ探《さが》して書きましょう。

6 ――㋑柚《ゆず》がなぞを解《と》く決め手となったことはなんですか。文章中から二つ探《さが》して、それぞれ二文字で書きましょう。

「やったぞ、柚！　でも、このなぞ、ここからがさっぱりわからないな。あとは柚に任《まか》せた！」

すっかり人任《ひとまか》せの桐を尻目《しりめ》に、柚は**不平不満**《ふへいふまん》を口にします。

「Ⓔ**孤軍奮闘**《こぐんふんとう》になっちゃうじゃない。桐もちゃんと考えてよ。」

言いながら、鈴子の髪型《かみがた》を改《あらた》めて見た柚は、こんな質問《しつもん》をしました。

「鈴子さん、今日働《はたら》いているときは、さっきの服装《ふくそう》で、髪型《かみがた》もそのままだったんですか？」

「そうよ。あの服装《ふくそう》とこの髪型《かみがた》のままで接客《せっきゃく》していたわ。」

この言葉に、柚がとうとうⓘ「わかった！」と、Ⓕ**喜色満面**《きしょくまんめん》で声を上げました。

「鈴子さんは、ジーンズをはいて、顔に髪《かみ》の毛《け》がふわりとかかる髪型《かみがた》をしていた。不動産会《ふどうさんがい》社《しゃ》の営業《えいぎょう》の仕事では、制服《せいふく》やスーツで接客《せっきゃく》するって聞いたことがある。少なくともジーンズははかないんじゃないかな。飲食店の店員なら、食べ物に髪《かみ》の毛《け》が落ちないよう細心の注意を払《はら》うはずで、そういう髪型《かみがた》はできないと思う。だから、服を売る店の店員さん！」

「消去法《しょうきょほう》で答えにたどりついたってわけね。おめでとう、正解《せいかい》よ。」

四字熟語《よじじゅくご》の問題にチャレンジ！

次の四字熟語を正しい意味で使っている文を選《えら》び、記号に○をつけましょう。

Ⓓ 多種多様《たしゅたよう》

ア 多種多様《たしゅたよう》で種類《しゅるい》が少ない。

イ 多種多様《たしゅたよう》な時期に書いた小説《しょうせつ》。

ウ 参加者《さんかしゃ》の趣味《しゅみ》は多種多様《たしゅたよう》だった。

Ⓔ 孤軍奮闘《こぐんふんとう》

ア 孤軍奮闘《こぐんふんとう》のチームワーク。

イ 姉が弟側《おとうとがわ》についたので孤軍奮闘《こぐんふんとう》だ。

ウ 家族全員で孤軍奮闘《こぐんふんとう》した。

Ⓕ 喜色満面《きしょくまんめん》

ア 犬が喜色満面《きしょくまんめん》でしっぽをふる。

イ 負けた選手《せんしゅ》が喜色満面《きしょくまんめん》だった。

ウ 喜色満面《きしょくまんめん》の布《ぬの》でふくろを作った。

← 答えは34・35ページ

なぞ 07

それぞれのコップ

入居者《にゅうきょしゃ》が全員そろったところで、太一《たいち》の提案《ていあん》により、桐《きり》と柚《ゆず》を歓迎《かんげい》する意味をこめて、みんなで乾杯《かんぱい》しようということになりました。

リビングに洋平《ようへい》、千里《せんり》、菜緒《なお》、真琴《まこと》、鈴子《すずこ》が集まってくれています。

「ほんの数日間ではありますが、オレの従弟妹《いとこ》であるこのⒶ**天真爛漫**《てんしんらんまん》な二人が、**平穏無事**《へいおんぶじ》に過《す》ごせますよう、みなさんよろしくお願いします。」

そう言って太一が頭を下げたので、桐と柚も
「お願いします！」

と言いながら、ぺこりとおじぎをしました。

「乾杯《かんぱい》って、みんなはお酒を飲むの？」

柚がたずねると、太一は首を横にふりました。

「ここの入居者《にゅうきょしゃ》たちは、たまたま全員お酒が苦手でね。みんないっしょにジュースで乾杯《かんぱい》するよ。」

「そうなんだ。ぼくたちも手伝《てつだ》うよ。」

コップを取りにいった太一を追って、二人もキッチンへ向かいます。

「じゃあ、この棚《たな》にある五つのコップを持っていってテーブルに並《なら》べて。オレたちの分のコップと、ジュースは持っていくから。」

「わかった。」

学習日
／

1 ―あについて、□に当てはまる言葉を文章中から探《さが》して書きましょう。

どれも［　　］製《せい》で、［　　］がそれぞれ、［　　］もの。

2 ―いなぞの内容《ないよう》について、合うものを選《えら》んで記号に○をつけましょう。

ア どれがだれのコップか。
イ だれが最初《さいしょ》に飲むか。
ウ コップの中身が何か。

3 みんながヒントを出し始めたとき、桐《きり》はどうしましたか。それがわかる一文を探《さが》して書きましょう。

［　　］

桐と柚は、太一に言われた通りに（あ）五つのコップを運び、テーブルの上に並《なら》べました。

コップはどれもガラス製《せい》ではありますが、見た目はⒷ千差万別《せんさばんべつ》で、入居《にゅうきょ》者《しゃ》がそれぞれ持《も》ち寄《よ》ったもののようです。

あとから三人分のコップと、ジュースの入ったペットボトルを持ってきた太一が、自分のコップを取ろうとした洋平を制《せい》しました。

「ちょっと待って！　どれがだれのコップか、二人に当ててもらおう。」

すると、五人は**異口同音**《いくどうおん》に賛成《さんせい》して、だれからヒントを出すか相談をし始めました。

「（い）またなぞ解《と》きかあ。すぐに飲みたいのに。」

つぶやく桐のわき腹《ばら》を柚がこづきます。

「桐が太一兄に『なぞ解《と》きしたい』って言いまくっていたからだよ。Ⓒ**自業自得**《じごうじとく》でしょ。」

やがて相談が済《す》んだようで、入居者《にゅうきょしゃ》たちは順《じゅん》番《ばん》にヒントを出してくれました。

最初《さいしょ》にヒントをくれたのは洋平です。

「ぼくのコップは花柄《はながら》のとなりだよ。」

桐は忘《わす》れないよう、メモを取っています。

次にヒントをくれたのは鈴子でした。

「私《わたし》のコップは脚《あし》つきなの。」

三番目にヒントをくれたのは千里でした。

四字熟語《よじじゅくご》の問題にチャレンジ！

次の四字熟語の意味に合うものを選《えら》び、記号に○をつけましょう。

Ⓐ **天真爛漫**《てんしんらんまん》
- ア　ぼんやりとねむそうな様子。
- イ　ゆったりとよゆうがある様子。
- ウ　明るくむじゃきな様子。

Ⓑ **千差万別**《せんさばんべつ》
- ア　たいしてちがいはないこと。
- イ　それぞれにちがいがあること。
- ウ　あまりに数が多いこと。

Ⓒ **自業自得**《じごうじとく》
- ア　自分の行《おこな》いが得《とく》になること。
- イ　自分の行《おこな》いが返ってくること。
- ウ　自分の得《とく》しか考えないこと。

← 答えは34・35ページ

「ぼくのコップは端《はし》っこにある。」

四番目にヒントをくれたのは真琴《まこと》でした。

「私《わたし》のコップは花柄《はながら》ではないよ。」

四つヒントをもらったところで、太一《たいち》が桐《きり》と柚《ゆず》に確認《かくにん》します。

「どう？　ここまでで、どれがだれのコップか、わかったかい？」

ノートをのぞきこみながら、桐が答えました。

「えっと、脚《あし》がついたコップは一つしかないから、右端《みぎはし》のコップは鈴子《すずこ》さんのもので……。」

そのあとを、柚が受けつぎます。

「右端《みぎはし》が鈴子さんってことは、『端《はし》っこにある』と言った千里《せんり》さんのコップが左端《ひだりはし》のものってことだね。」

鈴子と千里が、それぞれ「正解《せいかい》！」と言いました。

「それから、真琴さんのコップが花柄《はながら》じゃないってことは、洋平《ようへい》さんのコップもそうじゃないから、花柄《はながら》のコップは菜緒《なお》さんのものだ。」

菜緒が「さすがだね！　正解《せいかい》だよ。」と拍手《はくしゅ》しました。

「でも、Ⓓ**順風満帆**《じゅんぷうまんぱん》だったのはここまで。洋平さんのコップは、花柄《はながら》の右どなりかもしれないし、左どなりかもしれない。だよね、柚。」

「うん。」

㋒二人がⒺ**悪戦苦闘**《あくせんくとう》していると、太一がこんな提案《ていあん》をしました。

「じゃあさ、こうしない？　二人が自分たちで考えた質問《しつもん》を一つだけしてもいいことにする。質問《しつもん》された人は、本当のことしか答えられない。も

4 最初《さいしょ》にわかったのは、だれのコップでしたか。また、それはどんなコップでしたか。文章中から探《さが》して書きましょう。

だれの ［　　］

どんなコップ ［　　］

5 ―㋒このとき、残《のこ》っていたのはだれとだれのコップですか。名前を書きましょう。

［　　］と［　　］

6 ―Ⓔは、どんな質問《しつもん》でしたか。□に当てはまる言葉を文章中から探《さが》して書きましょう。

［　　］で答えられて、答えが［　　］だとしても洋平《ようへい》のコップがどれかわかる質問《しつもん》。

ちろん、『あなたのコップはどれですか？』っていう質問《しつもん》以外《いがい》でね。そうだ、『はい』か『いいえ』で答えられる質問《しつもん》にしよう。」

「面白《おもしろ》そう。桐、さっそく質問《しつもん》を考えよう。」

「うん。洋平さんのコップがわかれば、残《のこ》りが真琴さんのものだよね。」

「そうだね。『はい』か『いいえ』で答えられて、答えがどちらだとしても洋平さんのコップがわかる質問《しつもん》にするには……。」

「わかった！」

桐に耳打ちされ、うなずいた柚が、洋平に質《しつ》問《もん》をします。

(え)「あなたのコップは花柄《はながら》の右どなりですね。」

すると、洋平がにっこり笑《わら》って「はい。」と答えました。

「これで**一件落着**《いっけんらくちゃく》だ！　コップは右から順番《じゅんばん》に、鈴子さん、洋平さん、菜緒さん、真琴さん、千里さんのものだね。」

得意満面《とくいまんめん》な桐と柚に、シェアハウスの面々《めんめん》が拍手《はくしゅ》を送ってくれました。太一がみんなのコップにジュースを注ぎます。

「桐、柚、桃山館《ももやまかん》へようこそ！　乾杯《かんぱい》！」

こうして二人は、五年生の夏休みの数日を桃山館で(F)**自由奔放**《じゆうほんぽう》に過《す》ごすことになったのです。

四字熟語《よじじゅくご》の問題にチャレンジ！

次の四字熟語《よじじゅくご》を正しい意味で使っている文を選《えら》び、記号に○をつけましょう。

D 順風満帆《じゅんぷうまんぱん》

ア　計画が順風満帆《じゅんぷうまんぱん》に進む。

イ　順風満帆《じゅんぷうまんぱん》なままではいけない。

ウ　順風満帆《じゅんぷうまんぱん》な日々《ひび》に疲労《ひろう》する。

E 悪戦苦闘《あくせんくとう》

ア　このゲームは悪戦苦闘《あくせんくとう》で楽しい。

イ　前向きに悪戦苦闘《あくせんくとう》したい。

ウ　悪戦苦闘《あくせんくとう》の末《すえ》、解決《かいけつ》する。

F 自由奔放《じゆうほんぽう》

ア　常《つね》に監視《かんし》され、自由奔放《じゆうほんぽう》だ。

イ　自由奔放《じゆうほんぽう》な経済《けいざい》を目指す。

ウ　自由奔放《じゆうほんぽう》な一生を送る。

答えは34・35ページ

答えと解説《かいせつ》

★このページは、右ページ上段《じょうだん》→左ページ上段《じょうだん》→右ページ中段《ちゅうだん》→左ページ中段《ちゅうだん》→右ページ下段《げだん》→左ページ下段《げだん》の順《じゅん》に読んでください。

なぞ01 たたずむ三賢者《さんけんじゃ》

8～11ページ

【8・9ページ】

1 ウ

解説《かいせつ》
8ページ3行目に「妹の柚《ゆず》」とあり、さらに10・11行目の桐《きり》の言葉に「ぼくたち双子《ふたご》なのに」とあることから考えましょう。

2 なぞ解《と》きランド

解説《かいせつ》
8ページ1・2行目の桐《きり》の言葉に「今年の誕生日《たんじょうび》は『なぞ解《と》きランド』へ連《つ》れていってもらえるって、楽しみにしていたのになあ」とあることから答えを考えましょう。

3 だれに……太一《たいち》（兄《にい》）
どこに……シェアハウス

解説《かいせつ》
8ページ5～8行目の柚《ゆず》の言葉をよく読んで考えましょう。「約束《やくそく》したときは、太一兄だって本気だったと思うよ」（5・6行目）、「こうしてシェアハウスに招待《しょうたい》してくれた」（8行目）に注目すると、二人の状況《じょうきょう》を読み取ることができます。

6 レトロな建物《たてもの》

解説《かいせつ》
11ページ21行目に「レトロな建物《たてもの》の前に立つ太一《たいち》」とあることから、太一の住むシェアハウスの様子がわかります。文字数にも注意して答えましょう。

四字熟語《よじじゅくご》の問題にチャレンジ！

D イ
E イ
F ア

解説《かいせつ》
「社交辞令《しゃこうじれい》」は「うわべだけの挨拶《あいさつ》」、「雲泥之差《うんでいのさ》」は「二つのものごとがあまりにかけはなれていること」、「有耶無耶《うやむや》」は「はっきりしない、あいまいな様子」という意味です。

言葉の学習
お話に出てきた四字熟語《よじじゅくご》の意味を確《たし》かめましょう。
斬新奇抜《ざんしんきばつ》……これまでになく新しく、独特《どくとく》である様子。
自信満満《じしんまんまん》……自信《じしん》に満《み》ちあふれている様子。

四字熟語《よじじゅくご》の問題にチャレンジ！

A ア
B イ
C ウ

言葉の学習
お話に出てきた四字熟語《よじじゅくご》の意味を確《たし》かめましょう。
妖怪変化《ようかいへんげ》……人智《じんち》を超《こ》えた、不思議《ふしぎ》でおそろしい化け物。
余裕綽綽《よゆうしゃくしゃく》……ゆったりと落ち着いている様子。
大胆不敵《だいたんふてき》……度胸《どきょう》がすわっていて、おそれないこと。

四字熟語《よじじゅくご》の解説《かいせつ》
和洋折衷《わようせっちゅう》……「折衷《せっちゅう》」は「それぞれのよいところをまとめる」という意味です。「折衷《せっちゅう》」は「折中《せっちゅう》」とも書きます。
余裕綽綽《よゆうしゃくしゃく》……「綽綽《しゃくしゃく》」は「ゆったりとしていること」という意味です。

四字熟語《よじじゅくご》の問題にチャレンジ！

Ⓐ ㋒
Ⓑ ㋐
Ⓒ ㋑

言葉の学習

お話に出てきた四字熟語《よじじゅくご》の意味を確《たし》かめましょう。

無理難題《むりなんだい》……実現《じつげん》するのが難《むずか》しい問題。

冷静沈着《れいせいちんちゃく》……落ち着いていて、ものごとに動じないこと。

【10・11ページ】

4 入居者《にゅうきょしゃ》

解説《かいせつ》

10ページ7～10行目の太一《たいち》の言葉をよく読んで考えましょう。「入居者《にゅうきょしゃ》は楽しい人ばかりだし」（8行目）とあります。

5

第一の賢者《けんじゃ》
第二の賢者《けんじゃ》
第三の賢者《けんじゃ》

ミラー
大きな木
郵便《ゆうびん》ポスト

解説《かいせつ》

11ページ1～4行目のメールの内容《ないよう》をヒントにしつつ、柚《ゆず》と桐《きり》が道を進んでいく様子をていねいに読み取りましょう。「郵便《ゆうびん》ポスト」、「大きな木」、「ミラー」の特徴《とくちょう》に注目すると、それぞれがどの賢者《けんじゃ》を表しているのかを読み取れます。

なぞ02 入居者《にゅうきょしゃ》の人数は？

12・13ページ

【12・13ページ】

1 昭和・百年

解説《かいせつ》

12ページ6・7行目の太一《たいち》の言葉に注目して考えましょう。「桃山館《ももやまかん》は昭和の初《はじ》めに建《た》てられたんだ。築《ちく》百年近い」とあります。

2 集合ポスト

解説《かいせつ》

13ページ4行目に「桐《きり》が指さしたのは、玄関《げんかん》ドアの横に備《そな》えつけられた集合ポストでした」とあります。集合ポストとは、アパートやマンションなどの集合《しゅうごう》住宅《じゅうたく》にある、各住戸《かくじゅうこ》のポスト（郵便《ゆうびん》受け）が集まったもののことです。

3 ㋑

解説《かいせつ》

13ページ18～20行目の桐《きり》の言葉に注目しましょう。「一週間前に開店した店のチラシ」（18行目）を決め手としていますが、これは「Eのポストからはみ出ていた」（14・15行目）のを桐が引《ひ》っ張《ば》りだしたものです。

なぞ03 角部屋の入居者《にゅうきょしゃ》

14・15ページ

【14・15ページ】

1 何階……一階
どこ……ゲストルーム

解説《かいせつ》

14ページ5・6行目の太一《たいち》の言葉に「一階にはオレのいる管理人室《かんりにんしつ》の他、ゲストルームがある。二人にはここに泊《と》まってもらうよ」とあります。

2 瀬波洋平《せなみようへい》

解説《かいせつ》

14ページ14行目で桐《きり》と柚《ゆず》が「声をそろえて挨拶《あいさつ》をし」、それを受けた入居者《にゅうきょしゃ》が15・16行目で自己紹介《じこしょうかい》をしています。この内容《ないよう》をよく読んで答えましょう。

3 朝日・目が覚《さ》め

解説《かいせつ》

15ページ19・20行目の洋平《ようへい》の言葉に「窓《まど》が東向きだと朝日が差《さ》しこむから、特《とく》に夏場は不可抗力《ふかこうりょく》で目が覚《さ》めちゃう」とあります。「夜型《よるがた》で寝《ね》るのがおそい」（18行目）洋平は、朝はゆっくり寝《ね》ていたいと思い、朝日をさえぎる遮光《しゃこう》カーテンを買っていたのです。

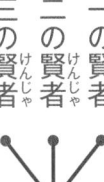

四字熟語《よじじゅくご》の問題にチャレンジ！

Ⓐ イ
Ⓑ イ
Ⓒ ア

言葉の学習

お話に出てきた四字熟語《よじじゅくご》の意味を確《たし》かめましょう。

前途有望《ぜんとゆうぼう》……将来《しょうらい》、大いに活躍《かつやく》しそうな可能性《かのうせい》があること。

独断専行《どくだんせんこう》……他者の意見を聞かず、自分で判断《はんだん》して、勝手に行動すること。

不可抗力《ふかこうりょく》……どうしても逆《さか》らうことができないこと。

なぞ04 朝日が差《さ》しこむ部屋

16・17ページ

【16・17ページ】

1 フリーライター

解説《かいせつ》
16ページ9行目の千里《せんり》の言葉に「フリーライターをしていて、ここでくらしながら原稿《げんこう》を書いているんだ」とあります。

なぞ05 二人の女性《じょせい》

18〜21ページ

【18・19ページ】

1 前の管理人《かんりにん》さん

解説《かいせつ》
18ページ6行目の太一《たいち》の言葉に「そこの本は、前の管理人《かんりにん》さんのコレクションなんだ」とあります。「そこ」とは、柚《ゆず》がながめている「リビングの一角にある、大きな本棚《ほんだな》」（3行目）のことです。

2 ウ

解説《かいせつ》
18ページ17行目〜19ページ1行目にかけての太一《たいち》の言葉に「二人の食事は、オレが作るよ」とあることから考えましょう。

3 C号室・D号室

※順不同《じゅんふどう》

解説《かいせつ》
19ページ17〜19行目の女性《じょせい》の言葉に「私《わたし》たちのうち、どちらか片方《かたほう》がC号室で、もう片方《かたほう》がD号室の入居者《にゅうきょしゃ》なの」とあることから考えましょう。

四字熟語《よじじゅくご》の問題にチャレンジ！

Ⓐ ウ
Ⓑ ア
Ⓒ イ

四字熟語《よじじゅくご》の問題にチャレンジ！

Ⓓ ア
Ⓔ ア
Ⓕ イ

解説《かいせつ》
「一意専心《いちいせんしん》」は「一つのことにひたすら集中すること」、「竹馬之友《ちくばのとも》」は「幼《おさな》いころからの友だち。幼《おさな》なじみ」、「狂喜乱舞《きょうきらんぶ》」は「今にも踊《おど》りだしそうなほど、大喜《おおよろこ》びすること」という意味です。

言葉の学習

お話に出てきた四字熟語《よじじゅくご》の意味を確《たし》かめましょう。

疲労困憊《ひろうこんぱい》……つかれ果《は》てて、すっかり弱っていること。

日常茶飯《にちじょうさはん》……取るに足らない、日々《ひび》のありふれたこと。

四字熟語《よじじゅくご》の解説《かいせつ》

疲労困憊《ひろうこんぱい》……「疲労《ひろう》」「困憊《こんぱい》」どちらも「つかれきること」という意味です。同じ意味をもつ言葉を重ねて、意味を強くしています。

一意専心《いちいせんしん》……「専心一意《せんしんいちい》」ともいいます。

2 イ

解説《かいせつ》

17ページ3・4行目の千里《せんり》の言葉に「朝日が窓《まど》いっぱいに差《さ》しこむ部屋にした」とあることから考えましょう。

3 庭（外）・ちがい

解説《かいせつ》

17ページ11～13行目に「二人は、外からBとCの部屋のちがいを見つけようと庭に出てみました」とあります。そこで「C号室の窓《まど》には、大きな木の枝《えだ》がかかっていて、日当たりがよくなさそう」（19・20行目）だとわかり、答えを見つけたのです。

四字熟語《よじじゅくご》の問題にチャレンジ！

Ⓐ イ

Ⓑ ウ

Ⓒ ウ

言葉の学習

お話に出てきた四字熟語《よじじゅくご》の意味を確《たし》かめましょう。

平平凡凡《へいへいぼんぼん》……特《とく》に変《か》わったところがなく、ありふれている様子。

一球入魂《いっきゅうにゅうこん》……精神《せいしん》を集中して、全力で投げること。

単純明快《たんじゅんめいかい》……複雑《ふくざつ》なところがなく、わかりやすい様子。

言葉の学習

お話に出てきた四字熟語《よじじゅくご》の意味を確《たし》かめましょう。

三者三様《さんしゃさんよう》……考え方や方法《ほうほう》が、人それぞれでちがうこと。

一生懸命《いっしょうけんめい》……ものごとに対して、真剣《しんけん》に取り組むこと。

豪華絢爛《ごうかけんらん》……きらびやかにかがやき、はなやかで美しいこと。

【20・21ページ】

4 ネイル

解説《かいせつ》

21ページ6～8行目の内容《ないよう》に注目しましょう。「二人のうち～ネイルをしていた」とあります。そのあとに続《つづ》く、ショートカットの女性《じょせい》と柚《ゆず》とのやりとりから、柚が確《たし》かめたかったのは、ネイルをしているかどうかだったことが読み取れます。

5 野村菜緒《のむらなお》……ア、ウ、カ
木原真琴《きはらまこと》……イ、エ、オ

解説《かいせつ》

20・21ページの内容《ないよう》をよく読み、二人の女性《じょせい》のちがいを一つひとつおさえていきましょう。特《とく》に21ページの6～19行目に注目すると、二人の名前とそれぞれのちがいを読み取ることができます。

なぞ 06 彼女《かのじょ》の職業《しょくぎょう》

22～25ページ

【22・23ページ】

1 F（号室）

解説《かいせつ》

22ページ10行目の桐《きり》の言葉に「鈴子《すずこ》さんはF号室の入居者《にゅうきょしゃ》なんですね」とあります。

2 職業《しょくぎょう》

解説《かいせつ》

22ページ13行目の鈴子《すずこ》の言葉に「そうだ、私《わたし》の職業《しょくぎょう》を当てられるかしら？」とあることから答えを考えましょう。

3 衣食住《いしょくじゅう》

解説《かいせつ》

23ページ14行目に「衣食住《いしょくじゅう》のどれかとかかわりが深い職業《しょくぎょう》か」とあり、そのあとで「衣《い》」「食」「住」のそれぞれにかかわりのある仕事について話し合っていることから考えましょう。

四字熟語《よじじゅくご》の問題にチャレンジ！

Ⓐ ウ
Ⓑ ウ
Ⓒ イ

言葉の学習

お話に出てきた四字熟語《よじじゅくご》の意味を確《たし》かめましょう。

無礼千万《ぶれいせんばん》……これ以上《いじょう》ないほど失礼《しつれい》なこと。
意気消沈《いきしょうちん》……すっかり元気をなくすこと。

四字熟語《よじじゅくご》の解説《かいせつ》

悠悠閑閑《ゆうゆうかんかん》……「悠悠《ゆうゆう》」は「ゆったりとのんびりしていること」、「閑閑《かんかん》」は「静《しず》かであり、落ち着いていること」という意味です。「悠悠緩緩《ゆうゆうかんかん》」「優優閑閑《ゆうゆうかんかん》」とも書きます。

四字熟語《よじじゅくご》の問題にチャレンジ！

Ⓓ ウ
Ⓔ イ
Ⓕ ア

解説《かいせつ》

「多種多様《たしゅたよう》」は「種類《しゅるい》や状態《じょうたい》などが多く、さまざまであること」、「孤軍奮闘《こぐんふんとう》」は「手助けがなく、一人でがんばること」、「喜色満面《きしょくまんめん》」は「うれしそうな表情《ひょうじょう》が顔中に表れていること」という意味です。

言葉の学習

お話に出てきた四字熟語《よじじゅくご》の意味を確《たし》かめましょう。

一部始終《いちぶしじゅう》……ものごとの始めから終わりまでのすべて。
不平不満《ふへいふまん》……心おだやかでいられず、満足《まんぞく》していない様子。

言葉の学習

お話に出てきた四字熟語《よじじゅくご》の意味を確《たし》かめましょう。

平穏無事《へいおんぶじ》……特《とく》に変《か》わったできごともなく、おだやかな様子。
異口同音《いくどうおん》……全員の意見が同じであること。

四字熟語《よじじゅくご》の解説《かいせつ》

平穏無事《へいおんぶじ》……「無事平穏《ぶじへいおん》」ともいいます。
自業自得《じごうじとく》……「業《ごう》」は「行《おこな》い」という意味。自分の行《おこな》い（自業《じごう》）を、自分が受ける（自得《じとく》）という意味で、もともとは仏教《ぶっきょう》の言葉です。一般的《いっぱんてき》には、悪い行《おこな》いをした報《むく》いが自分に返ってくるときに使います。

【28・29ページ】

4 だれの……鈴子《すずこ》
どんなコップ……脚《あし》がついたコップ

解説《かいせつ》

28ページ7・8行目の桐《きり》の言葉に「脚《あし》がついたコップは一つしかないから、右端《みぎはし》のコップは鈴子さんのもの」とあることから考えましょう。

5 洋平《ようへい》・真琴《まこと》

※順不同《じゅんふどう》

解説《かいせつ》

29ページの4行目の桐《きり》の言葉に「洋平さんのコップがわかれば、残《のこ》りが真琴さんのものだよね」とあることから考えましょう。

【24・25ページ】

4 接客《せっきゃく》が中心の仕事

解説《かいせつ》
24ページ10行目の言葉に「そういえば、接客《せっきゃく》が中心の仕事って言ってたよね」とあることに注目して考えましょう。

5
・服を売る店の店員
・飲食店の店員
・不動産会社《ふどうさんがいしゃ》の営業《えいぎょう》

※順不同《じゅんふどう》

解説《かいせつ》
24ページの17・18行目に「二人は相談して、『服を売る店の店員』『飲食店の店員』『不動産会社《ふどうさんがいしゃ》の営業《えいぎょう》』に○印《じるし》をつけました」とあります。これらが、ヒントにあった「二つの要素《ようそ》」を満《み》たすと考えたのです。

6 髪型《かみがた》・服装《ふくそう》

解説《かいせつ》
25ページ6・7行目の柚《ゆず》の言葉に注目して考えましょう。「鈴子《すずこ》さん、今日働《はたら》いているときは、さっきの服装《ふくそう》で、髪型《かみがた》もそのままだったんですか？」とあります。

なぞ07 それぞれのコップ

26～29ページ

【26・27ページ】

1 ガラス・入居者《にゅうきょしゃ》・持《も》ち寄《よ》った

解説《かいせつ》
27ページ3・4行目に「コップはどれもガラス製《せい》ではありますが、見た目は千差万別《せんさばんべつ》で、入居者《にゅうきょしゃ》がそれぞれ持《も》ち寄《よ》ったもののようです」とあることから考えましょう。

2 ア

解説《かいせつ》
27ページ7行目の太一《たいち》の言葉に「どれがだれのコップか、二人に当ててもらおう」とあることから考えましょう。

3 桐《きり》は忘《わす》れないよう、メモを取っています。

解説《かいせつ》
27ページ16行目に「最初《さいしょ》にヒントをくれたのは洋平《ようへい》です」とあり、洋平からのヒントが続《つづ》きます。そのあとの桐の行動がわかる部分に注目しましょう。

四字熟語《よじじゅくご》の問題にチャレンジ！
Ⓐ ウ
Ⓑ イ
Ⓒ イ

---

6 「はい」か「いいえ」・どちら

解説《かいせつ》
29ページ5・6行目の柚《ゆず》の言葉に注目しましょう。「『はい』か『いいえ』で答えられて、答えがどちらだとしても洋平《ようへい》さんのコップがわかる質問《しつもん》にするには……」とあります。

四字熟語《よじじゅくご》の問題にチャレンジ！
Ⓓ ア
Ⓔ ウ
Ⓕ ウ

解説《かいせつ》
「順風満帆《じゅんぷうまんぱん》」は「ものごとが順調《じゅんちょう》に進むこと」、「悪戦苦闘《あくせんくとう》」は「困難《こんなん》な状況《じょうきょう》の中で、なんとか努力《どりょく》すること」、「自由奔放《じゆうほんぽう》」は「自分のしたいように行動すること」という意味です。

言葉の学習
お話に出てきた四字熟語《よじじゅくご》の意味を確《たし》かめましょう。
一件落着《いっけんらくちゃく》……ものごとの決着がついたり、解決《かいけつ》したりすること。
得意満面《とくいまんめん》……ものごとが思い通りになり、ほこらしげな気持ちが顔中に表れる様子。

動物・植物の漢字が入った四字熟語《よじじゅくご》

四字熟語《よじじゅくご》	意味	書いてみよう
虎視眈眈《こしたんたん》	すきをねらって様子をうかがっていること。 虎《とら》がするどい目で獲物《えもの》をねらう様子から来ている。「眈《たん》眈《たん》」は、目を光らせて何かをねらう様子を表す言葉。	
獅子奮迅《ししふんじん》	とてもすごい勢《いきお》いで活動すること。 「獅子《しし》」はライオン、「奮迅《ふんじん》」は激《はげ》しくさかんに、という意味。	
馬耳東風《ばじとうふう》	他人の言葉を聞き流すこと。 気持ちのよい春の風（東風）が吹《ふ》いても、馬は何も感じないことから。	
羊頭狗肉《ようとうくにく》	見た目が立派《りっぱ》でも、中身がともなっていないこと。 「狗《く》」は犬のこと。羊の頭を看板《かんばん》に出しているのに、実際《じっさい》は犬の肉を売っている、という意味。	
鶏口牛後《けいこうぎゅうご》	大きなグループの最後尾《さいこうび》にいるより、小さなグループのリーダーになるほうがよいということ。 「鶏口《けいこう》」は鶏《にわとり》のくちばし、「牛後《ぎゅうご》」は牛のおしりの意味。	
竹馬之友《ちくばのとも》	幼《おさな》いころからの友だち。幼《おさな》なじみ。 ここでいう「竹馬」は、竹の棒《ぼう》を馬の姿《すがた》に見立ててまたがり、走り回って遊ぶおもちゃのこと。	
花鳥風月《かちょうふうげつ》	美しい自然《しぜん》の風景《ふうけい》のこと。 また、それをテーマに絵をかいたり、詩や和歌を作ったりして楽しむこと。	

もっと四《よ》字《じ》熟《じゅく》語《ご》を楽しもう

このページでは、四字熟語《よじじゅくご》をさまざまなテーマに分けて紹介《しょうかい》するよ。四字熟語《よじじゅくご》の書き取りやイラストクイズにもチャレンジしてみてね！

四字熟語《よじじゅくご》イラストクイズ

イラストが表している四字熟語《よじじゅくご》を考えて、マスに書いてみよう！

答えは70ページ

132ページの答え

1 魑魅魍魎《ちみもうりょう》
2 満身創痍《まんしんそうい》
3 怒髪衝天《どはつしょうてん》

2章 十《じゅう》人《にん》十《と》色《いろ》の入《にゅう》居《きょ》者《しゃ》たち

従兄《いとこ》の太一《たいち》にさそわれて、
シェアハウス「桃山館《ももやまかん》」にやってきた桐《きり》と柚《ゆず》。
管理人《かんりにん》である太一の手伝《てつだ》いをしながら、五人の
入居者《にゅうきょしゃ》から出題されるなぞを解《と》いていきます。

いつも四階にあるエレベーター、
ぶかぶかすぎる服を買った女性《じょせい》、
消えた銅像《どうぞう》……。

次々《つぎつぎ》と出題されるなぞを、
二人は解《と》くことができるのでしょうか。

なぞ08

なぞ解《と》きはスーパーで？

朝食後、宿題をしたあとで、二人は太一《たいち》の手伝《てつだ》いをしています。

「夏休みなのに、宿題とお手伝《てつだ》いをするだけなんて**無味乾燥**《むみかんそう》な日だよ。」

「まあまあ、Ⓐ**一陽来復**《いちようらいふく》っていうじゃない。みんなが帰ってきたら、なぞを出してくれるみたいだし。Ⓑ**遮二無二**《しゃにむに》取り組んでいればすぐ終わるよ。」

「それ、本当？　うーん、仕方ないな。それまでがんばるか。」

リビングのそうじを終えた二人は、近所のスーパーへ向かいました。

「それで、何を買うの？　柚《ゆず》、太一兄がくれたメモは？」

「ここにあるよ。あっ、何これ。」

柚の手にあるメモ用紙を、桐《きり》がのぞきこみます。

- ・野菜《やさい》売り場《ば》にある、あるもの一ふくろ……〈ヒント〉新聞紙
- ・肉売り場にある、あるもの一ふくろ……〈ヒント〉桐と柚

「わ、なぞ解《と》きになってる！　えっと、野菜《やさい》売り場《ば》にあるもので、ヒントが新聞紙？　あっ、もしかして焼《や》きいも？」

「柚、きっとそうだよ。思いついたら行動あるのみ。**猪突猛進**《ちょとつもうしん》でいこう！」

桐は「新聞紙、新聞紙。」と言いながら、野菜《やさい》売り場《ば》へ行きました。しかし、焼《や》きいもが見つからず、**右往左往**《うおうさおう》してしまいます。

「焼《や》きいもはないし、やっぱり別《べつ》の野菜《やさい》かな。それにしても、なんで『新聞』

学習日　／

1 ——あ なんの野菜《やさい》ですか。文章中から探《さが》して書きましょう。

[　　　　]

2 1 を当てるためのヒントが「新聞紙」だったのはなぜですか。□に当てはまる言葉を文章中から探《さが》して書きましょう。

[　　　　] にすると、上から読んでも下から読んでも [　　　　] になるから。

3 柚《ゆず》がソーセージを選《えら》んだのはなぜですか。合うものを選《えら》んで記号に○をつけましょう。

ア 食べたかったから。

イ 双子《ふたご》を双生児《そうせいじ》と言うから。

ウ スパゲッティの材料《ざいりょう》になるから。

じゃなくて『新聞紙』なんだろう?」

それを聞いて、柚は何か思いついた様子です。

「それだよ! 新聞紙って、ひらがなにすると、上から読んでも下から読んでも同じ言葉になるよね。」

「そっか、わかったぞ! 答えはこれだ。」

桐がかごに入れたのは、(あ)赤くてつやつやと光る夏野菜《なつやさい》でした。

「次は肉売り場か。でも、ヒントがぼくたちって、どういうことだろう?」

肉売り場を一通りながめてみましたが、今度はなかなか答えにたどり着きません。

「柚、こっちはソーセージとハムしかないよ。」

「ソーセージ? あっ、そういうことか! ⓒ**九《く》分《ぶ》九《く》厘《りん》**、これが正解《せいかい》だと思う。」

そう言って、柚はソーセージの入ったふくろをかごに入れました。

トマトとソーセージの入ったエコバッグをわたすと、太一はほほえんで言いました。

「双子《ふたご》のことを双生児《そうせいじ》って言うって、よく知ってたね。よし、今日のお昼はこれでスパゲッティを作ろう。」

二人は同時に「やった!」と言いました。

四字熟語《よじじゅくご》の問題にチャレンジ!

次の四字熟語の意味に合うものを選《えら》び、記号に○をつけましょう。

Ⓐ **一陽来復《いちようらいふく》**
- ㋐ 夏の日差《ひざ》しが強いこと。
- ㋑ 冬が終わって春が来ること。
- ㋒ 努力《どりょく》が報《むく》われないこと。

Ⓑ **遮二無二《しゃにむに》**
- ㋐ がむしゃらにすること。
- ㋑ さぼりがちなこと。
- ㋒ 真剣《しんけん》にいどむこと。

Ⓒ **九分九厘《くぶくりん》**
- ㋐ よゆうがないこと。
- ㋑ 少しは自信《じしん》があること。
- ㋒ ほとんど確実《かくじつ》なこと。

← 答えは62・63ページ

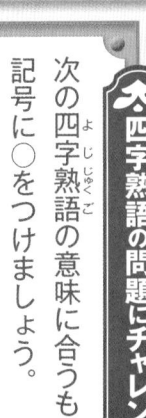

なぞ 09

立ち話の真相

太一《たいち》が作ってくれたスパゲッティはⒶ天下一品《てんかいっぴん》でした。食べ終えたあとで、柚《ゆず》がこんな話を始めました。

「さっきね、スーパーで、ちょっと不思議《ふしぎ》なことがあったんだよ。」

「不思議《ふしぎ》なこと？」

桐《きり》と太一が、**興味津津**《きょうみしんしん》で聞き返します。

「肉売り場へ向かう途中《とちゅう》、桐と少しだけはぐれたでしょう。あのときのことなんだけど……。」

柚がほどけたくつひもを結《むす》んでいるのに気づかず、桐は先に肉売り場へ行ってしまいました。柚も急いであとを追いますが、初《はじ》めて来たスーパーなので、売り場の配置《はいち》がよくわかりません。

ここかなと思って柚が足を止めたのは、魚売り場でした。

魚の切り身やおさしみが並《なら》べられた売り場の前で、**泰然自若**《たいぜんじじゃく》とした三人の女性《じょせい》が、立ち話をしていました。

「いわしがいいわね。」

「あら、さばもいいのよ。」

「うろこがとってもきれいでね。」

学習日　／

1 柚《ゆず》はスーパーの中のどこで、三人の女性《じょせい》の立ち話を聞きましたか。文章中から探《さが》して四文字で書きましょう。

2 ―あ 柚がこう思ったのは、三人の女《じょ》性《せい》の会話に、どんな言葉が出てきたからですか。文章中から探《さが》して三つ書きましょう。

3 ―い 三人の女性《じょせい》が話していたのは、魚ではなく何の話だったのですか。文章中から探《さが》して漢字一文字で書きましょう。

そんな会話が断片的《だんぺんてき》に、柚の耳まで届《とど》きました。
あ（ふーん、あのおばさんたちの家では、今晩《こんばん》、魚を食べるのね。）
そんなことを思いながら、柚は肉売り場にたどり着いたのです。

「ところがね、おかしいの。レジに行ったら、そのおばさんたちが並《なら》んでいたんだけど、い だれもかごの中に魚を入れていなかったの。」

「へえ、**有言実行**《ゆうげんじっこう》とはいかなかったのかな？」

太一がそう言うと、柚は先を続《つづ》けました。

「ね、気になるでしょ。それで、思わず『お魚、やめたんだ。』って言っちゃった。そしたら、おばさんたち、B **呵呵大笑**《かかたいしょう》してこう言ったの。『あら、話を聞いていたの？　あれは魚の話じゃないのよ。』って。」

桐が首をかしげます。

「いわしにさばに、うろこって言っていたのに、魚の話じゃないってどういうこと？」

太一が笑《わら》いながら言いました。

「ああ、空にあって形がC **千変万化**《せんぺんばんか》する、雲の話だったのか。」

「当たり！　いわし雲に、さば雲に、うろこ雲。好《す》きな雲の話をしていたんだって。」

四字熟語《よじじゅくご》の問題にチャレンジ！

次の四字熟語《よじじゅくご》の意味に合うものを選《えら》び、記号に○をつけましょう。

A **天下一品**《てんかいっぴん》
ア　とてもすぐれていること。
イ　二度と同じものは作れないこと。
ウ　あまりにひどいできであること。

B **呵呵大笑**《かかたいしょう》
ア　笑《わら》い顔《がお》で泣《な》くこと。
イ　声を殺《ころ》して笑《わら》うこと。
ウ　大声で笑《わら》うこと。

C **千変万化**《せんぺんばんか》
ア　常《つね》に新しく生《う》まれ変《か》わること。
イ　いつまでも変《か》わらないこと。
ウ　さまざまに変化《へんか》すること。

← 答えは62・63ページ

なぞ10

シロップの秘《ひ》密《みつ》

学習日　／

（あ）「おつかいのお礼、何を買ってきたんだい？」**開口一番**《かいこういちばん》、太一《たいち》にたずねられ、桐《きり》と柚《ゆず》は濃《こ》い色の液体《えきたい》が入った容器《ようき》を二つ、テーブルの上に並《なら》べました。

おつかいに行く前、二人は太一に、おつかいのお礼としてなんでも好《す》きなものを一つずつ買っていいと言われていたのです。

「ああ、かき氷のシロップか。」

「うん。キッチンにかき氷の機械《きかい》が置《お》いてあったから、食べたいなと思って。イチゴ味とメロン味で迷《まよ》ったから、両方買ってきたんだ。」

と桐が言うと、柚もうなずきます。

「そうそう。昨日《きのう》の夜に洋平《ようへい》さんが、かき氷を食べたいけどシロップがないって（A）**青息吐息**《あおいきといき》だったよ。」

「そうだったのか。今年は特《とく》に暑いし、ここでかき氷屋を開いたら（B）**千客万来**《せんきゃくばんらい》だな。買ってきてくれてありがとう。さっそくかき氷を作ろう！」

「やったあ！」と言って、二人は（い）ハイタッチをしました。

「そのまま食べたんじゃ面白《おもしろ》くないだろ。味の当てっこをしない？」

太一がいたずらっぽく笑《わら》います。

「味の当てっこ？　イチゴとメロンなんて、全然《ぜんぜん》味がちがうじゃない。そ

1　―（あ）二人は何を買ってきましたか。□に当てはまる言葉を文章中から探《さが》して書きましょう。

□味と□味のかき氷の□。

2　―（い）どうやって行《おこな》いましたか。合わないものを選《えら》んで記号に○をつけましょう。

ア　目隠《めかく》しをされる。

イ　耳をふさぐ。

ウ　鼻をつまむ。

3　この問題についての桐《きり》の考えはどう変化《へんか》しましたか。□に当てはまる言葉を文章中から探《さが》して書きましょう。

食べる前　□

んなの簡単《かんたん》すぎない？」

桐がそう言うと、太一はニヤニヤして言いました。

「言ったな？　何事も**創意工夫**《そういくふう》次第《しだい》で面白《おもしろ》くなるものさ。じゃあ、目隠《めかく》しして、鼻をつまんで食べてもらおう。それでも簡単《かんたん》かな？」

二人は目隠《めかく》しをされた上、片方《かたほう》の手で自分の鼻をつまみました。

そして、太一の合図で口を開け、かき氷を一口ずつ、計二回、食べさせてもらいました。こうして、一口目と二口目、どっちがどの味だったかを当てることになったのです。

簡単《かんたん》すぎると思っていた桐ですが、実際《じっさい》に食べてみると、思いのほか難《むずか》しい問題であることがわかりました。

（あれ？　これってどっちだろう？）

桐には、**首尾一貫**《しゅびいっかん》してこの味だと言える、自《じ》信《しん》がありませんでした。

「二人とも答えをどうぞ！」

柚の答えは、一口目がイチゴで二口目がメロンでした。桐は、その逆《ぎゃく》を答えましたが、全くの当てずっぽうです。

「じゃあ、二人とも目隠《めかく》しを外してみて！」

太一にうながされて、タオルを取ってみると、そこにあったのはメロンのかき氷が入った器《うつわ》だ

食べたあと

四字熟語《よじじゅくご》の問題にチャレンジ！

次の四字熟語《よじじゅくご》の意味に合うものを選《えら》び、記号に○をつけましょう。

A 青息吐息《あおいきといき》
- ア うれしいときのため息。
- イ 美しいものを見たときのため息。
- ウ がっかりしたときのため息。

B 千客万来《せんきゃくばんらい》
- ア 多くの人の間でうわさになること。
- イ 多くの客がたえずおとずれること。
- ウ たまにぽつぽつと客が来ること。

C 首尾一貫《しゅびいっかん》
- ア 最初《さいしょ》から最後《さいご》までつらぬくこと。
- イ 状況《じょうきょう》に合わせて考えを変《か》えること。
- ウ 全体的《ぜんたいてき》な見た目を統一《とういつ》すること。

答えは62・63ページ

けでした。

イチゴのシロップの入った容器《ようき》は、まだ封《ふう》がとかれていないままです。

「えっ？　どういうこと？　イチゴはⒹ**後生大事**《ごしょうだいじ》に取っておくつもり？」

柚《ゆず》が目を白黒させています。桐《きり》もまた、わけがわからないという様子で、メロンのかき氷を見つめていました。

「**残念無念**《ざんねんむねん》！　二人とも不正解《ふせいかい》だったね。」

と、太一《たいち》が笑《わら》います。

㋒「太一兄、こんなのずるいよ！　こんな当てっこ、Ⓔ**前代未聞**《ぜんだいみもん》だ！」

「そうだよ。メロンしか食べさせていないなんて。」

二人は**一致団結**《いっちだんけつ》して、太一を責《せ》めました。

「いや、ごめんごめん。イチゴを食べさせなかったのは、たしかにちょっといじわるだったかな。だけど、食べたところで、正解《せいかい》はわからなかったんじゃない？」

そう言われて、柚はうなずきました。

「そうかも。だって私《わたし》、この答え、かなり当てずっぽうだったもの。Ⓕ**二者**《にしゃ》**択一**《たくいつ》の簡単《かんたん》な問題のはずなのに、さっぱりわからなくて。」

「えっ、柚もそうだったの？　実はぼくも……。」

そんな二人の肩《かた》を、太一がぽんぽんとたたきました。

「落ちこむ必要《ひつよう》はないよ。㋓これがわかる人はいないはずだから。」

「えっ!?」と声を上げて、二人は顔を見合わせます。

「太一兄、どういうことなの？」

4　―㋒このように言ったのはなぜですか。□に当てはまる言葉を文章中から探《さが》して書きましょう。

味の［　　　　］と言っておきながら、太一《たいち》が二回とも［　　　　］味だけを食べさせていたこと。

5　―㋓太一がこう言ったのは、このメーカーのシロップにどんな特徴《とくちょう》があるからですか。合うものを選《えら》んで記号に○をつけましょう。

ア　全部メロン味だから。
イ　全部イチゴ味だから。
ウ　全部同じ味だから。

6　視覚《しかく》と嗅覚《きゅうかく》を使えば味のちがいを感じるのは、シロップに何が入っているからですか。文章中から探《さが》して二つ書きましょう。

［　　　　］
［　　　　］

「説明《せつめい》しよう。このメーカーのかき氷のシロップは、全部同じ味なんだ。」

二人は再《ふたた》び、おどろかされました。

「じゃあ、どうしてイチゴ味とか、メロン味だってわかるの？」

「着色料《ちゃくしょくりょう》と香料《こうりょう》を入れることで、ちがいを出しているからさ。」

桐も柚も首をかしげています。

「じゃあ、同じ味でも、見た目の色やにおいがちがっていると、他のものに感じられるってこと？」

柚がたずねると、太一が大きくうなずいて言いました。

「そう！　着色料《ちゃくしょくりょう》による緑色で視覚《しかく》を刺激《しげき》し、メロンを感じさせる香料《こうりょう》で嗅覚《きゅうかく》を刺激《しげき》すれば、メロン味に感じられるってわけ。」

「だから、目隠《めかく》しして、鼻をつまんだら、何味だかわからなくなっちゃうのか。」

桐もようやく納得《なっとく》しました。

「さあ、さっきはほんの少しだったから、改《あらた》めてかき氷を作ってあげるよ。イチゴとメロン、どっちがいい？」

二人はそれぞれ一つずつリクエストし、今度は視覚《しかく》と嗅覚《きゅうかく》を存分《ぞんぶん》に使って、食《た》べ比《くら》べてみたのでした。

四字熟語《よじじゅくご》の問題にチャレンジ！

次の四字熟語《よじじゅくご》を正しい意味で使っている文を選《えら》び、記号に○をつけましょう。

D　後生大事《ごしょうだいじ》

ア　友人の後生大事《ごしょうだいじ》にかけつける。

イ　長距離走《ちょうきょりそう》は後生大事《ごしょうだいじ》が鍵《かぎ》となる。

ウ　宝物《たからもの》を後生大事《ごしょうだいじ》にしまっておく。

E　前代未聞《ぜんだいみもん》

ア　前代未聞《ぜんだいみもん》でよくある話だ。

イ　こんな事件《じけん》は前代未聞《ぜんだいみもん》だ。

ウ　ここであきらめたら前代未聞《ぜんだいみもん》だ。

F　二者択一《にしゃたくいつ》

ア　二者択一《にしゃたくいつ》で両方買った。

イ　二者択一《にしゃたくいつ》をせまられた。

ウ　選《えら》べなかったので二者択一《にしゃたくいつ》にした。

答えは64・65ページ

なぞ 11

あやしい男

入居者《にゅうきょしゃ》のみんなは、なぞ解《と》きが大好《だいす》きな桐《きり》や柚《ゆず》を楽しませようと、一人一つずつ、なぞを用意してくれていました。

「じゃあ、最初《さいしょ》はぼくから。ここへ引《ひ》っ越《こ》してくる前に、町の書店でアルバイトをしていたときのことなんだけど……。」

洋平《ようへい》が語ったのは、次のような話でした。

洋平がアルバイトをしていたのは、それほど大きくない書店。店員も店長を含《ふく》めて二、三人しかおらず、夕方から夜にかけてやってくる客の会計は、ほぼ洋平に任《まか》されていました。客の中に、ある時期から閉店間際《へいてんまぎわ》に姿《すがた》を見せるようになった、(あ)中年の男性《だんせい》がいました。

彼《かれ》はいつも、ある書棚《しょだな》に向かうと、数分かけてそこを見わたします。たいていはⒶ明明白白《めいめいはくはく》な落ちこみようで、何も買わずに出ていきました。しかし、たまにうれしそうな顔をしたかと思うと、棚《たな》から一冊《さつ》の本を取りだし、いそいそと会計までやってくるのです。

学習日 ／

1 (あ)この男性《だんせい》が買った本のタイトルを文章中から探《さが》して書きましょう。

2 (あ)この男性《だんせい》について、どんなことがわかりましたか。□に当てはまる言葉を文章中から探《さが》して書きましょう。

□で活動している

3 男性《だんせい》が1の本を何度も買っていたのはなぜですか。合うものを選《えら》んで記号に○をつけましょう。

ア 自分が書いた本だから。

イ 参考《さんこう》にしたい本だから。

ウ 一番安い本だから。

そのうち、洋平はあることに気づきました。その男性《だんせい》が買っていく本が、いつも同じであることに。しかも、その本のタイトルは『絶対《ぜったい》につかまらない殺人法《さつじんほう》』。**百戦錬磨**《ひゃくせんれんま》の殺人鬼《さつじんき》を主人公とした小説《しょうせつ》だったのです。

洋平が注意深く観察《かんさつ》していると、男性《だんせい》は毎回同じ棚《たな》でその本を探《さが》し、入荷《にゅうか》していると必《かなら》ず買って帰っていました。洋平が覚《おぼ》えているだけでも、彼《かれ》はもう十冊《さつ》ほど、同じ本を買っていることになります。

「なんだか**奇奇怪怪**《ききかいかい》とした話だね。」

「もしかして、その本を買うたびに、だれかを……。」

柚も桐も**戦戦恐恐**《せんせんきょうきょう》としています。

「ぼくも少しだけ、そんな考えが頭をよぎったんだよね。でも、あるとき、そのなぞが解《と》けたんだ。一枚《まい》のカードがきっかけでね。」

「一枚《まい》のカード？　書店だから図書カードとか？」

「おしい！　クレジットカードさ。」

男性《だんせい》はいつも、現金《げんきん》で本を購入《こうにゅう》していました。しかし、あるとき財布《さいふ》の中にお金がなかったのか、クレジットカードを使ったのです。

「機械《きかい》が古くて、サインをしてもらう必要《ひつよう》があったんだ。そしたら、男性《だんせい》の名前が、その本の作者の名前と同じだってことがわかったんだよ。」

男性《だんせい》は、**粒粒辛苦**《りゅうりゅうしんく》を重ねてやっとデビューした新人作家で、本名で活動していました。自分の本が入荷《にゅうか》されているかどうかが気になって、**再三再四**《さいさんさいし》来店していたのでした。

四字熟語《よじじゅくご》の問題にチャレンジ！

次の四字熟語《よじじゅくご》の意味に合うものを選《えら》び、記号に○をつけましょう。

Ⓐ **明明白白**《めいめいはくはく》
- ㋐ はっきりしていること。
- ㋑ わかりにくいこと。
- ㋒ うすぼんやりしていること。

Ⓑ **戦戦恐恐**《せんせんきょうきょう》
- ㋐ どきどきわくわくすること。
- ㋑ おそれてびくびくすること。
- ㋒ 腹《はら》が立っていらいらすること。

Ⓒ **粒粒辛苦**《りゅうりゅうしんく》
- ㋐ だれにも認《みと》められないこと。
- ㋑ 周囲《しゅうい》の反対を押《お》し切ること。
- ㋒ 努力《どりょく》を積《つ》み、苦労《くろう》をすること。

答えは64・65ページ

なぞ12

四階で停《と》まるエレベーター

学習日　／

洋平《ようへい》がアルバイトへ出かけたあと、リビングへやってきたのは菜緒《なお》でした。

「あれ、菜緒さん。今日はお休みなんですか？」

柚《ゆず》がたずねると、菜緒はソファへ腰《こし》かけながら答えました。

「そうなの。先週、休日出勤《きゅうじつしゅっきん》になっちゃったから、代休《だいきゅう》をもらったんだ。」

今度は桐《きり》が話しかけます。

「菜緒さんって、出版社《しゅっぱんしゃ》に勤《つと》めているって言ってましたよね。お休みの日も仕事になるときがあるなんて、大変《たいへん》だなあ。」

「でも、今の部署《ぶしょ》に異動《いどう》してからは、休日出勤《きゅうじつしゅっきん》はめったにないの。帰りもそこまでおそくならないし。前に雑誌《ざっし》の編集部《へんしゅうぶ》にいたときは**少数精鋭**《しょうすうせいえい》の中に入れてもらっていたけれど、帰りがおそくなって大変《たいへん》だったな。」

「そうなんだ。夜の会社って、なんだかこわそう。」

「そうなの。それに、夜おそくにこんなことがあってね……。」

菜緒の話は、たしかに気味の悪いものでした。

締《し》め切《き》りがⒶ**時時刻刻**《じじこっこく》とせまるある日、菜緒はⒷ**乱筆乱文**《らんぴつらんぶん》にならないように気をつけつつ、**無我夢中**《むがむちゅう》で仕事をしていました。

1 菜緒《なお》はどういうところで働《はたら》いていますか。文章中から探《さが》して三文字で書きましょう。

□□□

2 ―あについて、□に当てはまる言葉を文章中から探《さが》して書きましょう。

□という名前で、菜緒より一年先に入社した□。

3 ―いなぜですか。合うものを選《えら》んで記号に○をつけましょう。

ア おそい時間になったから。

イ 他にだれもいないから。

ウ 暗やみから物音がしたから。

千軍万馬《せんぐんばんば》の先輩《せんぱい》たちは、一時間ほど前に退社《たいしゃ》しました。菜緒もあと一息でめどがつくというとき、となりの部署《ぶしょ》の先輩《せんぱい》に声をかけられました。

「おつかれさま。最近《さいきん》、おそくまで残《のこ》っているね。大丈夫《だいじょうぶ》？」

「はい！　長野《ながの》さん、今、お帰りですか？　おつかれさまです。」

長野というのは、菜緒より一年先に入社した男性《だんせい》社員で、最近《さいきん》となりの部署《ぶしょ》に異動《いどう》してきた人物です。長野も常《つね》におそくまで仕事をしているようでした。

「ぼくより帰りがおそいなんて、心配だな。」

「大丈夫《だいじょうぶ》ですよ！　この辺《あた》りは夜も明るいですし、電車があるうちには帰れますから。」

「じゃあ、気をつけてね。お先に。」

長野が出ていってから少したって、菜緒はようやく仕事を終えました。

電気を消し、戸締《とじ》まりをして、エレベーターホールへと向かいます。ガラス製《せい》のドアから各《かく》部屋の様子がうかがえますが、廊下以外《ろうかいがい》はもう真っ暗。この階で残《のこ》っているのは、菜緒だけだったようです。背筋《せすじ》がぞくぞくしてきて、菜緒は足早にエレベーターに乗りこみました。

そのとき、ふと、菜緒は違和感《いわかん》を覚《おぼ》えました。

四字熟語《よじじゅくご》の問題にチャレンジ！

次の四字熟語《よじじゅくご》の意味に合うものを選《えら》び、記号に○をつけましょう。

Ⓐ 時時刻刻《じじこっこく》
- ア　当分先
- イ　今すぐ
- ウ　だんだん

Ⓑ 乱筆乱文《らんぴつらんぶん》
- ア　字や文章に勢《いきお》いがあること。
- イ　字や文章が味わい深いこと。
- ウ　字や文章が読みにくいこと。

Ⓒ 千軍万馬《せんぐんばんば》
- ア　人数が多いこと。
- イ　社会経験《しゃかいけいけん》が豊富《ほうふ》なこと。
- ウ　自分の権利《けんり》を主張《しゅちょう》すること。

答えは64・65ページ

（あれ？　どうしてエレベーターがすでに四階へ来ていたんだろう。）

長野《ながの》が帰ったあと、エレベーターは出口のある一階に停《と》まるはずです。菜緒《なお》がいた四階で停《と》まるには、一階から四階へだれかが乗ってきたか、だれかが四階でエレベーターを呼《よ》び、そのまま乗らなかったか、そのどちらかだと考えられます。ところが、四階に人がいる気配はなかったのです。トイレのドアのすりガラスさえ真っ暗でした。

㋒気にはなりましたが、つかれてくたくただった菜緒は、深く考えすぎないようにしました。

しかし、それから仕事が一段落《いちだんらく》するまでの数日間、これが毎日続《つづ》いたのです。つかれ果《は》てた菜緒を、エレベーターは常《つね》に四階で待っていてくれたのでした。

「こわい……けど、呼《よ》ぶ手間がなくて、ありがたいような。」

「親切な幽霊《ゆうれい》が、エレベーターを呼《よ》んでくれてるとか？」

柚《ゆず》と桐《きり》が口々《くちぐち》に感想を言うと、菜緒はくすっと笑《わら》いました。

「㋓親切な幽霊《ゆうれい》か。それ、面白《おもしろ》いね。」

「それから、どうなったの？」

二人にうながされて、菜緒は続《つづ》きを話してくれました。

それからは、そこまで帰りがおそくなることはありませんでした。

ある日、仕事が落ち着いたので、早めに帰ろうと会社を出た菜緒を長

4 ——㋒どんなことが気になったのですか。□に当てはまる言葉を文章中から探《さが》して書きましょう。

呼《よ》んでいない［　　　　］が、［　　　　］に来ていること。

5 ——㋓正体はだれでしたか。文章中から探《さが》して書きましょう。

［　　　　］

6 ——5の人物は、菜緒《なお》にとってどんな存在《ざい》になりましたか。合うものを選《えら》んで記号に○をつけましょう。

ア　信頼《しんらい》できる先輩《せんぱい》

イ　お付《つ》き合《あ》いしている恋人《こいびと》

ウ　公私《こうし》ともに親しい友人

野が呼《よ》び止《と》めました。そのとき、菜緒は長野に告白《こくはく》されたのです。

菜緒は、今は仕事に専念《せんねん》したいという理由で、いったんはお付《つ》き合《あ》いを断《ことわ》りました。でも、それからも長野は変《か》わらず親切に接《せっ》してくれて、Ⓓ**温厚篤実**《おんこうとくじつ》な人柄《ひとがら》に、いつしか菜緒もひかれるようになったのです。結局《けっきょく》、二人は恋人《こいびと》として付《つ》き合《あ》うことになりました。

とある休日、二人は長野の友人の家に招《まね》かれ、みんなでバーベキューをしました。そのとき、その友人がこんなことを口にしたのです。

「菜緒さんの話は、**意中之人**《いちゅうのひと》ができたって、長野からしょっちゅう聞かされていてね。**明朗快活**《めいろうかいかつ》で**才色兼備**《さいしょくけんび》って言っていたけど、その通りだ。長野のやつ、Ⓔ**一念通天**《いちねんつうてん》でお付《つ》き合《あ》いできたんだな、きっと。いや、エレベーター作戦《さくせん》の効果《こうか》もあったのかな。」

「エレベーター作戦《さくせん》?」

菜緒が聞き返すと、長野がやめさせようとするのをさえぎって、友人が教えてくれました。

おそくまで働《はたら》く菜緒のために、何か自分にできることがないかと考えた長野は、エレベーターが一階に着いたあと、四階へ向かうようボタンを押《お》したそうです。無人《むじん》のエレベーターが四階へ着くようにしておけば、Ⓕ**満身創痍**《まんしんそうい》の菜緒がすぐに乗って帰ることができると考えたためでした。

四字《よじ》熟語《じゅくご》の問題にチャレンジ!

次の四字《よじ》熟語《じゅくご》を正しい意味で使っている文を選《えら》び、記号に○をつけましょう。

Ⓓ **温厚篤実**《おんこうとくじつ》
- ア 母は温厚篤実《おんこうとくじつ》でしたわれている。
- イ 冷《ひ》えるので温厚篤実《おんこうとくじつ》な服を着た。
- ウ 温厚篤実《おんこうとくじつ》な地域《ちいき》で人気の商品。

Ⓔ **一念通天**《いちねんつうてん》
- ア 一念通天《いちねんつうてん》で、チケットが当たった。
- イ 一念通天《いちねんつうてん》して、学び直す。
- ウ 一念通天《いちねんつうてん》、勉学にはげんだ。

Ⓕ **満身創痍**《まんしんそうい》
- ア かこくな任務《にんむ》でまさに満身創痍《まんしんそうい》だ。
- イ 老後《ろうご》のために満身創痍《まんしんそうい》を目指す。
- ウ 彼《かれ》は満身創痍《まんしんそうい》で元気そのものだ。

← 答えは66・67ページ

なぞ

13 十種類《しゅるい》のケーキ

次に話を聞かせてくれたのは真琴《まこと》でした。

「ⓐ毎朝早くに出かけるんですよね。大学って、そんなに早く始まるの？」

柚《ゆず》が疑問《ぎもん》に思っていたことをたずねました。

「私《わたし》が通う大学では、学生が学内にいる動物の世話をしているからね。私《わたし》は早く行って、馬の世話をしているの。」

「じゃあ、今度は馬にまつわるなぞかな？」

「残念《ざんねん》ながらちがうよ。大学の山田《やまだ》教授《きょうじゅ》にまつわる話なの。教授《きょうじゅ》は、Ⓐ**国士《こくし》無双《むそう》**といわれるほどすぐれた研究者なんだけど、あまいものに目がなくてね。学校の近所にあるⒷ**新進気鋭《しんしんきえい》**の洋菓子店《ようがしてん》のケーキが大好《だいす》きなの。」

真琴は「山田教授《きょうじゅ》にまつわるなぞ」について、語り始めました。

その洋菓子屋《ようがしや》さんは、毎月初《はじ》めに季節《きせつ》のフルーツを使った新作ケーキを販売《はんばい》していました。しかも、その数がなんと十種類《しゅるい》もあるのです。

おどろいたことに、山田教授《きょうじゅ》はⓘ新作ケーキが出た次の日には、全種類《ぜんしゅるい》の感想を教えてくれました。学生たちはみな、教授《きょうじゅ》は発売日に全種類《ぜんしゅるい》のケーキを買い、すべて食べつくしているのだと思っていました。

あるとき、教授《きょうじゅ》のもとへ課題《かだい》を提出《ていしゅつ》しにいった真琴は、世間話のつも

学習日　／

1　—ⓐ真琴《まこと》が毎朝早くに出かけるのはなぜですか。□に当てはまる言葉を文章中から九文字で探《さが》して書きましょう。

□□□□□□□□□から。

2　—ⓘ実際《じっさい》に教授《きょうじゅ》が食べていたケーキの数は何個《なんこ》まででしたか。文章中から探《さが》して書きましょう。

□個《こ》まで

3　教授《きょうじゅ》は、—2で食べた以外《いがい》のケーキの味をどうやって知っていたのですか。合うものを選《えら》んで記号に○をつけましょう。

ア　家族に感想を聞いていた。

イ　店の人に教えてもらっていた。

ウ　家族から一口ずつもらっていた。

りで、例《れい》のケーキの話をしました。

「それにしても、一日でケーキを十個《こ》も食べるなんて、教授《きょうじゅ》は本当にあまいものがお好《す》きなんですね。」

すると教授《きょうじゅ》は顔をしかめて、

「一日にケーキを十個《こ》も食べるなど、**言語道断**《ごんごどうだん》だ。**不老長寿**《ふろうちょうじゅ》を目指す私《わたし》は、せいぜい二個《こ》までだな。君も若《わか》いからといって**暴飲暴食**《ぼういんぼうしょく》はひかえなさい。**無病息災**《むびょうそくさい》ほど尊《とうと》いことはないぞ。」

と言ったのです。

「じゃあ、どうして十個《こ》の味がわかるの？」

桐《きり》も柚も不思議《ふしぎ》そうにしています。

「そう思うでしょ。でもね、あるとき、研究室のみんなで教授《きょうじゅ》の家におじゃましたら、そのなぞが解《と》けたのよ。」

教授《きょうじゅ》の家には妻《つま》の他、息子夫婦《ふうふ》が住んでいました。そして、その夫婦《ふうふ》の間に、子どもが五人もいたのです。教授《きょうじゅ》は新作の発売日にケーキを全《ぜん》種類《しゅるい》買い、自分は二個《こ》食べ、他の人たちに一個《こ》ずつあげていたのです。そのとき、必《かなら》ず一口ずつ、味見させてもらっていたというわけでした。

四字熟語《よじじゅくご》の問題にチャレンジ！

次の四字熟語《よじじゅくご》の意味に合うものを選《えら》び、記号に○をつけましょう。

Ⓐ **国士無双**《こくしむそう》

㋐ 周囲《しゅうい》を考えない自分本位《じぶんほんい》な人物。

㋑ 並《なら》ぶ者がないほどすぐれた人物。

㋒ 手のつけられない乱暴者《らんぼうもの》。

Ⓑ **新進気鋭**《しんしんきえい》

㋐ 新しいものにしか興味《きょうみ》のない人。

㋑ 伝統的《でんとうてき》な様式を守る姿勢《しせい》。

㋒ 新たに登場した有望《ゆうぼう》な存在《そんざい》。

Ⓒ **暴飲暴食**《ぼういんぼうしょく》

㋐ 度を超《こ》えて飲み食いすること。

㋑ 急いで飲み食いすること。

㋒ あまいものばかり飲み食いすること。

← 答えは66・67ページ

なぞ

14 大きめのベスト

鈴子《すずこ》がリビングへやってきました。手には何やら筒状《つつじょう》のものを持っています。柚《ゆず》と桐《きり》を見かけると、話しかけてくれました。

「ねえ、いっしょにヨガをやらない？」

「ヨガ？ やったことがないけど、すぐにできますか？」

と、柚が興味津津《きょうみしんしん》でたずねます。

「難《むずか》しいポーズはⒶ**一朝一夕**《いっちょういっせき》にはできないけど、簡単《かんたん》なものを教えるから、やってみようよ。」

鈴子が持ってきたのは、ヨガをするためのマットだったのです。教えてもらったポーズはどれも簡単《かんたん》で、二人ともすぐにできました。

「ヨガって気持ちいいでしょう？ 私《わたし》は仕事がある日は毎日、朝ヨガ教室へ行ってから出勤《しゅっきん》しているの。身も心もスッキリしていいのよ。」

「へえ。たしかに体がのびて気持ちがいいから、スッキリしたい朝にはⒷ**効果覿面**《こうかてきめん》かも。鈴子さんはヨガをやっているから、そんなに**容姿端麗**《ようしたんれい》で、ほっそりしているんですか？」

柚がそう言うと、鈴子は「さあ、どうかしら？」とほほえんでから、

「ほっそりしているといえば、こんなお客さんがいてね。」

と、あるなぞについて聞かせてくれました。

学習日

／

1 ——あ 何でしたか。文章中から探《さが》して十一文字で書きましょう。

2 ——い その女性《じょせい》に鈴子《すずこ》がMサイズのベストを試着《しちゃく》するか聞いたのはなぜですか。□に当てはまる言葉を文章中から探《さが》して書きましょう。

□と言われたから。

3 Mサイズのベストを試着《しちゃく》した女性《じょせい》の反応《はんのう》はどうでしたか。合うものを選《えら》んで記号に○をつけましょう。

ア Mサイズでは大きいと言った。

イ Mサイズでは小さいと言った。

数年前、鈴子は若《わか》い女性《じょせい》向けのファッションビルの中で、とあるショップの店員をしていました。

お客さんがⒸ三三五五《さんさんごご》去っていったあとで、売り場を整えていると、二十歳《はたち》くらいの細身の女性《じょせい》に声をかけられました。

「あの、大きめのベストを探《さが》しているんですけど……。」

「ベストでしたら、こちらとこちらが新商品でおすすめです。まだ入荷《にゅうか》したばかりなので、サイズも豊富《ほうふ》ですよ。大きめがいいのでしたら、こちらのMサイズをご試着《しちゃく》されますか？」

女性《じょせい》は、鈴子が差《さ》しだしたベストを見て、何やら少し考えてから、試着《しちゃく》すると言いました。

「お客さま、いかがですか？」

試着室《しちゃくしつ》のカーテンを開けて出てきた女性《じょせい》は、

「やっぱり、これは小さいと思う。もうワンサイズ上のものを試着《しちゃく》したいです。」

と言ったのです。

正直なところ、Mサイズでもかなり大きいなと鈴子は思いました。下に厚手《あつで》のパーカなどを着ると想定しても、Ⓘその女性《じょせい》にはSサイズで十分な気さえします。

Ⓤ Sサイズを試着《しちゃく》したいと言った。

四字熟語《よじじゅくご》の問題にチャレンジ！

次の四字熟語《よじじゅくご》の意味に合うものを選《えら》び、記号に○をつけましょう。

Ⓐ 一朝一夕《いっちょういっせき》

- ア わずかな時間。
- イ まとまった時間。
- ウ かなり長い時間。

Ⓑ 効果覿面《こうかてきめん》

- ア 効《き》き目《め》をすぐに感じられること。
- イ 効《き》き目《め》が長く続《つづ》くこと。
- ウ 効《き》き目《め》が感じられないこと。

Ⓒ 三三五五《さんさんごご》

- ア 三人組や五人組に分かれること。
- イ 少人数の組がそれぞれ行動すること。
- ウ 全員が集まっていくこと。

答えは66・67ページ

「ぼく、わかったよ！」

ここまで話を聞いて、桐《きり》が言いました。

「自分で着るんじゃなくて、プレゼントしようと思ったんじゃない？」

鈴子《すずこ》がゆっくりと首を横にふります。

「私《わたし》もそう思って聞いてみたの。だけど、自分で着るって言うのよ。」

誠心誠意《せいしんせいい》をこめて説得《せっとく》した結果《けっか》、女性《じょせい》は結局《けっきょく》Mサイズを買っていきました。ところが、次の日に再《ふたた》びやってくると、サイズが合わなかったから交換《こうかん》してほしいと言うのです。

鈴子は、自分の判断《はんだん》ですすめた責任《せきにん》を感じ、Ⓓ**平身低頭**《へいしんていとう》してわびてから、

「やはり大きかったですか？」

とたずねました。

「いえ、小さかったんです。でも、Lサイズだったら入るかなと思って。」

鈴子が混乱《こんらん》していると、休憩時間《きゅうけいじかん》を終えて売り場に戻《もど》ってきた先輩《せんぱい》が間に入ってくれました。

「このベストのLサイズですね。ただいまお持ちしますのでお待ちください。」

すると女性《じょせい》は、がばがばのベストを着てにっこ

4 このなぞについて、桐《きり》はどう考えましたか。□に当てはまる言葉を文章中から探《さが》して書きましょう。

女性《じょせい》はベストを［　　　　］のではなく、
だれかに［　　　　］しようとしたのだと考えた。

5 女性《じょせい》が最終的《さいしゅうてき》に満足《まんぞく》したサイズは、何サイズでしたか。

［　　］サイズ

6 ⑤のベストは、女性《じょせい》が何の上に着たら、ちょうどよかったのですか。合うものに○をつけましょう。

うさぎの着ぐるみ・ジャケット

りとほほえみ、こう言ったのです。

「よかった。これならちょうどよさそう！」

「えーっ、どういうことなの？　実は**変幻自在**《へんげんじざい》なのかな？」

柚《ゆず》が頭をかかえています。

「うーん、この女の人はやせているけど、何かをたくさん着た上から、ベストを着たかったってこと？」

「おっ、桐くん、なかなかするどいじゃない。実はそうなのよ。」

その日の仕事が終わったあと、先輩《せんぱい》が鈴子にある動画を見せてくれました。それはとあるバンドのライブ映像《えいぞう》で、三人のメンバーがそれぞれギター、ベース、ドラムを演奏《えんそう》しているところに、うさぎの着ぐるみを着たボーカルが飛《と》びだしてきました。その映像《えいぞう》では、うさぎはジャケットを羽織《はお》っていました。かぶりものを丸くくりぬいた穴《あな》から見えている顔は、なんと例《れい》のお客さんだったのです。

「あの人、今、売りだし中の若手《わかて》バンドのボーカル、ウララよ。歌がうまいし、**一挙一動**《いっきょいちどう》がかわいくて見のがせないの。私《わたし》、前からファンなのよ。きっと、**前人未踏**《ぜんじんみとう》の記録《きろく》を残《のこ》すバンドになるわ。うちの店のベストを着てくれるなんて、**感慨無量**《かんがいむりょう》！」

Lサイズのベストは、着ぐるみにぴったりだったというわけです。

四字熟語《よじじゅくご》の問題にチャレンジ！

次の四字熟語を正しい意味で使っている文を選《えら》び、記号に○をつけましょう。

D 平身低頭《へいしんていとう》

ア　平身低頭《へいしんていとう》の気圧配置《きあつはいち》。

イ　平身低頭《へいしんていとう》して謝罪《しゃざい》する。

ウ　彼《かれ》の体格《たいかく》は平身低頭《へいしんていとう》だ。

E 変幻自在《へんげんじざい》

ア　問題には変幻自在《へんげんじざい》に対応《たいおう》したい。

イ　体を変幻自在《へんげんじざい》に動かす。

ウ　あの変幻自在《へんげんじざい》ぶりは妖怪《ようかい》だろう。

F 感慨無量《かんがいむりょう》

ア　つまらない内容《ないよう》に感慨無量《かんがいむりょう》だ。

イ　感慨無量《かんがいむりょう》の人出で混雑《こんざつ》した。

ウ　ついに念願《ねんがん》かなって感慨無量《かんがいむりょう》だ。

← 答えは68・69ページ

なぞ15

双子《ふたご》の銅像《どうぞう》

二日目の夕食は、急な仕事に追われている太一《たいち》に代わって、フリーライターである千里《せんり》がハンバーグを作ってくれました。付け合《あ》わせのサラダやスープも色彩《しきさい》が美しく、桐《きり》も柚《ゆず》も大満足《だいまんぞく》で、口々《くちぐち》に絶賛《ぜっさん》しました。

「**一汁一菜**《いちじゅういっさい》だけど、二人ともほめ上手《じょうず》だな。ぼくのⒶ**一芸一能**《いちげいいちのう》は、実は文筆じゃなくて料理《りょうり》だったりして。よし、明日も何か作るよ。」

「やったあ!」と言う、二人の声が重なります。

「あはは。さすが双子《ふたご》だね。常《つね》にⒷ**以心伝心**《いしんでんしん》って感じ。そうだ、双子《ふたご》といえばさ、ちょっと気になっていることがあってね。」

千里は急にまじめな顔つきになって、こんな話を始めました。

桃山館《ももやまかん》から歩いて五分ぐらいの場所に、中学校がありました。

ある夜、千里が自転車でその前を通ったとき、(あ)道路に面した校庭の中に立つ、銅像《どうぞう》を見かけました。それは、両手をのばしてまっすぐに立つ子どもの像《ぞう》で、全く同じに見えるものが二体並《なら》んでいたのです。

千里は不思議《ふしぎ》に思いました。

(そっくり同じ銅像《どうぞう》を二体並《なら》べて設置《せっち》するなんて**奇想天外**《きそうてんがい》だな。)

その中学校は、桃山館の住人があまり通らない場所にあります。

学習日
／

1 二日目の夕食を作ってくれたのはだれですか。また、メインのメニューはなんでしたか。

だれ □

メニュー □

2 (あ)どんな銅像《どうぞう》ですか。文章中から探《さが》して二十文字以内《いない》で書きましょう。

□

3 (い)どんなことが奇妙《きみょう》なのですか。□に当てはまる言葉を文章中から探《さが》して書きましょう。

二体あった□のうち、一体がなくなったのに、ニュースなどでそのため、その銅像《どうぞう》について住人同士《じゅうにんどうし》で話題になることもなく、千里自身もめったに通らないので、やがて忘《わす》れかけていきました。

「ところが、この間、久々《ひさびさ》に中学校の前を通ったら、その銅像《どうぞう》が一体しかなかったんだよ。」

「えっ!? もう一体はどうなっちゃったの?」

「盗《ぬす》まれたんじゃない? そういうニュース、見たことがある。」

桐も柚も、このなぞめいた銅像《どうぞう》の話にすっかり夢中《むちゅう》です。

「うん。ぼくもさすがに気になってね。この中学校のホームページや、地域《ちいき》のニュースを調べてみたんだけど、銅像《どうぞう》のことなんて少しも取り上げられていなかったんだ。」

「(い)それは奇妙《きみょう》だね。それで、結局《けっきょく》どうだったの?」

「このなぞは未解決《みかいけつ》で、**五里霧中**《ごりむちゅう》なんだよ。よかったら二人に解決《かいけつ》してほしいな。どう?」

二人は困惑《こんわく》して、顔を見合わせました。

「どうって言われても……難《むずか》しいなぞだよね。」

「うん。でも、面白《おもしろ》そう!」

こうして、二人は本格的《ほんかくてき》ななぞ解《と》きに挑戦《ちょうせん》することになりました。

いないから。

四字熟語《よじじゅくご》の問題にチャレンジ!

次の四字熟語《よじじゅくご》の意味に合うものを選《えら》び、記号に○をつけましょう。

Ⓐ **一芸一能**《いちげいいちのう》
- ㋐ 一つの芸《げい》に集中すること。
- ㋑ 急には上達《じょうたつ》しないということ。
- ㋒ 一つだけすぐれていること。

Ⓑ **以心伝心**《いしんでんしん》
- ㋐ 思いを口にして伝《つた》えること。
- ㋑ たがいに心が通じ合うこと。
- ㋒ 顔を見れば気持ちがわかること。

Ⓒ **五里霧中**《ごりむちゅう》
- ㋐ 面白《おもしろ》さにはまること。
- ㋑ 長い間気になっていること。
- ㋒ 手がかりがなく困《こま》ること。

← 答えは68・69ページ

次の日、二人は太一《たいち》にわけを話し、例《れい》の中学校へ行ってみることにしました。千里《せんり》の話通り、その学校は二人がまだ通ったことのない道ぞいにありました。夏休み中ですが、校門は開かれていて、部活動などのために一部の生徒《せいと》が登校しているようです。

大きく開けた前庭の奥《おく》に、「**文武両道**《ぶんぶりょうどう》」と書かれた横断幕《おうだんまく》をさげた正面《しょうめん》玄関《げんかん》が見えます。そこから右にそれた場所に、両手を空に向かって広げている子どもの銅像《どうぞう》がありました。

「あれだね。」

うなずき合った二人は、すぐにあることに気づきました。銅像《どうぞう》が一体しかないことは、**一目瞭然**《いちもくりょうぜん》だったのです。

「千里さんが最初《さいしょ》に見たとき、見まちがえたってこと？」

玄関《げんかん》前で立ちどまっている二人を見て、Ⓓ**品行方正**《ひんこうほうせい》そうな一人の女子生《せい》徒《と》が話しかけてきました。

「どうしたの？　だれか待っているの？　呼《よ》んでこようか？」

「いいえ、ちがうんです。あそこの銅像《どうぞう》について教えてくれませんか？」

女子生徒《せいと》は不思議《ふしぎ》そうな顔をしましたが、ちゃんと答えてくれました。

「あの銅像《どうぞう》は、この学校出身の方が作って寄贈《きぞう》してくれたって聞いているよ。えっ、銅像《どうぞう》の数？　Ⓔ**正真正銘**《しょうしんしょうめい》、この一体だけよ。」

桃山館《ももやまかん》に戻《もど》った二人は、女子生徒《せいと》の話を千里に報告《ほうこく》しました。

「それで、二人で考えたんだけど、千里さんが二つ並《なら》んだ像《ぞう》を見たのは、

4 中学校へ行った二人は、すぐにどんなことに気づきましたか。文章中から探《さが》して十一文字で書きましょう。

5 柚《ゆず》と桐《きり》は、千里《せんり》の話の真相を確《たし》かめるために、どうすることを提案《ていあん》しましたか。合うものを選《えら》んで記号に○をつけましょう。

ア 千里が中学校へ行くこと。

イ もう一度千里の話を聞くこと。

ウ 夜に中学校へ行くこと。

6 ―㋒二体目の正体はなんでしたか。□に当てはまる言葉を文章中から探《さが》して書きましょう。

□によって、校舎《こうしゃ》の壁《かべ》に映《うつ》しだされた銅像《どうぞう》の□だった。

夜でしたよね。夜に行ってみたら、何かわかるんじゃないかと思って。」

柚《ゆず》の横で、桐《きり》もうなずいています。

「そうだね。ぼくの話がうそじゃないって、(F)**清廉潔白**《せいれんけっぱく》を証明《しょうめい》したいし、今《こん》晩《ばん》いっしょに行ってみよう。」

その夜八時ごろ、三人は歩いて中学校へ向かいました。

校門は閉《し》まり、校舎《こうしゃ》は真っ暗で人影《ひとかげ》はありません。部活動でにぎわっていた昼間の様子がうそのように、しんと静《しず》まりかえっていました。

「あっ、あれを見て！」

柚が指さす先にあったのは、例《れい》の銅像《どうぞう》でした。しかも、同じ姿《すがた》がたしかに二つ、双子《ふたご》のように並《なら》んでいたのです。三人は思わず身ぶるいしましたが、やがて桐があるものに気づき、二人に伝《つた》えました。

「あれのせいだったのか！　自転車で通ったときは、一瞬《いっしゅん》だったから気づかなかった。」

千里の視線《しせん》の先には、銅像《どうぞう》を照《て》らすライトがありました。おそらく防犯用《ぼうはんよう》に設置《せっち》されているのでしょう。(う)ライトによって、銅像《どうぞう》のシルエットが校舎《こうしゃ》の壁《かべ》にくっきりと映《うつ》しだされ、まるで二体が並《なら》んでいるように見えていたのです。

四字熟語《よじじゅくご》の問題にチャレンジ！

次の四字熟語《よじじゅくご》を正しい意味で使っている文を選《えら》び、記号に○をつけましょう。

(D) **品行方正**《ひんこうほうせい》

ア 品行方正《ひんこうほうせい》な商品。

イ 品行方正《ひんこうほうせい》な人物。

ウ まちがいを品行方正《ひんこうほうせい》する。

(E) **正真正銘**《しょうしんしょうめい》

ア 正真正銘《しょうしんしょうめい》、いつわりの情報《じょうほう》だ。

イ 正真正銘《しょうしんしょうめい》、にせ物の宝石《ほうせき》だ。

ウ 正真正銘《しょうしんしょうめい》、有名画家の作品だ。

(F) **清廉潔白**《せいれんけっぱく》

ア 清廉潔白《せいれんけっぱく》だが、欲深《よくぶか》かった。

イ 清廉潔白《せいれんけっぱく》の罪《つみ》を晴らす。

ウ 役員はみな、清廉潔白《せいれんけっぱく》だった。

←答えは68・69ページ

答えと解説《かいせつ》

★このページは、右ページ上段《じょうだん》→左ページ上《じょう》段《だん》→右ページ中段《ちゅうだん》→左ページ中段《ちゅうだん》→右ページ下段《げだん》→左ページ下段《げだん》の順《じゅん》に読んでください。

なぞ08 なぞ解《と》きはスーパーで？ 38・39ページ

【38・39ページ】

1 トマト

解説《かいせつ》
39ページ16行目に「トマトとソーセージの入ったエコバッグ」とあることから考えましょう。

2 ひらがな・同じ言葉

解説《かいせつ》
39ページ3・4行目の柚《ゆず》の言葉に「新聞紙って、ひらがなにすると、上から読んでも下から読んでも同じ言葉になるよね」とあります。

3 イ

解説《かいせつ》
39ページ18・19行目の太一《たいち》の言葉に「双子《ふたご》のことを双生児《そうせいじ》って言うって、よく知ってたね」とあります。38ページ11行目に「肉売り場にある、あるもの 一ふくろ……〈ヒント〉桐《きり》と柚《ゆず》」とありますが、このヒントは「双子《ふたご》」を表していたのです。

なぞ09 立ち話の真相 40・41ページ

【40・41ページ】

1 魚売り場

解説《かいせつ》
40ページ12行目に「柚《ゆず》が足を止めたのは、魚売り場でした」とあることから考えましょう。

2 いわし・さば・うろこ

※順不同《じゅんふどう》

解説《かいせつ》
40ページ15～17行目の三人の女性《じょせい》の会話に注目しましょう。「いわしがいいわね」「あら、さばもいいのよ」「うろこがとってもきれいでね」とあり、この会話を耳にした柚《ゆず》は、――あのように考えたのです。

3 雲

解説《かいせつ》
41ページ18・19行目の太一《たいち》の言葉に「雲の話だったのか」とあり、これに対して柚《ゆず》が「当たり！」（20行目）と答えていることから考えましょう。

なぞ10 シロップの秘密《ひみつ》 42～45ページ

【42・43ページ】

1 イチゴ・メロン・シロップ

解説《かいせつ》
42ページ6行目の太一《たいち》の言葉に「ああ、かき氷のシロップか」とあり、さらに8行目の桐《きり》の言葉に「イチゴ味とメロン味で迷《まよ》ったから、両方買ってきた」とあることから考えましょう。

2 イ

解説《かいせつ》
43ページ3・4行目の太一《たいち》の言葉に「目隠《めかく》しして、鼻をつまんで食べてもらおう」とあります。合わないものを選《えら》ぶ問題であることに注意しましょう。

3 食べる前……簡単《かんたん》
食べたあと……難《むずか》しい

解説《かいせつ》
43ページ9～11行目に「簡単《かんたん》すぎると思っていた桐《きり》ですが、実際《じっさい》に食べてみると、思いのほか難《むずか》しい問題であることがわかりました」とあることから考えましょう。

四字《よじ》熟語《じゅくご》の問題にチャレンジ！

Ⓐ イ　Ⓑ ア　Ⓒ ウ

言葉の学習

お話に出てきた四字《よじ》熟語《じゅくご》の意味を確《たし》かめましょう。

無味乾燥《むみかんそう》……味わいや面白《おもしろ》みが感じられず、つまらないこと。

猪突猛進《ちょとつもうしん》……目標《もくひょう》について、向こうみずにつき進むこと。

右往左往《うおうさおう》……混乱《こんらん》して、うろたえている様子。

四字《よじ》熟語《じゅくご》の解説《かいせつ》

一陽来復《いちようらいふく》……「悪いできごとが続《つづ》いても、そのあと幸運へとつながっている」という意味もあります。

猪突猛進《ちょとつもうしん》……猪《いのしし》が、目標《もくひょう》めがけて勢《いきお》いよく突進《とっしん》することから来ています。

右往左往《うおうさおう》……「往《おう》」は「行く」という意味です。「左《さ》往《おう》」は「ざおう」とも読みます。また、「左《さ》往《おう》右《う》往《おう》」ともいいます。

四字《よじ》熟語《じゅくご》の問題にチャレンジ！

Ⓐ ア　Ⓑ ウ　Ⓒ ウ

言葉の学習

お話に出てきた四字《よじ》熟語《じゅくご》の意味を確《たし》かめましょう。

興味津津《きょうみしんしん》……非常《ひじょう》に関心《かんしん》があり、興味《きょうみ》がつきない様子。

泰然自若《たいぜんじじゃく》……全くあわてずに、落ち着いている様子。

有言実行《ゆうげんじっこう》……言ったことに責任《せきにん》をもって成《な》しとげること。

四字《よじ》熟語《じゅくご》の解説《かいせつ》

興味津津《きょうみしんしん》……「津津《しんしん》」は「あふれる、わいてくる」という意味です。

呵呵大笑《かかたいしょう》……「呵呵《かか》」は「大きな声をあげて笑《わら》うこと」という意味です。

千変万化《せんぺんばんか》……「千変《せんぺん》」は「せんべん」とも読みます。

四字《よじ》熟語《じゅくご》の問題にチャレンジ！

Ⓐ ウ　Ⓑ イ　Ⓒ ア

言葉の学習

お話に出てきた四字《よじ》熟語《じゅくご》の意味を確《たし》かめましょう。

開口一番《かいこういちばん》……話し始めてすぐに。

創意工夫《そういくふう》……よく考えて、新しい方法《ほうほう》などを見つけだすこと。

四字《よじ》熟語《じゅくご》の解説《かいせつ》

青息吐息《あおいきといき》……「青息《あおいき》」は「困《こま》っているときや、苦しいときの息」、「吐息《といき》」は「ため息」という意味です。

千客万来《せんきゃくばんらい》……「千客《せんきゃく》」は「せんかく」とも読みます。

【44・45ページ】

―4 当てっこ・メロン

解説《かいせつ》
―㋒の直後の「こんな当てっこ、前代未聞《ぜんだいみもん》だ！」（44ページ8行目）や、9行目の「メロンしか食べさせていないなんて」をもとに、桐《きり》や柚《ゆず》が不満《ふまん》に思っていることについて考えましょう。

―5 ㋒

解説《かいせつ》
45ページ1行目に「このメーカーのかき氷のシロップは、全部同じ味なんだ」とあることから考えましょう。

―6 着色料《ちゃくしょくりょう》・香料《こうりょう》
※順不同《じゅんふどう》

解説《かいせつ》
45ページ10～12行目の太一《たいち》の言葉に「着色料《ちゃくしょくりょう》による緑色で視覚《しかく》を刺激《しげき》し、メロンを感じさせる香料《こうりょう》で嗅覚《きゅうかく》を刺激《しげき》すれば、メロン味に感じられるってわけ」とあることから考えましょう。

なぞ11 あやしい男 46・47ページ

【46・47ページ】

―1 絶対《ぜったい》につかまらない殺人法《さつじんほう》

解説《かいせつ》
47ページ2・3行目に「その本のタイトルは『絶対《ぜったい》につかまらない殺人法《さつじんほう》』」とあります。

―2 本名・新人作家

解説《かいせつ》
47ページ19・20行目に「男性《だんせい》は、粒粒辛苦《りゅうりゅうしんく》を重ねてやっとデビューした新人作家で、本名で活動していました」とあることから考えましょう。

―3 ㋐

解説《かいせつ》
47ページ17・18行目の洋平《ようへい》の言葉に「男性《だんせい》の名前が、その本の作者の名前と同じだってことがわかった」とあります。作家は、自分の本が入荷《にゅうか》されているかを気にして書店へ行き、見つけるたびに買っていたのです。

なぞ12 四階で停《と》まるエレベーター 48～51ページ

【48・49ページ】

―1 出版社《しゅっぱんしゃ》

解説《かいせつ》
48ページ7行目の桐《きり》の言葉に「菜緒《なお》さんって、出版《しゅっぱん》社に勤《つと》めているって言ってましたよね」とあることから考えましょう。

―2 長野《ながの》・男性《だんせい》社員

解説《かいせつ》
49ページ5行目に「長野というのは、菜緒《なお》より一年先に入社した男性《だんせい》社員」とあることから答えを考えましょう。

―3 ㋑

解説《かいせつ》
―㋑の直前の部分に注目しましょう。49ページ16～18行目に「廊下以外《ろうかいがい》はもう真っ暗。この階で残《のこ》っているのは、菜緒《なお》だけだったようです」とあります。自分しかいないという状況《じょうきょう》にこわくなったため、「背筋《せすじ》がぞくぞくして」（18行目）きたのです。

四字熟語《よじじゅくご》の問題にチャレンジ！

Ⓓ ウ
Ⓔ イ
Ⓕ イ

解説《かいせつ》

「後生大事《ごしょうだいじ》」は「あるものを非常《ひじょう》に大切にすること」、「前代未聞《ぜんだいみもん》」は「これまでに聞いたことのないほど、変《か》わったこと」、「二者択一《にしゃたくいつ》」は「二つのうちのどちらか一方を選《えら》ぶこと」という意味です。

言葉の学習

お話に出てきた四字熟語《よじじゅくご》の意味を確《たし》かめましょう。

残念無念《ざんねんむねん》……くやしくてたまらないこと。

一致団結《いっちだんけつ》……大勢《おおぜい》の人々《ひとびと》が、同じ目的《もくてき》を達成《たっせい》するために一丸《いちがん》となって協力《きょうりょく》し合《あ》うこと。

四字熟語《よじじゅくご》の解説《かいせつ》

後生大事《ごしょうだいじ》……「来世で苦労《くろう》なく過《す》ごすために、修行《しゅぎょう》にはげむ」という仏教《ぶっきょう》の言葉がもとになっています。「後生《ごしょう》」は「死んだあと来世に生《う》まれ変《か》わる」という意味です。

二者択一《にしゃたくいつ》……「択《たく》」は「選《えら》ぶ」という意味です。

四字熟語《よじじゅくご》の問題にチャレンジ！

Ⓐ ア
Ⓑ イ
Ⓒ ウ

言葉の学習

お話に出てきた四字熟語《よじじゅくご》の意味を確《たし》かめましょう。

百戦錬磨《ひゃくせんれんま》……多くの経験《けいけん》を積《つ》んでいること。

奇奇怪怪《ききかいかい》……非常《ひじょう》にあやしく、不思議《ふしぎ》な様子。

再三再四《さいさんさいし》……何度もくり返し。

四字熟語《よじじゅくご》の解説《かいせつ》

戦戦恐恐《せんせんきょうきょう》……「戦戦《せんせん》」は「おそれてふるえる」、「恐恐《きょうきょう》」は「おそれて緊張《きんちょう》する」という意味です。「恐恐《きょうきょう》」は「兢兢《きょうきょう》」とも書きます。

粒粒辛苦《りゅうりゅうしんく》……米や麦などの一粒一粒《ひとつぶひとつぶ》には、農家の苦労《くろう》や努力《どりょく》がこめられている、ということから来ています。

四字熟語《よじじゅくご》の問題にチャレンジ！

Ⓐ ウ
Ⓑ ウ
Ⓒ イ

言葉の学習

お話に出てきた四字熟語《よじじゅくご》の意味を確《たし》かめましょう。

少数精鋭《しょうすうせいえい》……選《えら》びぬかれた、少人数のすぐれた集団《しゅうだん》。

無我夢中《むがむちゅう》……心をうばわれ、我《われ》を忘《わす》れて取り組む様子。

四字熟語《よじじゅくご》の解説《かいせつ》

時時刻刻《じじこっこく》……「刻刻《こっこく》」は「こくこく」とも読みます。

【50・51ページ】

4 エレベーター・四階

解説《かいせつ》

50ページ1行目に「どうしてエレベーターがすでに四階へ来ていたんだろう」とあることに注目しましょう。また、2~6行目には、エレベーターが四階に来ていることについて、菜緒《なお》が不思議《ふしぎ》に思う理由が書かれています。

5 長野《ながの》

解説《かいせつ》

――え「親切な幽霊《ゆうれい》」とは、エレベーターを四階に呼《よ》んでくれる存在《そんざい》のことを指しています。51ページ16~19行目の内容《ないよう》から、その役割《やくわり》を果《は》たしていたのは長野であることがわかります。

6 イ

解説《かいせつ》

51ページ5行目に「二人は恋人《こいびと》として付《つ》き合《あ》うことになりました」とあることから考えましょう。

なぞ13 十種類《しゅるい》のケーキ

52・53ページ

【52・53ページ】

1 馬の世話をしている（から。）

解説《かいせつ》

52ページ4・5行目の真琴《まこと》の言葉に「私《わたし》は早く行って、馬の世話をしているの」とあります。

2 二（個《こ》まで）

解説《かいせつ》

53ページ7・8行目の教授《きょうじゅ》の言葉に「不老長寿《ふろうちょうじゅ》を目指す私《わたし》は、せいぜい二個《こ》までだな」とあることから考えましょう。

3 ウ

解説《かいせつ》

53ページ19~21行目に「教授《きょうじゅ》は新作の発売日にケーキを全種類《ぜんしゅるい》買い、自分は二個《こ》食べ、他の人たちに一個《こ》ずつあげていたのです。そのとき、必《かなら》ず一口ずつ、味見させてもらっていた」とあることから考えましょう。

なぞ14 大きめのベスト

54~57ページ

【54・55ページ】

1 ヨガをするためのマット

解説《かいせつ》

54ページ8行目に「鈴子《すずこ》が持ってきたのは、ヨガをするためのマットだった」とあることから考えましょう。

2 大きめのベストを探《さが》している

解説《かいせつ》

55ページ6行目に「あの、大きめのベストを探《さが》しているんですけど……」とあります。鈴子《すずこ》が接客《せっきゃく》した客は、「Sサイズで十分」（20・21行目）そうでしたが、大きめを探《さが》していると言われたので、Mサイズを試着《しちゃく》するかどうかたずねたのです。

3 イ

解説《かいせつ》

55ページ15行目の言葉に注目しましょう。Mサイズを試着《しちゃく》した女性《じょせい》が「やっぱり、これは小さいと思う」と言っています。

四字熟語《よじじゅくご》の問題にチャレンジ！

Ⓓ ア

Ⓔ ア

Ⓕ ア

解説《かいせつ》

「温厚篤実《おんこうとくじつ》」は「心が温かで情《じょう》に厚《あつ》く誠実《せいじつ》な人《ひと》柄《がら》」、「一念通天《いちねんつうてん》」は「どんな願《ねが》いも念《ねん》じ続《つづ》ければ、願《ねが》いが天に通じてかなうということ」、「満身創痍《まんしんそうい》」は「体中が傷《きず》だらけであること。また、精神的《せいしんてき》にひどく痛《いた》めつけられていること」という意味です。

言葉の学習

お話に出てきた四字熟語《よじじゅくご》の意味を確《たし》かめましょう。

意中之人《いちゅうのひと》……心の中でひそかに、恋人《こいびと》になってほしいと望《のぞ》んでいる人。

明朗快活《めいろうかいかつ》……明るく、とても朗《ほが》らかな様子。

才色兼備《さいしょくけんび》……すぐれた才能《さいのう》だけでなく、美しい容姿《ようし》もかね備《そな》えていること。

四字熟語《よじじゅくご》の解説《かいせつ》

温厚篤実《おんこうとくじつ》……「温厚《おんこう》」は「優《やさ》しくておだやかなこと」、「篤実《とくじつ》」は「誠実《せいじつ》で思いやりにあふれていること」という意味です。「篤実温厚《とくじつおんこう》」ともいいます。

才色兼備《さいしょくけんび》……「才《さい》」は「知恵《ちえ》や才能《さいのう》」、「色《しょく》」は「顔かたち、容姿《ようし》」、「兼備《けんび》」は「両方をかね備《そな》える」という意味です。一般的《いっぱんてき》には女性《じょせい》に対して使われます。

四字熟語《よじじゅくご》の問題にチャレンジ！

Ⓐ イ

Ⓑ ウ

Ⓒ ア

言葉の学習

お話に出てきた四字熟語《よじじゅくご》の意味を確《たし》かめましょう。

言語道断《ごんごどうだん》……言葉で言いつくせないほど、ひどいこと。

不老長寿《ふろうちょうじゅ》……いつまでも年を取ることなく、長生きすること。

無病息災《むびょうそくさい》……病気をせず、健康《けんこう》であること。

四字熟語《よじじゅくご》の解説《かいせつ》

国士無双《こくしむそう》……「国士《こくし》」は「国の中ですぐれている人」、「無双《むそう》」は「比《くら》べられるものがないほどすぐれている」という意味です。

無病息災《むびょうそくさい》……「息災《そくさい》」は、もとは「仏《ほとけ》の力で病気や災《さい》害《がい》などの災《わざわ》いを止める」という、仏教《ぶっきょう》の言葉から来ています。

四字熟語《よじじゅくご》の問題にチャレンジ！

Ⓐ ア

Ⓑ ア

Ⓒ イ

言葉の学習

お話に出てきた四字熟語《よじじゅくご》の意味を確《たし》かめましょう。

容姿端麗《ようしたんれい》……顔立ちや姿《すがた》が整っていて、美しいこと。

四字熟語《よじじゅくご》の解説《かいせつ》

効果覿面《こうかてきめん》……「覿面《てきめん》」は「目《ま》の当《あ》たりにすること、効《こう》果《か》がすぐに現《あらわ》れること」という意味です。

容姿端麗《ようしたんれい》……「端麗《たんれい》」は「美しく整っていること」という意味です。

【56・57ページ】

4 自分で着る・プレゼント

解説《かいせつ》
56ページ3行目の桐《きり》の言葉に「自分で着るんじゃなくて、プレゼントしようと思ったんじゃない?」とあることから考えましょう。

5 L

解説《かいせつ》
女性客《じょせいきゃく》が「よかった。これならちょうどよさそう!」(57ページ2行目)と言ったのは、鈴子《すずこ》の先輩《せんぱい》が持ってきたLサイズのベストを着たときであることに注意しましょう。

6 うさぎの着ぐるみ

解説《かいせつ》
先輩《せんぱい》が見せてくれた動画によると、女性客《じょせいきゃく》は「今、売りだし中の若手《わかて》バンドのボーカル、ウララ」(57ページ16行目)であり、うさぎの着ぐるみを着てライブをしていました。「Lサイズのベストは、着ぐるみにぴったりだった」(20行目)のです。

なぞ15 双子《ふたご》の銅像《どうぞう》

58〜61ページ

【58・59ページ】

1 だれ……千里《せんり》
メニュー……ハンバーグ

解説《かいせつ》
58ページ1・2行目に「二日目の夕食は、急な仕事に追われている太一《たいち》に代わって、フリーライターである千里がハンバーグを作ってくれました」とあることから考えましょう。

2 両手をのばしてまっすぐに立つ子どもの像《ぞう》

解説《かいせつ》
58ページ13・14行目に「それは、両手をのばしてまっすぐに立つ子どもの像《ぞう》で」とあります。「二十文字以内《いない》で」という字数指定にも注意しましょう。

3 銅像《どうぞう》・取り上げられて

解説《かいせつ》
59ページ4・5行目の千里《せんり》の言葉に「銅像《どうぞう》が一体しかなかった」とあり、さらに10〜13行目に「この中学校のホームページや、〜銅像《どうぞう》のことなんて少しも取り上げられていなかった」とあることから考えましょう。

【60・61ページ】

4 銅像《どうぞう》が一体しかないこと

解説《かいせつ》
60ページ9・10行目に「二人は、すぐにあることに気づきました。銅像《どうぞう》が一体しかないことは、一目瞭《いちもくりょう》然《ぜん》だったのです」とあることから考えましょう。

5 ウ

解説《かいせつ》
60ページ21行目〜61ページ1行目の柚《ゆず》の言葉に「千《せん》里《り》さんが二つ並《なら》んだ像《ぞう》を見たのは、夜でしたよね。夜に行ってみたら、何かわかるんじゃないかと思って」とあります。

6 ライト・シルエット

解説《かいせつ》
61ページ19〜21行目に「ライトによって、銅像《どうぞう》のシルエットが校舎《こうしゃ》の壁《かべ》にくっきりと映《うつ》しだされ、まるで二体が並《なら》んでいるように見えていたのです」とあることから考えましょう。

四字熟語《よじじゅくご》の問題にチャレンジ！

Ⓓ イ
Ⓔ ウ
Ⓕ ウ

解説《かいせつ》

「平身低頭《へいしんていとう》」は「身を低《ひく》くして、ひたすら謝《あやま》ること」、「変幻自在《へんげんじざい》」は「現《あらわ》れたかと思えば消えるなど、自由に変化《へんか》すること」、「感慨無量《かんがいむりょう》」は「心に深くしみ入ること」という意味です。

言葉の学習

お話に出てきた四字熟語《よじじゅくご》の意味を確《たし》かめましょう。

誠心誠意《せいしんせいい》……いつわりや私欲《しよく》のない、純粋《じゅんすい》な真心。

一挙一動《いっきょいちどう》……ちょっとした動作やしぐさ。

前人未踏《ぜんじんみとう》……だれも成《な》しとげていないこと。

四字熟語《よじじゅくご》の解説《かいせつ》

平身低頭《へいしんていとう》……「低頭平身《ていとうへいしん》」ともいいます。

前人未踏《ぜんじんみとう》……「未踏《みとう》」は「未到《みとう》」とも書きます。「前《ぜん》人未到《じんみとう》」は「だれもたどり着いていない」という意味です。

四字熟語《よじじゅくご》の問題にチャレンジ！

Ⓐ ウ
Ⓑ イ
Ⓒ ウ

言葉の学習

お話に出てきた四字熟語《よじじゅくご》の意味を確《たし》かめましょう。

一汁一菜《いちじゅういっさい》……一品のおかずと汁物《しるもの》が一つであることから、粗末《そまつ》な食事のたとえ。

奇想天外《きそうてんがい》……思いもよらない、風変《ふうが》わりなこと。

四字熟語《よじじゅくご》の解説《かいせつ》

一汁一菜《いちじゅういっさい》……「菜《さい》」は「おかず」という意味です。

一芸一能《いちげいいちのう》……「一能一芸《いちのういちげい》」ともいいます。

五里霧中《ごりむちゅう》……遠くまで広がる深い霧《きり》のことを「五里《ごり》霧《む》」といいます。

四字熟語《よじじゅくご》の問題にチャレンジ！

Ⓓ イ
Ⓔ ウ
Ⓕ ウ

解説《かいせつ》

「品行方正《ひんこうほうせい》」は「行《おこな》いが正しく、立派《りっぱ》であること」、「正真正銘《しょうしんしょうめい》」は「うそやいつわりのない、本物であること」、「清廉潔白《せいれんけっぱく》」は「行《おこな》いが正しく、うそやいつわりが全くないこと」という意味です。

言葉の学習

お話に出てきた四字熟語《よじじゅくご》の意味を確《たし》かめましょう。

文武両道《ぶんぶりょうどう》……勉強とスポーツのどちらにおいてもすぐれていること。

一目瞭然《いちもくりょうぜん》……一目《ひとめ》見ただけで、はっきりとわかること。

四字熟語《よじじゅくご》の解説《かいせつ》

品行方正《ひんこうほうせい》……「品行《ひんこう》」は「行《おこな》いやふるまい」、「方正《ほうせい》」は「きちんとしている、正しい行《おこな》い」という意味です。

正真正銘《しょうしんしょうめい》……「正真《しょうしん》」「正銘《しょうめい》」どちらも「本物であること」という意味です。

恋愛《れんあい》・友情《ゆうじょう》にまつわる四字熟語《よじじゅくご》

四字熟語《よじじゅくご》	意味	書いてみよう
意気投合《いきとうごう》	自分と相手の気持ちや考えが、ぴったり合っていること。「意気《いき》」はものごとをやりとげるための積極的《せっきょくてき》な気持ち。「投合《とうごう》」はぴったりと合うこと。	
以心伝心《いしんでんしん》	たがいに心が通じ合うこと。言葉や文字に表して伝《つた》えることが難《むずか》しい仏教《ぶっきょう》の深い教えを、師《し》が心で弟子《でし》に伝《つた》えてきたことから。	
糟糠之妻《そうこうのつま》	貧《まず》しいときからいっしょにいて、苦労《くろう》をしてきた妻《つま》のこと。「糟糠《そうこう》」は酒かすと米ぬかという意味で、貧《まず》しい食べ物を表している。	
切磋琢磨《せっさたくま》	友だちや仲間同士《なかまどうし》ではげまし、競《きそ》い合《あ》って、学問や技術《ぎじゅつ》などを向上させていくこと。「磋《さ》」は「瑳《さ》」と書くこともある。	
亭主関白《ていしゅかんぱく》	家の中で、夫《おっと》（亭主《ていしゅ》）が大きな権力《けんりょく》をもっていること。「関白《かんぱく》」は大きな力をもつ役職《やくしょく》の名前。妻《つま》に対して夫《おっと》がいばったり、えらそうにふるまったりすることをいう。	
二人三脚《ににんさんきゃく》	二人で力を合わせて一つのものごとに取り組むこと。また、並《なら》んだ二人の片足《かたあし》をひもなどで一つに結《むす》び、息を合わせて走る競技《きょうぎ》のこと。	
相思相愛《そうしそうあい》	たがいにしたっていること。「相思《そうし》」は相手を思い合うこと、「相愛《そうあい》」はたがいに愛《あい》し合《あ》うこと、という意味。	

四字熟語《よじじゅくご》イラストクイズ

イラストが表している四字熟語《よじじゅくご》を考えて、マスに書いてみよう！

答えは98ページ

もっと四字熟語《よじじゅくご》を楽しもう

このページでは、四字熟語《よじじゅくご》をさまざまなテーマに分けて紹介《しょうかい》するよ。四字熟語《よじじゅくご》の書き取りやイラストクイズにもチャレンジしてみてね！

36ページの答え

❶竹馬之友《ちくばのとも》
❷馬耳東風《ばじとうふう》
❸虎視眈眈《こしたんたん》

3章 E号室のなぞに挑《ちょう》戦《せん》！

桃山館《ももやまかん》の空き部屋「E号室」。
とあることをきっかけに、桐《きり》と柚《ゆず》は
なくなったE号室の鍵《かぎ》を
探《さが》すことになりました。

鍵《かぎ》を盗《ぬす》んだ犯人《はんにん》から出題されるなぞを
解《と》いていくうち、二人は徐々《じょじょ》に
真相へ近づいていきます。

一体だれが、どうして、なんのために？
その答えは、なぞを解《と》いた先に——。

なぞ16

消えた鍵《かぎ》を探《さが》せ！

桃山館《ももやまかん》でむかえた四日目。朝食を終えた桐《きり》と柚《ゆず》は、太一《たいち》に呼《よ》ばれて管《かん》理人室《りにんしつ》へ行きました。

「どうしたの？　相談って。」

「うん。まあ、そこに座《すわ》って。」

二人は太一にすすめられるまま、イスに腰《こし》かけました。

「Ⓐ**手前勝手**《てまえがって》で悪いけど、これから話すことは、ここだけの話にして。」

めずらしく深刻《しんこく》そうな太一の様子に、二人は顔を見合わせます。

「わかった。たとえⒷ**輪廻転生**《りんねてんしょう》しても、秘密《ひみつ》は守るよ。」

「ありがとう。実はね、E号室の鍵《かぎ》が見つからなくて困《こま》っているんだ。」

「E号室って、だれも住んでいない部屋だよね。」

太一によると、鍵《かぎ》は部屋ごとに二本ずつあり、一本は入居者《にゅうきょしゃ》にわたし、もう一本は何かあったときのために太一が保管《ほかん》しているそうです。

しかし、先日、別《べつ》の用があって置《お》き場《ば》を確認《かくにん》したら、E号室の鍵《かぎ》が二本ともなくなっていたというのです。

「(あ)みんなに聞いてみたほうが早いんじゃない？」

「うん。ぼくらじゃわからないよ。」

二人がそう言うと、太一はゆっくりと首を横にふりました。

学習日 ／

1 E号室はどんな部屋ですか。合うものを選《えら》んで記号に○をつけましょう。

ア 太一《たいち》の部屋

イ 桐《きり》と柚《ゆず》が借《か》りている部屋

ウ だれも住んでいない部屋

2 —(あ)これができないのは、鍵《かぎ》がないと知られるとどんなことが問題になるからですか。文章中から探《さが》して十四文字で書きましょう。

3 —(い)どんなことについての二人の反《はん》応《のう》ですか。文章中から探《さが》して十文字で書きましょう。

「管理人室《かんりにんしつ》は、入居者《にゅうきょしゃ》のだれ一人も自由自在《じゆうじざい》に出入りすることのできない、Ⓒ無二無三《むにむさん》の部屋なんだ。だけどつい、鍵《かぎ》をかけずに部屋をはなれてしまったことがあったんだよ。」

なんらかの理由で、入居者《にゅうきょしゃ》のだれかが鍵《かぎ》を持っていたとしても、太一が鍵《かぎ》を管理《かんり》できていなかったことが問題になってしまうと言うのです。まして、鍵《かぎ》のゆくえをだれも知らなかったら、太一はわざわざみんなに、自分が無責任《むせきにん》であることを知らせることになります。

「入居者《にゅうきょしゃ》には知られないように、なんとか鍵《かぎ》を見つけたいんだ。」

「まさか、ぼくらに見つけろって言うの？」

Ⓘ桐はたじろぎましたが、柚は勇気凛凛《ゆうきりんりん》としています。

「いいじゃない、桐。面白《おもしろ》そう！」

こうして、二人はE号室の鍵《かぎ》を探《さが》すことになりました。

二人はまず、状況《じょうきょう》を探《さぐ》るため、E号室の前まで行きました。ドアには鍵《かぎ》がかかっていて、中へ入ることはできません。

「特《とく》に変《か》わった様子はなさそうだね。」

「うん。何も落ちていないし……。」

四字熟語《よじじゅくご》の問題にチャレンジ！

次の四字熟語《よじじゅくご》の意味に合うものを選《えら》び、記号に○をつけましょう。

Ⓐ 手前勝手《てまえがって》
- ア 自分勝手な考えや言動。
- イ 身近なものについての対応《たいおう》。
- ウ 便利《べんり》な道具の使い方。

Ⓑ 輪廻転生《りんねてんしょう》
- ア 同じところを回《まわ》り続《つづ》けること。
- イ 何度も生死をくり返すこと。
- ウ 考え方を改《あらた》めること。

Ⓒ 無二無三《むにむさん》
- ア 二つか三つあること。
- イ 一つしかないこと。
- ウ 何もないこと。

← 答えは92・93ページ

その日は結局《けっきょく》、なんの手がかりも見つけられないまま、夕方をむかえてしまいました。スーパーでの買いだしから帰ってきた太一《たいち》が、二人を再《ふたた》び管理人室《かんりにんしつ》へと招《まね》きます。

「どうだった？　**他力本願**《たりきほんがん》で悪いけど、何かわかった？」

「Ⓓ**粉骨砕身**《ふんこつさいしん》で探《さが》し回《まわ》ったけど、今のところ何もないよ。」

二人とも、肩《かた》を落として答えました。

「ところで、(う)二人は部屋の中には入っていないよね？」

「E号室に？　入れないよ。鍵《かぎ》はかかっているし、鍵《かぎ》がないんだから。」

桐《きり》が答えると、太一はいっそう声を小さくして言いました。

「じゃあ、二人じゃないってことだな。さっき、見てしまったんだ。」

スーパーから帰ってきた太一は、物置《ものおき》に用があって庭へ回ったそうです。そのとき、E号室の窓《まど》に一瞬《いっしゅん》だけ明かりがともり、すぐに消えるのを目撃《もくげき》したというのです。

「なんだって！」

「それって、鍵《かぎ》の持ち主がいたってことじゃないの？」

急転直下《きゅうてんちょっか》、解決《かいけつ》しそうな気配に、(え)三人は急いでE号室へと向かいました。

すると、E号室のドアが少し開いていたのです。

「待って！　Ⓔ**油断大敵**《ゆだんたいてき》だ。オレが行く。だれかいたら危《あぶ》ない。」

そう言って太一が先に立ち、二人はそのあとに続《つづ》きました。

「こ、これは！」

部屋の中で三人が目にしたのは、小さな金庫でした。ダイヤル式の鍵《かぎ》

4 ―(う)太一《たいち》がこのように聞いたのはなぜですか。□に当てはまる言葉を文章中から探《さが》して書きましょう。

E号室の窓《まど》に一瞬《いっしゅん》だけ［　　］がともり、すぐに［　　］のを目撃《もくげき》したから。

5 ―4の内容《ないよう》を聞いた二人は、それがどんなことを意味すると考えましたか。文章中の言葉を使って書きましょう。

［　　］

6 ―(え)部屋の中には何がありましたか。文章中から探《さが》して五文字で書きましょう。

［　　］

がついたタイプのものです。

「鍵《かぎ》がかかっている。このダイヤルの数字を合わせないと開けられないようだ。一体、だれがこんなものを。」

柚《ゆず》が、金庫の側面《そくめん》にはられていたメモ用紙を見つけました。

「絵がかいてある。鳥と、山と、ナス？」

桐もメモ用紙をのぞきこみました。

「これ、タカだよ。図鑑《ずかん》で見たことがある。タカと、山と、ナスか。」

「タカとナスって、聞いたことのある組み合わせだね。なんだったっけ？　Ⓕ**隔靴掻痒《かっかそうよう》**だな。」

「これってきっとヒントってことだよね。鍵《かぎ》を開けるためのヒントだとしたら、数字を表すはずだけど……。」

「桐！　わかったよ。この山、きっと富士山《ふじさん》だ！『一富士二鷹三茄子《いちふじにたかさんなすび》』って言うじゃない。タカが二、富士山《ふじさん》が一、ナスが三を表すんだよ。」

「さすが、柚！　ということは、タカと、山と、ナスだから、二、一、三の順《じゅん》にダイヤルを合わせれば開くのかな？」

二人の推理《すいり》を感心して聞いていた太一は、桐に言われた通りにダイヤルを回しました。

すると金庫のとびらがぱかっと開いたのです。

四字熟語《よじじゅくご》の問題にチャレンジ！

次の四字熟語を正しい意味で使っている文を選《えら》び、記号に○をつけましょう。

Ⓓ **粉骨砕身《ふんこつさいしん》**

ア　機械《きかい》で粉骨砕身《ふんこつさいしん》された石。
イ　スキーで転んで粉骨砕身《ふんこつさいしん》した。
ウ　粉骨砕身《ふんこつさいしん》して社会につくす。

Ⓔ **油断大敵《ゆだんたいてき》**

ア　油断大敵《ゆだんたいてき》するよゆうをもつ。
イ　相手は弱そうだが油断大敵《ゆだんたいてき》だ。
ウ　油断大敵《ゆだんたいてき》がせめてきた。

Ⓕ **隔靴掻痒《かっかそうよう》**

ア　隔靴掻痒《かっかそうよう》のあつかいに喜《よろこ》ぶ。
イ　国家の隔靴掻痒《かっかそうよう》にかかわる。
ウ　見守るしかなく隔靴掻痒《かっかそうよう》の感だ。

← 答えは92・93ページ

なぞ17

三枚《まい》のカード

（あ）金庫の中には封筒《ふうとう》が入っていました。

「いいかい？　開けるよ。」

封《ふう》を切る太一《たいち》の手元を、桐《きり》と柚《ゆず》は緊張《きんちょう》した面持《おもも》ちで見つめています。

中から出てきたのは、三つの封筒《ふうとう》と一枚《まい》の紙でした。

紙には、こんな文章が書いてありました。

『E号室の鍵《かぎ》は、こちらの手中《しゅちゅう》にある。

取《と》り戻《もど》したければ、なぞ解《と》きに挑戦《ちょうせん》せよ。

三つの封筒《ふうとう》には、各《かく》一枚《まい》、なぞを一つ記したカードが入っている。

なぞの答えは、桃山館《ももやまかん》の中のある場所を示《しめ》し、そこに鍵《かぎ》がある。

ただし、三枚《まい》のカードのうち、二枚《まい》のなぞが示《しめ》す場所にある鍵《かぎ》はにせ物である。

カードは一枚《まい》ずつ取りだすこと。

運がよければ、一枚目《まいめ》のカードで本物の鍵《かぎ》にたどり着けるだろう。

幸運を祈《いの》る。』

この紙は、パソコンで打ちこんだ文章をプリントアウトしたもので、当然《とうぜん》だれが書いたものかはわかりません。

「こんなに本格的《ほんかくてき》ななぞ解《と》き、ぼくらには**時期尚早《じきしょうそう》**じゃない？」

学習日　／

1 ——（あ）封筒《ふうとう》には何が入っていましたか。文章中から探《さが》して書きましょう。

2 紙に書いてあった三枚《まい》のカードの説《せつ》明《めい》について、合わないものを選《えら》んで記号に○をつけましょう。

ア　一枚《まい》に二つ、なぞが書いてある。

イ　なぞの答えが示《しめ》す場所に鍵《かぎ》がある。

ウ　三つの鍵《かぎ》のうち二つはにせ物。

3 一枚目《まいめ》に選《えら》んだカードにかいてあるなぞがわかる一文を探《さが》し、最初《さいしょ》の五文字を書きましょう。

「大丈夫《だいじょうぶ》。Ⓐ緊褌一番《きんこんいちばん》、気合いを入れていこう。太一兄、任《まか》せて！」

はりきる柚を、太一はたのもしそうに見つめました。

「ありがとう。オレは仕事もあるから、二人にお願《ねが》いするよ。でも、決して**火中之栗**《かちゅうのくり》は拾わないように。何かあったら、すぐに報告《ほうこく》してよ。」

二人は大きくうなずくと、さっそく一枚目《まいめ》のカードを引きました。

桐が選《えら》んだカードには、車内の様子がわかるバスの絵がかいてあり、座席《ざせき》シートのところに矢印《やじるし》がついていました。

「バスのシート？」

つぶやきながら、柚が首をかしげます。

「初日《しょにち》にぼくたちが降《お》りたバス停《てい》って、ここから一番近いよね。あそこへ行ってみたら、何かヒントがあるんじゃない？」

飛《と》びだそうとする桐を、柚が制《せい》しました。

「桐、Ⓑ**我武者羅**《がむしゃら》すぎるよ。『桃山館のある場所』を示《しめ》しているんだから、この建物《たてもの》の中にあるバスを探《さが》すべきだよ。」

柚の意見はⒸ**理路整然**《りろせいぜん》としています。

「でも、バスなんかここにないじゃない。」

「置物《おきもの》とかは？　リビングにいろいろ置《お》いてあったよね。」

四字熟語《よじじゅくご》の問題にチャレンジ！

次の四字熟語《よじじゅくご》の意味に合うものを選《えら》び、記号に○をつけましょう。

Ⓐ **緊褌一番**《きんこんいちばん》
- ア 腹《はら》に力を入れること。
- イ 大きな声を出すこと。
- ウ 気を引《ひ》き締《し》めること。

Ⓑ **我武者羅**《がむしゃら》
- ア 協力《きょうりょく》してがんばること。
- イ 後先考えず強引に行動すること。
- ウ 力ずくでなんとかしようとすること。

Ⓒ **理路整然**《りろせいぜん》
- ア 落ち着き払《はら》っている様子。
- イ 話の筋道《すじみち》が通っている様子。
- ウ 気持ちが冷《さ》めきっている様子。

← 答えは92・93ページ

「そうか！　バスの置物《おきもの》のシートの上とかなら、鍵《かぎ》を置《お》いておくことができるかも。」

二人は急いでリビングへ向かいましたが、棚《たな》の上にかざってあったのは、ⓘ外国製《がいこくせい》の古い車の置物《おきもの》で、バスは見当たりませんでした。置物《おきもの》の車の小さなドアは開けられるようになっていたので、念《ねん》のため、シートの上も調べてみましたが、鍵《かぎ》は見つかりませんでした。

「ちがったか。**前途多難**《ぜんとたなん》だ。こんなの無理《むり》じゃない？」

桐《きり》が、がっかりして言いました。

「**意志薄弱**《いしはくじゃく》だなあ。バスに関係《かんけい》しそうなものがある場所はないか、一通り見てみようよ。ほら、念願《ねんがん》のなぞ解《と》きでしょ。がんばって！」

柚《ゆず》のⒹ**叱咤激励**《しったげきれい》に、桐も気を取り直して、再《ふたた》び探《さが》し始《はじ》めました。

「バス、バス、バス……。」

と唱《とな》えながら、玄関《げんかん》、リビング、キッチンを見回していた二人ですが、バスに関係《かんけい》するものは見つかりそうになく、Ⓔ**四苦八苦**《しくはっく》しています。

「柚、そっちは見た？」

「見てない。だって、こっちはトイレに洗面所《せんめんじょ》、あとはお風呂《ふろ》だよ。バスに関係《かんけい》するものなんて、こんなところにあるかなあ。」

「でも、他のところにないんだからさ、念《ねん》のため見てみようよ。」

そこで、今度は洗面所《せんめんじょ》やトイレの棚《たな》を全部開けて、鍵《かぎ》や手がかりになるものがないか探《さが》し始《はじ》めました。

4　―ⓘバスの置物《おきもの》がなかったため、二人はどんなものを探《さが》すことにしましたか。文章中から探《さが》して九文字で書きましょう。

5　―ⓤこのとき桐《きり》は、どこに何があるのを見つけましたか。文章中から探《さが》して書きましょう。

どこに

何があるのを

6　鍵《かぎ》はどこにありましたか。文章中の言葉を使って書きましょう。

「ないね。やっぱり、ここじゃないのかも。」

「お風呂《ふろ》は?」

と言いながら、お風呂場《ふろば》の前に立った桐が、「あっ!」と声を上げました。柚もすぐにかけつけます。桐の視線《しせん》の先にあるものを見て、柚も大きくうなずきました。

「そうか。バスはバスでも、このバスのことだったんだ!」

お風呂場《ふろば》の入り口のドアには、「バスルーム」と書かれた札《ふだ》が下げられていたのです。

ドアを開けると、中には洗面器《せんめんき》とお風呂場用《ふろばよう》のイスが置《お》いてありました。桐が**獅子奮迅**《ししふんじん》の勢《いきお》いでイスを引っくり返して調べると、座面《ざめん》の裏側《うらがわ》に鍵《かぎ》がはりつけてありました。

「あったぞ!」

二人はその鍵《かぎ》を持って、E号室へ向かいます。すると、さっきまで開いていたはずのE号室のドアには再《ふたた》び鍵《かぎ》がかかっていました。

「いつのまに! でも、この鍵《かぎ》が本物だったら、開くはずだ。試《ため》してみよう。」

桐が見つけた鍵《かぎ》を鍵穴《かぎあな》に差《さ》しこみます。しかし、ドアを開けることはできません。鍵《かぎ》はにせ物のようでした。

四字熟語《よじじゅくご》の問題にチャレンジ!

次の四字熟語《よじじゅくご》を正しい意味で使っている文を選《えら》び、記号に○をつけましょう。

D 叱咤激励《しったげきれい》

ア コーチに叱咤激励《しったげきれい》された。

イ 周囲《しゅうい》は叱咤激励《しったげきれい》と化した。

ウ 叱咤激励《しったげきれい》を乗りこえて勝利《しょうり》した。

E 四苦八苦《しくはっく》

ア 業績《ぎょうせき》が好調《こうちょう》で四苦八苦《しくはっく》だ。

イ 四苦八苦《しくはっく》して、製品《せいひん》を開発した。

ウ 四苦八苦《しくはっく》をしみじみと味わう。

F 獅子奮迅《ししふんじん》

ア 獅子奮迅《ししふんじん》の働《はたら》きでことなきを得《え》た。

イ 山が獅子奮迅《ししふんじん》に横たわる。

ウ 獅子奮迅《ししふんじん》のごとくじっとする。

← 答えは93・94ページ

なぞ18

消える音符《おんぷ》

次のカードを選《えら》んだ柚《ゆず》は、見た瞬間《しゅんかん》に顔をしかめました。

「何これ！　楽譜《がくふ》じゃない。」

のぞきこんだ桐《きり》も複雑《ふくざつ》な顔をします。二人は以前《いぜん》、いっしょにピアノを習っていましたが、**紆余曲折**《うよきょくせつ》あって、半年足らずでやめてしまったのでした。

「楽譜《がくふ》を見てもなんの曲かわからないね。」

「あっ、リビングに電子ピアノがあったよ。あれで弾《ひ》いてみよう。」

二人は再《ふたた》びリビングへ向かうと、電子ピアノの電源《でんげん》を入れ、音符《おんぷ》の通りに鍵盤《けんばん》を鳴らしてみました。

「これ、たしか『きらきら星』っていう曲じゃない？　弾《ひ》いたことあったよね。」

「うん。せめて発表会までがんばって、Ⓐ**有終之美**《ゆうしゅうのび》をかざりたかったな。」

「教室の子の**悪口雑言**《あっこうぞうごん》なんて、Ⓑ**馬耳東風**《ばじとうふう》に聞き流せばよかったよね。」

学習日
／

1 柚《ゆず》が選《えら》んだカードには、何がかいてありましたか。□に当てはまる言葉を文章中から探《さが》して書きましょう。

「　　　」という曲の　　　。

2 ―あ桐《きり》は何を見つけましたか。文章中から探《さが》して十一文字で書きましょう。

3 ―い何からヒントを得《え》て、二人はソファを調べていますか。合うものを選《えら》んで記号に○をつけましょう。

ア 楽譜《がくふ》の曲の歌詞《かし》にある言葉。

イ ペンで消したあとに残《のこ》った音符《おんぷ》。

ウ ペンにはりつけてあった紙。

ピアノにまつわる**悲喜交交**《ひきこもごも》を思いだす二人でしたが、曲がわかっただけで、鍵《かぎ》のありかのヒントになることは見つかりませんでした。

「うーん。どういうことなんだ。また、どこかに鍵《かぎ》がはってあるとか？」

㋐電子ピアノを調べていた桐が、あるものを見つけました。

「鍵盤《けんばん》の裏側《うらがわ》のところに、これがはりつけてあったよ！」

桐が手にしたものは、残念《ざんねん》ながら鍵《かぎ》ではなく、一本のペンでした。

「なんでペンが？　あっ、これ、書いた文字を消せるペンだ。」

柚は桐からペンを受け取ると、もう一度楽譜《がくふ》を見てみました。

「この楽譜《がくふ》、よく見たらところどころ手書きの音符《おんぷ》がある。もしかして！」

柚は楽譜《がくふ》をテーブルに置《お》くと、ペンの上のほうについているゴムの部分でこすり始めました。すると、楽譜上《がくふじょう》のいくつかの音符《おんぷ》がⓒ**雲散霧消**《うんさんむしょう》したのです。

「残《のこ》った音符《おんぷ》がヒントなのかな？　えっと、残《のこ》っているのはファとソばかりだね。」

「ファとソ。ファ、ソ……ソ、ファ。あっ、ソファじゃない？」

㋑二人は、今度はリビングのソファを調べ始めました。このソファは背《せ》もたれの部分を簡単《かんたん》に外せる作りになっており、持ち上げたところに、鍵《かぎ》がはりつけてありました。

「やった！」

再《ふたた》び、急いでE号室へと向かいます。

しかし、この鍵《かぎ》を差《さ》しこんでも、ドアは開かなかったのです。

四字熟語《よじじゅくご》の問題にチャレンジ！

次の四字熟語の意味に合うものを選《えら》び、記号に○をつけましょう。

Ⓐ **有終之美**《ゆうしゅうのび》
- ア 美しい印象《いんしょう》をあたえること。
- イ やりとげて、結果《けっか》を残《のこ》すこと。
- ウ いさぎよくやめること。

Ⓑ **馬耳東風**《ばじとうふう》
- ア 他人の言葉を聞き流すこと。
- イ 風の音に耳をすますこと。
- ウ 常《つね》に風向きを読むこと。

Ⓒ **雲散霧消**《うんさんむしょう》
- ア あとかたもなく消えること。
- イ くもって視界《しかい》が悪いこと。
- ウ 目の前が明るくなること。

← 答えは94・95ページ

なぞ19 最《さい》後《ご》のカード

「**二人三脚**《ににんさんきゃく》でがんばったけど、見つけた鍵《かぎ》は二つともにせ物だった。」

「うん。この三枚目《まいめ》のカードが示《しめ》す場所にある鍵《かぎ》が、本物なんだね。」

桐《きり》と柚《ゆず》はうなずき合うと、最後《さいご》のカードを確認《かくにん》しました。そこには、こんな文章が書かれています。

『他の全員がこちらへ背《せ》を向けて整列している中、あるものだけはそうしていない。』

何度か口に出して読み合ったあとで、二人は考えこんでしまいました。

Ⓐ「**多事多難**《たじたなん》はまだまだ続《つづ》きそうだな。これは、どういう状況《じょうきょう》を表しているんだろう？　柚、どう思う？」

「『全員』っていっても、人とは限《かぎ》らないよね。でも、まさか**魑魅魍魎**《ちみもうりょう》でもあるまいし。㋐『背《せ》を向けて整列している』ものってなんだろう？」

二人は再《ふたた》び、桃山館《ももやまかん》の中をうろうろと歩き回りました。

キッチンを見ていたとき、スパイスが並《なら》んでいる棚《たな》を見た桐が、

「ここにあるびんは整列しているけど、『背《せ》』ってどこだろう？」

と言うと、何やら思いついたらしい柚が「あっ！」と声を上げて、リビングへ飛《と》んでいきました。

「桐、今のがヒントになったよ。ここを見て！」

学習日　／

1 三枚目《まいめ》のカードに書いてあったものはなんですか。合うものに○をつけましょう。

絵・文章

2 ―㋐柚《ゆず》は、これがどんなもので、「背《せ》」とは何のことだと考えましたか。文章中から探《さが》して書きましょう。

どんなもの

背《せ》

3 鍵《かぎ》は何のどこにはさまっていましたか。文章中の言葉を使って書きましょう。

柚が指さしたのは、リビングの大きな本棚《ほんだな》でした。Ⓑ**古往今来**《こおうこんらい》の知が集結《しゅうけつ》していそうなおもむきがあります。

「ほら、ここには本がずらりと『整列』しているでしょ？　本棚《ほんだな》に本を並《なら》べたときに見える、タイトルが書かれた部分を背表紙《せびょうし》というって聞いたことがある。きっとこの中の本で、こちらに背表紙《せびょうし》を向けていない本のことを指しているんじゃないかな。」

「よし、その本を探《さが》そう！」

二人は手分けして、本棚《ほんだな》を順番《じゅんばん》に見ていきました。すると、下から二番目の段《だん》の真ん中ほどのところに、一冊《さつ》だけ、逆向《ぎゃくむ》きに入れられている本を見つけたのです。桐が慎重《しんちょう》に取りだすと、それは『あまのじゃく』というタイトルのずいぶんと古い本でした。

Ⓒ**胆大心小**《たんだいしんしょう》な柚は、桐から受け取った本のページを、ゆっくりとていねいにめくります。すると、中ほどのページに鍵《かぎ》がはさまっていました。

「ついに見つけたぞ！　**大願成就**《たいがんじょうじゅ》だ！」

二人はすぐにE号室へ向かい、鍵《かぎ》を差《さ》しこみました。今度はたしかな手ごたえがあります。

ガチャリという音を立てて、E号室のドアが開きました。

四字熟語《よじじゅくご》の問題にチャレンジ！

次の四字熟語の意味に合うものを選《えら》び、記号に○をつけましょう。

Ⓐ **多事多難**《たじたなん》
- ア　種類《しゅるい》や性質《せいしつ》が多いこと。
- イ　人によって考えがちがうこと。
- ウ　事件《じけん》や困難《こんなん》がたえないこと。

Ⓑ **古往今来**《こおうこんらい》
- ア　今だからこそ生まれるもの。
- イ　昔はなくて今あるもの。
- ウ　昔から今までずっと。

Ⓒ **胆大心小**《たんだいしんしょう》
- ア　大胆《だいたん》さと、注意深さがあること。
- イ　大胆《だいたん》なふりをして、臆病《おくびょう》なこと。
- ウ　大胆《だいたん》すぎて、言動が雑《ざつ》なこと。

答えは94・95ページ

なぞ20 鍵《かぎ》はだれの手に？

Ⓐ欣喜雀躍《きんきじゃくやく》しつつ、E号室の中へと踏《ふ》みこんだ二人でしたが、室内に人の気配はありません。

「なんだ。だれもいないよ。」

がらんとした部屋の中には、さっきの金庫と一枚《まい》の紙が置《お》いてあるだけでした。

「E号室のドアにはずっと鍵《かぎ》がかかっていたはずなのに、新たにこの紙を置《お》いたのはだれなんだろう？」

「こんなに縦横無尽《じゅうおうむじん》に動き回っているんじゃ、桃山館《ももやまかん》の入居者《にゅうきょしゃ》としか考えられないよね。でも、だれがそんなこと。」

Ⓑ疑心暗鬼《ぎしんあんき》になりつつ、あ紙に書かれた文章を読み始めた柚《ゆず》は、「やっぱり。」とつぶやきました。紙には、こんなことが書いてあったのです。

『カードのなぞのクリア、おめでとう。

私《わたし》はこのシェアハウスの住人である。

もう一本のE号室の鍵《かぎ》は、私《わたし》が持っている。

私《わたし》がだれだか、わかるかね？

君たちはこれから、二人でよく考えて、あやしいと思った住人に、「鍵《かぎ》

学習日

1 ―あ柚《ゆず》はどんな内容《ないよう》について「やっぱり」と言ったのですか。紙の中に書いてある一文を書きましょう。

2 ―い二人がこう考えたのはなぜですか。□に当てはまる言葉を文章中から探《さが》して書きましょう。

ノーヒントだと［　　］の住人に、「［　　］」とたずねることができるから。

3 ―②ができると、どんなふうによいのですか。合うものを選《えら》んで記号に○をつけましょう。

ア なぞ解《と》きを長く楽しめる。

イ 自分の考えに自信《じしん》をもてる。

を持っていますか？」とたずねなさい。その人物が、見事に私《わたし》だったら、私《わたし》は「持っていない。」とうそをつくことはしない。

金庫の中には二枚《まい》の封筒《ふうとう》があり、ヒントを記したカードが一枚《まい》ずつ入っている。

もし、ノーヒントでこのなぞに挑戦《ちょうせん》するなら、君たちは三人の住人に「鍵《かぎ》を持っていますか？」とたずねることができる。

ヒントを一つ見たら、二人にしかたずねることができない。

ヒントを二つとも見たら、一人にしかたずねることができない。

以上《いじょう》、健闘《けんとう》を祈《いの》る。』

読み終わった二人は、ⓘできるだけヒントを見ずに、「私《わたし》」をつきとめようと考え始めました。しかし、あまりにも手がかりがなさすぎます。

Ⓒ「一進一退《いっしんいったい》だな。さっぱりわからないよ。」

「私《わたし》も。でも、自暴自棄《じぼうじき》になっても仕方ない。ヒントを一つだけ見よう。」

二人は封筒《ふうとう》を一つだけ開けると、そこからカードを取りだしました。

ウ 持ち主を見つけやすくなる。

四字熟語《よじじゅくご》の問題にチャレンジ！

次の四字熟語《よじじゅくご》の意味に合うものを選《えら》び、記号に○をつけましょう。

Ⓐ 欣喜雀躍《きんきじゃくやく》

ア 慎重《しんちょう》になること。
イ 大喜《おおよろこ》びすること。
ウ こわがること。

Ⓑ 疑心暗鬼《ぎしんあんき》

ア 自分で自分がおそろしくなること。
イ 一度疑《うたが》うと何かと不安《ふあん》になること。
ウ 周囲《しゅうい》の人に厳《きび》しい態度《たいど》をとること。

Ⓒ 一進一退《いっしんいったい》

ア 進んだり後戻《あともど》りしたりすること。
イ 相手と対等だということ。
ウ ものすごい勢《いきお》いで進んでいること。

← 答えは95・96ページ

そこには、次のような内容《ないよう》が書かれていました。

『「私《わたし》」は朝早く起きるより、夜おそくまで起きているほうが得意《とくい》。』

「真琴《まこと》さんは動物の世話があるからって、朝早くから学校へ出かけていくんだったよね。」

「うん。それに鈴子《すずこ》さんは、休みの日以外《いがい》は朝のヨガ教室へ行ってから職《しょく》場《ば》へ向かうって。朝の時間は特《とく》にⒹ**一刻千金**《いっこくせんきん》って思っている感じ。」

桐《きり》と柚《ゆず》は、入居者《にゅうきょしゃ》の一人ひとりの生活にまつわる話を思いだしながら、容疑者《ようぎしゃ》をしぼろうとしました。

「洋平《ようへい》さんは、夜におそくまで起きているから、朝は少しでも寝《ね》ていたいって言っていたよね。」

と柚が言うと、桐もうなずきます。

「そうだよ。それで、**用意周到**《よういしゅうとう》に遮光《しゃこう》カーテンを買っていた。」

「それにしても、洋平さんがこんなことするかな？　なんだか意外だな。」

「たしかに、しそうにないね。だれが一体なんのためにやっているんだろう。Ⓔ**大義名分**《たいぎめいぶん》が立たないよ。他に柚があやしいと思う人は？」

「菜緒《なお》さんかな。出版社《しゅっぱんしゃ》の仕事で、夜おそくに帰ってくることが多いみたいだから、朝早く起きるのは苦手そう。」

「それは十分あり得《え》るね。でも、ぼくは千里《せんり》さんもあやしいと思う。」

「千里さんは、朝日を見るのが好《す》きって言ってたから、早く起きるほうが得意《とくい》なんじゃない？」

4 ―㋒この三人とはだれですか。名前を書きましょう。

5 ―㋓二人にしか質問《しつもん》できないのは、何をしてしまったからですか。文章中の言葉を使って書きましょう。

6 ―㋔こう考えたのは、どんなことに気づいたからですか。それがわかる一文を探《さが》し、最初《さいしょ》の五文字を書きましょう。

「ちがうよ。徹夜《てつや》で原稿《げんこう》を書いたあとに、朝日を浴《あ》びるのが好《す》きって言っていたよ。つまり、夜おそくまで起きているほうが得《とく》意《い》ってことだよ。」

「そうだ、そう言っていた。じゃあ、㋒この三人があやしいね。」

紙に書かれたルールによると、ヒントを一つ見てしまっているので、「鍵《かぎ》を持っていますか？」とたずねられるのは、二人までとなります。

㋓「洋平さん、菜緒さん、千里さんのうち、二人を選《えら》んで質問《しつもん》しよう。」

桐がそう言うと、柚は何かに気づいてハッとしました。

「待って。かんじんなことを忘《わす》れてた。菜緒さんは今日仕事で、朝からここにいないじゃない。部屋の明かりをつけたり、E号室に金庫を置《お》いたりすることはできないよ。」

「そうか。じゃあ今、桃山館《ももやまかん》にいる洋平さんと千里さんに質問《しつもん》をしてみよう。㋔二人のうち、どちらかが鍵《かぎ》を持っているってことだよね。」

「うん。行こう！」

暗中模索《あんちゅうもさく》の末《すえ》、二人はⒻ**一念発起**《いちねんほっき》してE号室をあとにしたのです。

四字熟語《よじじゅくご》の問題にチャレンジ！

次の四字熟語を正しい意味で使っている文を選《えら》び、記号に○をつけましょう。

Ⓓ **一刻千金**《いっこくせんきん》

㋐ 子ども時代は一刻千金《いっこくせんきん》だ。

㋑ 一刻千金《いっこくせんきん》を得《え》る商売。

㋒ 何事も一刻千金《いっこくせんきん》には身につかない。

Ⓔ **大義名分**《たいぎめいぶん》

㋐ その行《おこな》いは大義名分《たいぎめいぶん》にもとる。

㋑ あの人物は大義名分型《たいぎめいぶんがた》だ。

㋒ 人を集めて大義名分《たいぎめいぶん》する。

Ⓕ **一念発起**《いちねんほっき》

㋐ 一念発起《いちねんほっき》の末《すえ》、断念《だんねん》した。

㋑ 一念発起《いちねんほっき》の思いで待つ。

㋒ 一念発起《いちねんほっき》して勉強にはげむ。

← 答えは96・97ページ

なぞ 21

一人目への質問《しつもん》

桐《きり》と柚《ゆず》がE号室を出ると、Ⓐ**渦中之人**《かちゅうのひと》である洋平《ようへい》がたまたま階段《かいだん》を上ってきたところでした。

二人は顔を見合わせてうなずき合うと、洋平に話しかけます。

「洋平さん、今、ちょっといいですか？」

「いいけど、どうしたの？　二人ともなんだかこわい顔して。」

その反応《はんのう》を見て、桐は自分たちの推理《すいり》に自信《じしん》をなくしてしまいました。

「ちょ、ちょっと待っててください！」

と言って、柚のうでを引《ひ》っ張《ぱ》り、ろうかの端《はし》へ連《つ》れていきます。

「あの様子じゃ、やっぱり洋平さんじゃないんじゃない？」

「桐ってば、**優柔不断**《ゆうじゅうふだん》だな。そうかもしれないけど、二人まで質問《しつもん》できるんだから、聞いてみてもいいじゃない。Ⓑ**千載一遇**《せんざいいちぐう》のチャンスだよ。」

「でも、太一兄《たいちにい》に言われたでしょ。自分の鍵《かぎ》の管理《かんり》が不十分《ふじゅうぶん》だったことを、できるだけ入居者《にゅうきょしゃ》に知られたくないって。関係《かんけい》のない人にあの質問《しつもん》をしたら、変《へん》に思われるよ。」

「それはまあ、そうだけど……。」

話し合いの末《すえ》、二人は結局《けっきょく》洋平には質問《しつもん》をせず、千里《せんり》の部屋のドアをノックしました。

学習日　／

1 二人は結局《けっきょく》、だれに質問《しつもん》をしましたか。合うものに○をつけましょう。

洋平《ようへい》・千里《せんり》

2 二人はどんな質問《しつもん》をしましたか。文章中から探《さが》して書きましょう。

「　　　　」

3 1 で答えた人物に質問《しつもん》した結果《けっか》、どんなことがわかりましたか。□に当てはまる言葉を文章中から探《さが》して書きましょう。

質問《しつもん》された人物は、□ではなかったが、□だったこと。

千里はニヤリと笑《わら》って、二人を部屋の中へと招《まね》き入《い》れてくれました。

「どうしたの？」

という千里に向かって、二人は今度こそ声をそろえて、

「鍵《かぎ》を持っていますか？」

とたずねました。

　すると、千里は二人の目をじっとのぞきこんだあとで、ゆっくりと首を横にふったのです。

「えっ、ちがうの？」

「そんな、まさか！」

十中八九《じっちゅうはっく》、鍵《かぎ》の持ち主は千里にちがいないと思いこんでいた二人は、当てが外れてⒸ**周章狼狽《しゅうしょうろうばい》**しました。

「残念《ざんねん》ながら、ぼくは持っていないんだ。でもね、ヒントをあげるよ。実はぼくは共《きょう》犯者《はんしゃ》なんだ。金庫や紙を置《お》いたのは、ぼく。だから、君たちの推理《すいり》も、あながちまちがいじゃないってこと。」

　千里にはげまされ、なんとか気を取り直した二人は、**名誉挽回《めいよばんかい》**のために、もう一度推理《すいり》をし直すことを決意し、千里の部屋をあとにしました。

四字熟語《よじじゅくご》の問題にチャレンジ！

次の四字熟語の意味に合うものを選《えら》び、記号に○をつけましょう。

Ⓐ **渦中之人《かちゅうのひと》**

ア　周《まわ》りからの信頼《しんらい》が厚《あつ》い人。

イ　危険《きけん》をおかそうとする人。

ウ　事件《じけん》や話題などの中心の人。

Ⓑ **千載一遇《せんざいいちぐう》**

ア　刻一刻《こくいっこく》と変化《へんか》する情景《じょうけい》。

イ　ありふれた日常《にちじょう》。

ウ　めったにない機会《きかい》。

Ⓒ **周章狼狽《しゅうしょうろうばい》**

ア　自信《じしん》にあふれていること。

イ　あわててうろたえること。

ウ　がっかりすること。

答えは96・97ページ

なぞ22 二人目への質問《しつもん》

「まさか、共犯者《きょうはんしゃ》がいたとは……。」

新事実発覚《はっかく》に、二人はとてもおどろきました。

「うーん。千里《せんり》さんが共犯者《きょうはんしゃ》ってことは、今日家にいない菜緒《なお》さんだって、この計画を実行できるってことになっちゃうね。」

柚《ゆず》の指摘《してき》に、桐《きり》は顔をしかめます。

(あ)「あと一人にしか質問《しつもん》できないのに、容疑者《ようぎしゃ》が増《ふ》えちゃうなんて！」

真犯人《しんはんにん》はだれかを考えているうち、二人は(A)**茫《ぼう》然自失《ぜんじしつ》**となり、ろうかにへなへなと座《すわ》りこんでしまいました。

しばらくだまりこんでいた桐が、ぽつりとつぶやきます。

「この床《ゆか》、とてもきれいだね。ほこり一つ落ちていない。」

「太一兄《たいちにい》が毎日そうじしているからだね。管理人《かんりにん》の仕事と、ウェブデザイナーの仕事があるから、朝が苦手なのに早起きしてるって言ってたよ。」

「太一兄、(B)**難行苦行《なんぎょうくぎょう》**にたえて、がんばってるんだね。」

そんな会話をしたあとで、二人は顔を見合わせました。

「鍵《かぎ》の持ち主は入居者《にゅうきょしゃ》五人の中にいるって思いこんでたけど……。」

学習日 ／

1 ——(あ)二人は結局《けっきょく》、だれに質問《しつもん》をしましたか。文章中から探《さが》して名前を書きましょう。

□

2 柚《ゆず》は鍵《かぎ》の持ち主が——1の人物だった場合、動機《どうき》はなんだと考えましたか。文章中の言葉を使って書きましょう。

□

3 ——(い)証拠《しょうこ》になったのは、どんなことでしたか。□に当てはまる言葉を文章中から探《さが》して書きましょう。

E号室には □ がなく、□ がついたのを見たという

二人目への質問《しつもん》

「桃山館《ももやまかん》には、もう一人住人がいるね！」

柚が**意気軒昂**《いきけんこう》として言いました。

「でも、太一兄が自分で依頼《いらい》してきたんだよ。**自作自演**《じさくじえん》ってこと？」

「あり得《え》るよ。なんで入居者《にゅうきょしゃ》が鍵《かぎ》を持ちだすのか、いまいち動機《どうき》がはっきりしなかったけど、太一兄のしわざなら納得《なっとく》できる。きっと私《わたし》たちになぞ解《と》きをさせて楽しませようと、仕組んだんだよ。」

「でも、証拠《しょうこ》がないよ。もし、ちがったら……。」

「証拠《しょうこ》ね。㋑あっ、証拠《しょうこ》が見つかるかもしれない！」

柚はそう言って、再《ふたた》び千里の部屋のドアをノックしました。

「どうしたの？　何かわかった？」

「千里さん、E号室に入ったとき、部屋の明かりをつけましたか？」

柚の問いに、千里はこう答えました。

「いや。つけてないよ。第一、E号室には照明器具《しょうめいきぐ》がないし。」

柚は満足《まんぞく》そうにうなずきました。E号室に明かりがついたのを見たと言ったのは太一ですが、それは**事実無根**《じじつむこん》だったことになります。

柚と桐はⒸ**電光石火**《でんこうせっか》のごとく、管理人室《かんりにんしつ》へと向かいました。

「鍵《かぎ》を持っていますか？」

二人が声をそろえて問うと、太一はほほえみながらうなずきました。

「はい、持っています。二人とも、さすがだね。『なぞ解《と》きランド』には到底《とうてい》およばないだろうけど、少しは楽しんでもらえたらって思って。」

太一はうそをついたおわびにと、かき氷を作ってくれました。

のは［　　　　］だったこと。

四字熟語《よじじゅくご》の問題にチャレンジ！

次の四字熟語の意味に合うものを選《えら》び、記号に○をつけましょう。

Ⓐ **茫然自失**《ぼうぜんじしつ》
- ㋐ 我《われ》を忘《わす》れて夢中《むちゅう》になる様子。
- ㋑ 考えすぎて混乱《こんらん》している様子。
- ㋒ 気がぬけてぼんやりする様子。

Ⓑ **難行苦行**《なんぎょうくぎょう》
- ㋐ 同じくらい大変《たいへん》なこと。
- ㋑ ひどい苦労《くろう》を重ねること。
- ㋒ 自分に向いていないこと。

Ⓒ **電光石火**《でんこうせっか》
- ㋐ 非常《ひじょう》に素早《すばや》いこと。
- ㋑ 光りかがやくこと。
- ㋒ 熱《ねつ》を発すること。

答えは96・97ページ

答えと解説《かいせつ》

★このページは、右ページ上段《じょうだん》→左ページ上《じょう》段《だん》→右ページ中段《ちゅうだん》→左ページ中段《ちゅうだん》→右ページ下段《げだん》→左ページ下段《げだん》の順《じゅん》に読んでください。

なぞ16 消えた鍵《かぎ》を探《さが》せ！ 72～75ページ

【72・73ページ】

1 ウ

解説《かいせつ》
72ページ10行目に「E号室って、だれも住んでいない部屋だよね」とあることから考えましょう。

2 鍵《かぎ》を管理《かんり》できていなかったこと

解説《かいせつ》
73ページ4・5行目に「太一《たいち》が鍵《かぎ》を管理《かんり》できていなかったことが問題になってしまう」とあることから考えましょう。

3 E号室の鍵《かぎ》を探《さが》すこと

解説《かいせつ》
——ⓘの直前にある、太一《たいち》と桐《きり》のやりとりに注目しましょう。「入居者《にゅうきょしゃ》には知られないように、なんとか鍵《かぎ》を見つけたいんだ」（73ページ8・9行目）、「まさか、ぼくらに見つけろって言うの?」（10行目）とあります。

5 （例《れい》）E号室に鍵《かぎ》の持ち主がいたこと。

解説《かいせつ》
74ページ15行目に「それって、鍵《かぎ》の持ち主がいたってことじゃないの?」とあります。一瞬《いっしゅん》だけ明かりがともったのはE号室のことですから、合わせてまとめましょう。例《れい》と同じような内容《ないよう》が書けていれば正解《せいかい》です。

6 小さな金庫

解説《かいせつ》
74ページ21行目に「部屋の中で三人が目にしたのは、小さな金庫でした」とあることから考えましょう。また、字数指定に注意しましょう。

四字《よじ》熟語《じゅくご》の問題にチャレンジ！

Ⓓ ウ
Ⓔ イ
Ⓕ ウ

解説《かいせつ》
「粉骨砕身《ふんこつさいしん》」は「骨身《ほねみ》をおしまず、力の限《かぎ》り努《ど》力《りょく》すること」、「油断大敵《ゆだんたいてき》」は「油断《ゆだん》が失敗《しっぱい》を招《まね》くから、大きな敵《てき》と思って注意すべきだという教え」、「隔靴掻痒《かっかそうよう》」は「思うようにできず、もどかしいこと」という意味です。

3 桐《きり》が選《えら》んだ

解説《かいせつ》
77ページ7・8行目に「車内の様子がわかるバスの絵がかいてあり、座席《ざせき》シートのところに矢印《やじるし》がついていました」とあり、この文でカードの内容《ないよう》について説明《せつめい》していることが読み取れます。

四字《よじ》熟語《じゅくご》の問題にチャレンジ！

Ⓐ ウ
Ⓑ イ
Ⓒ イ

言葉の学習

お話に出てきた四字《よじ》熟語《じゅくご》の意味を確《たし》かめましょう。

時期尚早《じきしょうそう》……あることを実行するには、まだ早すぎるということ。

火中之栗《かちゅうのくり》……他人のために危険《きけん》をおかして、大《たい》変《へん》な目にあうこと。

四字《よじ》熟語《じゅくご》の解説《かいせつ》

時期尚早《じきしょうそう》……「尚早《しょうそう》」は「まだその時期になっていない」という意味です。

緊褌一番《きんこんいちばん》……「緊褌《きんこん》」は「褌《ふんどし》を、しっかりときつく締《し》める」という意味です。

四字熟語《よじじゅくご》の問題にチャレンジ！

Ⓐ ㋐
Ⓑ ㋑
Ⓒ ㋑

言葉の学習

お話に出てきた四字熟語《よじじゅくご》の意味を確《たし》かめましょう。

自由自在《じゆうじざい》……自分の思うままにできる様子。
勇気凛凛《ゆうきりんりん》……失敗《しっぱい》や危険《きけん》をかえりみないで、勇《いさ》ましくものごとに立ち向かう様子。

四字熟語《よじじゅくご》の解説《かいせつ》

輪廻転生《りんねてんしょう》……もとは仏教《ぶっきょう》の言葉です。「輪廻《りんね》」は「車《しゃ》輪《りん》がずっと回っているように、生まれたり死んだりをくり返すこと」、「転生《てんしょう》」は「生《う》まれ変《か》わること」という意味です。
無二無三《むにむさん》……「無三《むさん》」は「むざん」とも読みます。

『74・75ページ』

4 明かり・消える

解説《かいせつ》
74ページ11〜13行目に「スーパーから帰ってきた太《た》一《いち》は、〜E号室の窓《まど》に一瞬《いっしゅん》だけ明かりがともり、すぐに消えるのを目撃《もくげき》した」とあることから考えましょう。

言葉の学習

お話に出てきた四字熟語《よじじゅくご》の意味を確《たし》かめましょう。

他力本願《たりきほんがん》……人の力を借《か》りて望《のぞ》みをかなえようとすること。
急転直下《きゅうてんちょっか》……ものごとにかかわる事態《じたい》が急に変《へん》化《か》して、解決《かいけつ》へと向かうこと。

なぞ17 三枚《まい》のカード

76〜79ページ

『76・77ページ』

1 三つの封筒《ふうとう》と一枚《まい》の紙

解説《かいせつ》
76ページ4行目に「中から出てきたのは、三つの封《ふう》筒《とう》と一枚《まい》の紙でした」とあることから答えを考えましょう。

2 ㋐

解説《かいせつ》
76ページ8行目に「三つの封筒《ふうとう》には、各《かく》一枚《まい》、なぞを一つ記したカードが入っている」とあります。合わないものを選《えら》ぶことに注意しましょう。

『78・79ページ』

4 バスに関係《かんけい》するもの

解説《かいせつ》
78ページ9・10行目の柚《ゆず》の言葉「バスに関係《かんけい》しそうなものがある場所はないか、一通り見てみようよ」や、15行目の文章から考えましょう。

5 どこに……お風呂場《ふろば》の入り口のドア
何があるのを……「バスルーム」と書かれた札《ふだ》

解説《かいせつ》
79ページ7・8行目に「お風呂場《ふろば》の入り口のドアには、『バスルーム』と書かれた札《ふだ》が下げられていたのです」とあります。これを見て、桐《きり》は「あっ！」と声を上げたのです。

6 (例《れい》)お風呂場用《ふろばよう》のイスの座面《ざめん》の裏側《うらがわ》

解説《かいせつ》
79ページ11・12行目に「イスを引っくり返して調べると、座面《ざめん》の裏側《うらがわ》に鍵《かぎ》がはりつけてありました」とあります。このイスは、「お風呂場用《ふろばよう》のイス」のことです。

四字熟語《よじじゅくご》の問題にチャレンジ！

Ⓓ ㋐　Ⓔ ㋑　Ⓕ ㋐

解説《かいせつ》

「叱咤激励《しったげきれい》」は「大声ではげまし、相手を元気づけること」、「四苦八苦《しくはっく》」は「大変《たいへん》な苦しみを受けること」、「獅子奮迅《ししふんじん》」は「ものすごい勢《いきお》いで活動すること」という意味です。

言葉の学習

お話に出てきた四字熟語《よじじゅくご》の意味を確《たし》かめましょう。

前途多難《ぜんとたなん》……行く先に多くの困難《こんなん》が待ち受けていると予想されること。

意志薄弱《いしはくじゃく》……ものごとについての実行力や決断《けつだん》力《りょく》が弱いこと。

四字熟語《よじじゅくご》の問題にチャレンジ！

Ⓐ ㋑　Ⓑ ㋐　Ⓒ ㋐

言葉の学習

お話に出てきた四字熟語《よじじゅくご》の意味を確《たし》かめましょう。

紆余曲折《うよきょくせつ》……事情《じじょう》がこみ入っていて、複雑《ふくざつ》なこと。

悪口雑言《あっこうぞうごん》……さまざまな悪口や、ののしって言う言葉。

悲喜交交《ひきこもごも》……悲しみと喜《よろこ》びが入《い》り混《ま》じること。

四字熟語《よじじゅくご》の解説《かいせつ》

紆余曲折《うよきょくせつ》……「紆余《うよ》」は「川や道がまがって、くねくねとしていること」、「曲折《きょくせつ》」は「折《お》れてまがっていること」という意味です。

四字熟語《よじじゅくご》の問題にチャレンジ！

Ⓐ ㋒　Ⓑ ㋒　Ⓒ ㋐

言葉の学習

お話に出てきた四字熟語《よじじゅくご》の意味を確《たし》かめましょう。

二人三脚《ににんさんきゃく》……二人で力を合わせて一つのものごとに取り組むこと。

魑魅魍魎《ちみもうりょう》……さまざまな種類《しゅるい》の妖怪《ようかい》や化け物。

大願成就《たいがんじょうじゅ》……大きな願《ねが》いごとがかなうこと。

四字熟語《よじじゅくご》の解説《かいせつ》

古往今来《こおうこんらい》……「古往《こおう》」は「昔」、「今来《こんらい》」は「今になるまで」という意味です。「今来古往《こんらいこおう》」ともいい、「今来《こんらい》」は「きんらい」とも読みます。

胆大心小《たんだいしんしょう》……「胆《たん》」は「度胸《どきょう》や肝《きも》っ玉《たま》」、「心《しん》」は「こまやかな気配り」という意味です。

大願成就《たいがんじょうじゅ》……「大願《たいがん》」は「だいがん」とも読みます。

なぞ18　消える音符《おんぷ》

80・81ページ

【80・81ページ】

1　きらきら星・楽譜《がくふ》

解説《かいせつ》
カードを選《えら》んだ柚《ゆず》が「何これ！　楽譜《がくふ》じゃない」（80ページ3行目）と言っています。また、「音符《おんぷ》の通りに鍵盤《けんばん》を鳴らし」（12・13行目）てみて、「これ、たしか『きらきら星』っていう曲じゃない？」（14・15行目）と言っていることから考えましょう。

2　書いた文字を消せるペン

解説《かいせつ》
桐《きり》が見つけたペンを見た柚《ゆず》が、「これ、書いた文字を消せるペンだ」（81ページ7行目）と言っていることから考えましょう。

3　イ

解説《かいせつ》
81ページ13・14行目に「残《のこ》った音符《おんぷ》がヒントなのかな？　えっと、残《のこ》っているのはファとソばかりだね」とあり、そのあとで「ソファ」にたどり着いています。

なぞ19　最後《さいご》のカード

82・83ページ

【82・83ページ】

1　文章

解説《かいせつ》
82ページ3・4行目に「最後《さいご》のカードを確認《かくにん》しました。そこには、こんな文章が書かれています」とあることから考えましょう。

2　どんなもの……本
背《せ》……背表紙《せびょうし》

解説《かいせつ》
83ページ4～7行目の柚《ゆず》の言葉に「ここには本がずらりと『整列』しているでしょ？　本棚《ほんだな》に本を並《なら》べたときに見える、タイトルが書かれた部分を背表紙《せびょうし》というって聞いたことがある」とあることから考えましょう。

3　（例《れい》）『あまのじゃく』という本の中ほどのページ。

解説《かいせつ》
「一冊《さつ》だけ、逆向《ぎゃくむ》きに入れられている本」（83ページ13・14行目）を桐《きり》が取りだすと、それは「『あまのじゃく』というタイトルのずいぶんと古い本」（15行目）で、柚《ゆず》がページをめくると「中ほどのページに鍵《かぎ》がはさまって」（17行目）いたのです。

なぞ20　鍵《かぎ》はだれの手に？

84～87ページ

【84・85ページ】

1　私《わたし》はこのシェアハウスの住人である。

解説《かいせつ》
——あの直前で、柚《ゆず》はE号室に紙を置《お》いた人物について、「桃山館《ももやまかん》の入居者《にゅうきょしゃ》としか考えられない」（84ページ8・9行目）と話していて、さらに紙の文章を読んで「やっぱり」（10行目）とつぶやいていることから考えましょう。

2　三人・鍵《かぎ》を持っていますか？

解説《かいせつ》
二人は、ヒントをどんどん使うよりも、「鍵《かぎ》を持っていますか？」とたずねることができる人数が多いほうがよいと考えたのです。

3　ウ

解説《かいせつ》
「鍵《かぎ》を持っていますか？」とたずねることができる人数が多いほうが、まちがってもまた聞き直せるため、鍵《かぎ》の持ち主を見つける確率《かくりつ》が高くなると二人は考えたのです。

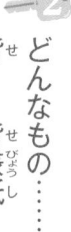

四字熟語《よじじゅくご》の問題にチャレンジ！

Ⓐ イ
Ⓑ イ
Ⓒ ア

言葉の学習

お話に出てきた四字熟語《よじじゅくご》の意味を確《たし》かめましょう。

縦横無尽《じゅうおうむじん》……思う存分《ぞんぶん》に、ものごとを行《おこな》っている様子。

自暴自棄《じぼうじき》……失望《しつぼう》して、投げやりになること。

【86・87ページ】

4 洋平《ようへい》・菜緒《なお》・千里《せんり》 ※順不同《じゅんふどう》

解説《かいせつ》

86ページ2行目の『「私《わたし》」は朝早く起きるより、夜おそくまで起きているほうが得意《とくい》』に合う人物をしぼっていることに注意して考えましょう。また、16行目、19行目の「あやしいと思う」という言葉にも注目しましょう。

5 （例《れい》）ヒントを一つ見てしまったから。

解説《かいせつ》

87ページ7〜10行目に「ヒントを一つ見てしまっているので、『鍵《かぎ》を持っていますか？』とたずねられるのは、二人までとなります」とあることから考えましょう。

なぞ21 一人目への質問《しつもん》

88・89ページ

【88・89ページ】

1 千里《せんり》

解説《かいせつ》

88ページ16・17行目に「二人は結局洋平《けっきょくようへい》には質問《しつもん》をせず、千里の部屋のドアをノックしました」とあることから考えましょう。また、このあとの部分から、二人が実際《じっさい》に千里に質問《しつもん》をしていることが読み取れます。

2 鍵《かぎ》を持っていますか？

解説《かいせつ》

89ページ3〜5行目に「千里《せんり》に向かって、二人は今度こそ声をそろえて、『鍵《かぎ》を持っていますか？』とたずねました」とあることから考えましょう。

3 鍵《かぎ》の持ち主・共犯者《きょうはんしゃ》

解説《かいせつ》

89ページ13〜15行目の千里《せんり》の言葉に「残念《ざんねん》ながら、ぼくは持っていないんだ。でもね、ヒントをあげるよ。実はぼくは共犯者《きょうはんしゃ》なんだ」とあることから考えましょう。

なぞ22 二人目への質問《しつもん》

90・91ページ

【90・91ページ】

1 太一《たいち》

解説《かいせつ》

91ページ18行目に「二人が声をそろえて問うと、太一はほほえみながらうなずきました」とあります。それまでの会話の内容《ないよう》からも、二人が太一をあやしんでいることが読み取れます。

2 （例《れい》）二人（桐《きり》と柚《ゆず》）になぞ解《と》きをさせて、楽しませようという動機《どうき》。

解説《かいせつ》

91ページ4〜6行目の柚の言葉に「いまいち動機《どうき》がはっきりしなかったけど、太一兄《たいちにい》のしわざなら納得《なっとく》できる。きっと私《わたし》たちになぞ解《と》きをさせて楽しませようと、仕組んだんだよ」とあることから考えましょう。

3 照明器具《しょうめいきぐ》・明かり・うそ（事実無根《じじつむこん》）

解説《かいせつ》

91ページ8〜15行目をよく読んで考えましょう。柚《ゆず》が千里《せんり》にたずねたところ、千里は部屋の明かりをつけていなかったばかりか、「E号室には照明器具《しょうめいきぐ》がない」（13行目）と答えています。この発言によって、太一《たいち》がうそをついていたことが発覚《はっかく》したのです。

6

菜《な》緒《お》さんは

解説《かいせつ》

——おの直前に「洋平《ようへい》さんと千里《せんり》さんに質問《しつもん》をしてみよう」とあります。菜緒が質問《しつもん》する対象《たいしょう》から外れたのは、「菜緒さんは今日仕事で、朝からここにいない」（87ページ15・16行目）ことに気づいたからです。

四字《よじ》熟語《じゅくご》の問題にチャレンジ！

D ア

E ア

F ウ

解説《かいせつ》

「一刻千金《いっこくせんきん》」は「わずかな時間が貴重《きちょう》なことのたとえ」、「大義名分《たいぎめいぶん》」は「ある行動のよりどころとなる正当な理由」、「一念発起《いちねんほっき》」は「あることを成《な》しとげようと心を決めること」という意味です。

言葉の学習

お話に出てきた四字熟語《よじじゅくご》の意味を確《たし》かめましょう。

用意周到《よういしゅうとう》……準備《じゅんび》が行《い》き届《とど》いていること。

暗中模索《あんちゅうもさく》……手がかりがないまま、あれこれ考えてやってみること。

四字《よじ》熟語《じゅくご》の問題にチャレンジ！

A ウ

B ウ

C イ

言葉の学習

お話に出てきた四字《よじ》熟語《じゅくご》の意味を確《たし》かめましょう。

優柔不断《ゆうじゅうふだん》……ぐずぐずしていて、なかなか決断《けつだん》できないこと。

十中八九《じっちゅうはっく》……ほとんど。高い割合《わりあい》で。

名誉挽回《めいよばんかい》……一度失《うしな》った信用《しんよう》や評判《ひょうばん》を取《と》り戻《もど》すこと。

四字《よじ》熟語《じゅくご》の解説《かいせつ》

千載一遇《せんざいいちぐう》……「載《ざい》」は「年」という意味です。

周章狼狽《しゅうしょうろうばい》……「周章《しゅうしょう》」「狼狽《ろうばい》」どちらも「あわてる」という意味です。「狼《ろう》」と「狽《ばい》」は、いつもいっしょにいるという伝説上《でんせつじょう》の動物のこと。片方《かたほう》がはなれると、たおれて動けなくなってしまうことから来ています。

四字《よじ》熟語《じゅくご》の問題にチャレンジ！

A ウ

B イ

C ア

言葉の学習

お話に出てきた四字《よじ》熟語《じゅくご》の意味を確《たし》かめましょう。

意気軒昂《いきけんこう》……元気で勢《いきお》いがある様子。

自作自演《じさくじえん》……自分の計画通りに、自分で演《えん》じること。

事実無根《じじつむこん》……証拠《しょうこ》がなく、でたらめであること。

四字《よじ》熟語《じゅくご》の解説《かいせつ》

難行苦行《なんぎょうくぎょう》……「行《ぎょう》」は、もとは仏教《ぶっきょう》の言葉で「修行《しゅぎょう》」という意味です。

意気軒昂《いきけんこう》……「軒昂《けんこう》」は「気持ちが高く上がること、奮《ふる》い立つこと」という意味です。

電光石火《でんこうせっか》……かみなりの光（電光《でんこう》）と、火打ち石を打ったときに出る火花は、とても素早《すばや》く短い時間であることから来ています。

心情《しんじょう》・性格《せいかく》を表す四字熟語《よじじゅくご》

四字熟語《よじじゅくご》	意味	書いてみよう
質実剛健《しつじつごうけん》	かざり気がなく誠実《せいじつ》で、心や体がたくましいこと。また、その様子。 「剛健質実《ごうけんしつじつ》」ともいう。	
純真無垢《じゅんしんむく》	純粋《じゅんすい》で清《きよ》らかな心であること。 「無垢《むく》」は、悪い心にけがされていないことを表す仏教《ぶっきょう》の言葉。	
一心不乱《いっしんふらん》	一つのことに熱中《ねっちゅう》して、他に気をとられないこと。 「一心《いっしん》」は一つに集中すること。 「不乱《ふらん》」は決して乱《みだ》れない、という意味。	
破顔一笑《はがんいっしょう》	顔をほころばせてにっこりと笑《わら》うこと。 「破顔《はがん》」は表情《ひょうじょう》が和《やわ》らいで顔をほころばせること。 「一笑《いっしょう》」は少し笑《わら》う、にっこりすること。	
頑固一徹《がんこいってつ》	一度決めたら、かたくなに考えや態度《たいど》を変《か》えようとしないこと。 「一徹《いってつ》」は最後《さいご》まで押《お》し通《とお》すという意味。	
厚顔無恥《こうがんむち》	恥知《はじし》らずで厚《あつ》かましい。他の人に迷惑《めいわく》がかかることを考えないこと。 「無恥厚顔《むちこうがん》」ともいう。	
泰然自若《たいぜんじじゃく》	全くあわてず、落ち着いている様子。 「泰然《たいぜん》」「自若《じじゃく》」どちらも、ものごとに動じず落ち着いているという意味。	

四字熟語《よじじゅくご》イラストクイズ

イラストが表している四字熟語《よじじゅくご》を考えて、マスに書いてみよう！

答えは132ページ

もっと四《よ》字《じ》熟《じゅく》語《ご》を楽しもう

このページでは、四字熟語《よじじゅくご》をさまざまなテーマに分けて紹介《しょうかい》するよ。四字熟語《よじじゅくご》の書き取りやイラストクイズにもチャレンジしてみてね！

70ページの答え

① 二人三脚《ににんさんきゃく》
② 相思相愛《そうしそうあい》
③ 意気投合《いきとうごう》

4章

桃《もも》山《やま》館《かん》の妖《よう》精《せい》さん

桃山館《ももやまかん》で過《す》ごす生活も終わりに近づいてきた
ある日、二人は桃山館にときどき現《あらわ》れる
「妖精《ようせい》さん」の存在《そんざい》を知ります。

多忙《たぼう》な管理人《かんりにん》の太一《たいち》をいつのまにか
手伝《てつだ》ってくれるという妖精《ようせい》さん。
太一の予想では、入居者《にゅうきょしゃ》の中に
妖精《ようせい》さんがいるようですが……。

「妖精《ようせい》さん」の正体を明らかにするため、
桐《きり》と柚《ゆず》は最後《さいご》のなぞにいどみます。

なぞ23

『妖精《ようせい》さん』のしわざ

朝、七時ごろに目覚《めざ》めた柚《ゆず》は、着がえて顔を洗《あら》い、リビングへ行きました。少し先に起きた桐《きり》が、一心不乱《いっしんふらん》にゲームをしています。

しかし、(あ)いつも六時ごろには起きているはずの太一《たいち》の姿《すがた》が見えません。

「太一兄、いないね。どうしたんだろう？」

「庭で水やりでもしてるのかな。」

二人で庭に出てみましたが、太一はいませんでした。

「昨日《きのう》、おそくまで仕事をするって言っていたよね。もしかして、まだ寝《ね》てるとか？」

桐が言うと、柚が首を横にふりました。

「でも、庭の水やりはもう済《す》んでいたよ。今朝《けさ》はいい天気なのに、地面や鉢《はち》の土がぬれていたもの。」

そのとき、「しまった！Ⓐ**空前絶後**《くうぜんぜつご》の大寝坊《おおねぼう》だ。」という声がして、太一が管理人室《かんりにんしつ》から顔を出しました。

「わっ、もう七時過《す》ぎか。ごめん、おなかすいた？　すぐに作るから。」

そう言う太一の顔はむくんでいて、せっかくの**眉目秀麗**《びもくしゅうれい》が台無《だいな》しです。

「おはよう、太一兄。ぼくたちなら大丈夫《だいじょうぶ》だよ。」

「ほんとごめん。しかもⒷ**厚顔無恥**《こうがんむち》に、お願《ねが》いしたいことがあるんだけど。」

学習日　／

1 ―(あ)それはなぜですか。合うものを選《えら》んで記号に○をつけましょう。

ア　庭で水やりをしていたから。

イ　寝坊《ねぼう》してまだ部屋にいたから。

ウ　朝《あさ》ご飯《はん》を買いに行っていたから。

2 ―(い)二人が戸惑《とまど》ったのはなぜですか。□に当てはまる言葉を文章中から探《さが》して書きましょう。

□は済《す》んでいたのに□にまたたのまれたから。

3 ―(う)どんな存在《そんざい》ですか。□に当てはまる言葉を文章中から十二文字で探《さが》して書きましょう。

太一《たいち》が、管理人《かんりにん》としての仕事を忘《わす》れたとき、

□□□□□□□□□□□□

「何？　私《わたし》たちにできることなら、なんでも言って。」

「ううっ、ありがとう！　庭の植物に水をあげてほしいんだ。」

　(い)これを聞いて、桐と柚は戸惑《とまど》いました。

「太一兄、忘《わす》れちゃったの？　庭の水やりならもう済《す》んでいたよ。」

「そんなはずはないよ。三時過《す》ぎまで仕事をしていたら、(C)**前後不覚**《ぜんごふかく》になってしまって、今、起きたんだ。だれかにやらせてしまったかな。だったら申《もう》し訳《わけ》ない。オレの仕事なのに……。」

　太一兄は落ちこみながらも、二人の朝《あさ》ご飯《はん》を用意してくれました。

　二人が朝食を食べ終えたころ、リビングに千《せん》里《り》がやってきました。そして、コーヒーをいれながら三人の話を聞くと、こう言ったのです。

「(う)また『妖精《ようせい》さん』のしわざじゃないの？」

「妖精《ようせい》さん？」

　桐と柚が同時に聞き返します。すると、太一が「妖精《ようせい》さん」について、説明《せつめい》してくれました。

「桐と柚がやってくる少し前から、ときどきこういうことが起こるんだ。管理人《かんりにん》としての仕事のうち、何かをするのを忘《わす》れたとき、だれかが代わりにやってくれているんだよ。」

存在《そんざい》。

四字熟語《よじじゅくご》の問題にチャレンジ！

次の四字熟語の意味に合うものを選《えら》び、記号に○をつけましょう。

Ⓐ **空前絶後**《くうぜんぜつご》

ア 予想通りに起こること。

イ ごく当たり前のこと。

ウ とてもめずらしいこと。

Ⓑ **厚顔無恥**《こうがんむち》

ア 仲《なか》のよい友人が多いこと。

イ 世間知らずで得意気《とくいげ》なこと。

ウ 恥知《はじし》らずで厚《あつ》かましいこと。

Ⓒ **前後不覚**《ぜんごふかく》

ア 道に迷《まよ》うこと。

イ 正常《せいじょう》な意識《いしき》ではないこと。

ウ 順番通《じゅんばんどお》りにいかないこと。

← 答えは124・125ページ

「そのだれかがわからないから、妖精《ようせい》のしわざってことにしているのね。」

「本当に妖精《ようせい》だったりして。」

桐《きり》は面白《おもしろ》がって言いましたが、太一《たいち》は困《こま》り顔《がお》です。

「ここの入居者《にゅうきょしゃ》のだれかが手伝《てつだ》ってくれているんだと思うんだ。それはありがたいし助かるけど、管理人《かんりにん》としての業務《ぎょうむ》はオレの仕事だから、たとえⒹ**不眠不休**《ふみんふきゅう》になっても、オレが責任《せきにん》をもってやらなくちゃいけない。だから、手伝《てつだ》わなくても大丈夫《だいじょうぶ》だよって、何度も言っているんだけど……。」

「みんなここで生活しているんだからさ。Ⓔ**共存共栄**《きょうそんきょうえい》ってことでいいんじゃない？　**完全無欠**《かんぜんむけつ》な人なんていないから、あんまり無理《むり》しないで。」

と言《い》い残《のこ》して、千里《せんり》は部屋へと戻《もど》っていきました。

「二人はさ、どう思う？　この話。」

千里が去ってしばらくしてから、太一は桐と柚《ゆず》にたずねました。

「どうって？」

「これは、今度こそ、オレが仕組んだなぞなんかじゃないんだ。数週間前から、オレはこのなぞにⒻ**四六時中**《しろくじちゅう》なやまされているんだよ。」

「でも、『妖精《ようせい》さん』がするのは、助かることばかりなんでしょ？　だったら、そんなに**頑固一徹**《がんこいってつ》な考え方をしなくてもいいんじゃない？」

桐がそう言っても、太一はしぶい顔をしたままです。

「でも、入居者《にゅうきょしゃ》に負担《ふたん》をかけているとしたら、申《もう》し訳《わけ》なくて……。」

「『妖精《ようせい》さん』ってだれだと思う？」

4 太一《たいち》は「妖精《ようせい》さん」の正体はなんだと考えていますか。文章中から探《さが》して十文字で書きましょう。

□□□□□□□□□□

5 太一は「妖精《ようせい》さん」がしてくれることについて、どう考えていますか。□に当てはまる言葉を文章中から探《さが》して書きましょう。

ありがたいし □ けど、
自分の仕事だから、入居者《にゅうきょしゃ》に □ をかけるのは申《もう》し訳《わけ》ない。

6 ―㋓こう言えるのは、太一についてどんなことがわかったからですか。合うものを選《えら》んで記号に○をつけましょう。

ア 今朝は水やりをしていないこと。
イ 今朝は朝食を作っていないこと。
ウ 今朝はそうじをしていないこと。

リビングで二人きりになったとき、柚は桐に小声でたずねました。

「わからないけど、あの様子だと太一兄がまた仕組んだとは思えないな。」

「今度こそは本当に自作自演《じさくじえん》じゃなさそうだよね。太一兄のアリバイが成立《せいりつ》したら、私《わたし》たちで妖精《ようせい》さんを見つけてあげるっていうのはどう？」

柚の提案《ていあん》に、桐は目をかがやかせてうなずきました。

二人はその夜、今朝《けさ》六時半過《す》ぎに家を出た真琴《まこと》に話を聞きました。

「今週は実習があって、毎朝この時間に出ているの。いつも管理人《かんりにん》さんに挨拶《あいさつ》してから行くんだけど、今朝《けさ》は姿《すがた》が見えなかった。植物への水やりはまだだったよ。」

この証言《しょうげん》をもとに、二人は話し合いました。

「ぼくが起きたのが六時四十分。時計を見たからはっきり覚《おぼ》えてる。」

「私《わたし》が起きて桐と庭に出たのは七時過《す》ぎ。そのとき、すでに水やりは終わっていた。」

「柚が起きるまで、ぼくはここにいたけど、太一兄が部屋を出入りする姿《すがた》は見ていないよ。」

「真琴さんが出ていってから、桐が起きるまでの数分間で、水やりを終えて部屋に戻《もど》るのは難《むずか》しいと思う。だから、[え]太一兄のアリバイは成立《せいりつ》するね。よし、『妖精《ようせい》さん』を探《さが》そう！」

二人は決意《けつい》を固《かた》めました。

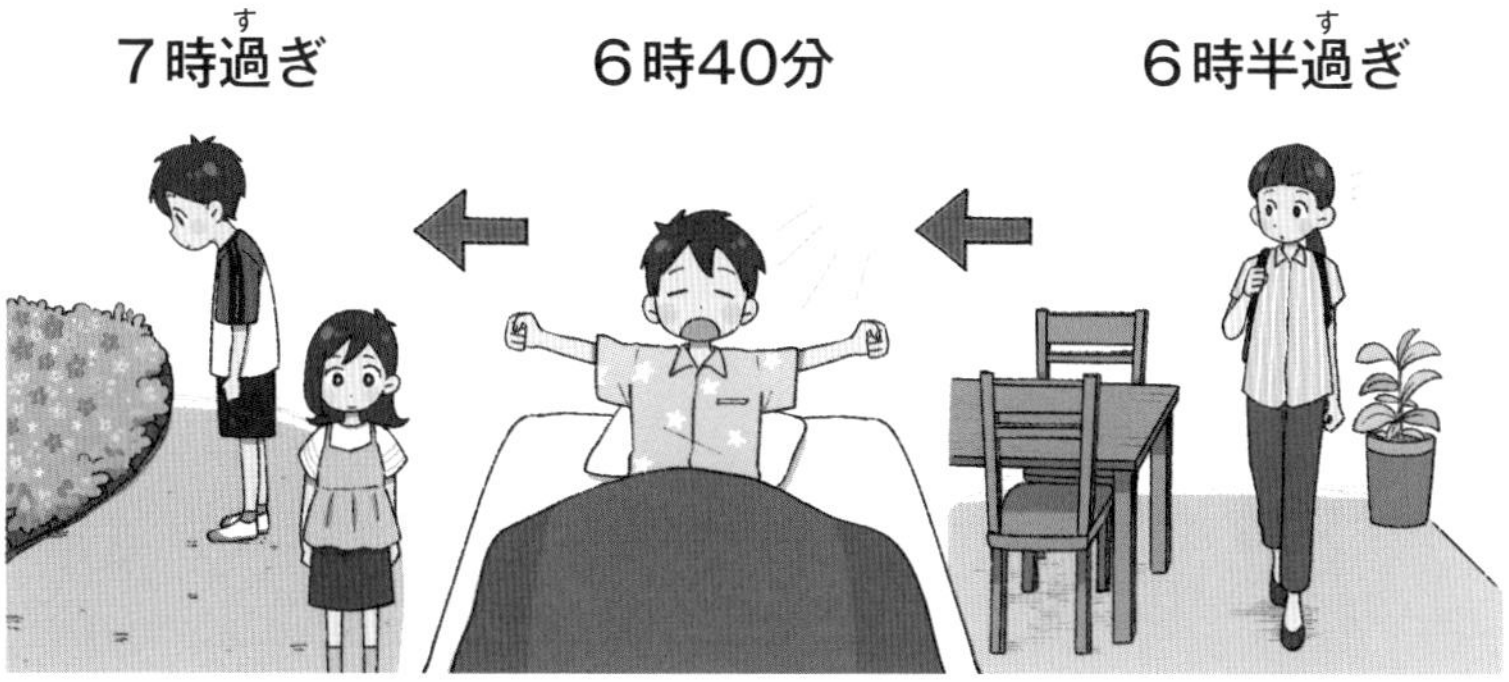

四字熟語《よじじゅくご》の問題にチャレンジ！

次の四字《よじ》熟語《じゅくご》を正しい意味で使っている文を選《えら》び、記号に○をつけましょう。

D 不眠不休《ふみんふきゅう》

ア 一日中、不眠不休《ふみんふきゅう》で寝《ね》ていた。
イ 不眠不休《ふみんふきゅう》で復旧作業《ふっきゅうさぎょう》を進める。
ウ 不眠不休《ふみんふきゅう》で疲労《ひろう》が回復《かいふく》する。

E 共存共栄《きょうそんきょうえい》

ア 多くの生物が共存共栄《きょうそんきょうえい》する。
イ 共存共栄《きょうそんきょうえい》の世界で勝ちぬく。
ウ 戦国《せんごく》の世は共存共栄《きょうそんきょうえい》の時代だった。

F 四六時中《しろくじちゅう》

ア 四六時中《しろくじちゅう》、見かけることがある。
イ 四六時中《しろくじちゅう》、流れ星を見た。
ウ 四六時中《しろくじちゅう》、本を読んでいる。

← 答えは124・125ページ

なぞ 24

のびすぎた枝《えだ》

「妖精《ようせい》さん」の正体をつきとめることにした二人は、桃山館《ももやまかん》の入居者《にゅうきょしゃ》たちに起こった不思議《ふしぎ》なできごとについて、話を聞くことから始めました。

二人はまず、D号室に住む真琴《まこと》に声をかけました。

「私《わたし》の部屋の窓《まど》の前にも大きな木があるの。もともとその枝《えだ》がⒶ**四方八方**《しほうはっぽう》にのびていたんだけど、窓《まど》を開け閉《し》めするとき、だんだんその枝《えだ》の先が引っかかりそうになってしまってね。」

そこで真琴は、太一《たいち》にどうしたらいいかと相談しました。

太一は、そのうち枝《えだ》を**取捨選択**《しゅしゃせんたく》して、じゃまになるものを切っておくと言ったそうです。

二、三日後、朝早くに起きた真琴が、窓《まど》を開けようとしたところ、引っかかりそうだった枝《えだ》がなくなっていることに気がつきました。

そこで学校へ向かう前、真琴は管理人室《かんりにんしつ》のドアをノックし、

「枝《えだ》の件《けん》、ありがとうございました。」

と言ったそうです。すると、太一はばつが悪そうに

「枝《えだ》の件《けん》？　ああ、ごめんね。まだ切っていなくて……。」

と答えたのです。

学習日　／

1　真琴《まこと》は、だれが木の枝《えだ》を切ってくれたのだと思いましたか。文章中から探《さが》して名前を書きましょう。

［　　］

2　――(あ)こうなったのはなぜですか。□に当てはまる言葉を文章中から探《さが》して書きましょう。

太一《たいち》が、窓《まど》に［　　］そうだった枝《えだ》がなくなった木を見て［　　］が自分でやったのだと言ったから。

3　真琴がもう一度確認《かくにん》したとき、太一はどう答えましたか。文章中から探《さが》して書きましょう。

［　　］

あまりにⒷ**言行一致**《げんこういっち》していないので、真琴は太一を庭へと連《つ》れだしました。そして、引っかかりそうだった枝《えだ》がなくなった木を指さしたのです。

すると、太一がおどろいて、

「へえ！　Ⓐ真琴さんが自分でやってくれたの？　すごいね。」

と言ったので、真琴はわけがわからなくなりました。

「いえ。管理人《かんりにん》さんがやってくれたんでしょう？　だから、お礼を言いたくて。」

「いやいや。オレは何もしていないよ。」

　こんなふうにⒸ**支離滅裂**《しりめつれつ》なやりとりが続《つづ》いたまま時間がなくなり、真琴は急いで学校へ向かったそうです。

「不思議《ふしぎ》っていうか、妙《みょう》な話だね。」

　そう言う桐《きり》に、真琴も同意します。

「そうでしょ。あとになって、管理人《かんりにん》さんが『何もしていないよ。』って言ったのは、管理人《かんりにん》として当然《とうぜん》のことをしたまでだっていう、**不言実**《ふげんじ》**行**《こう》の精神《せいしん》の表れだったのかなと思ったの。それで、もう一度確認《かくにん》してみたんだけど、本当に切っていないって言うんだよ。どう思う？」

　柚《ゆず》が、自分の意見を述《の》べます。

四字熟語《よじじゅくご》の問題にチャレンジ！

次の四字熟語《よじじゅくご》の意味に合うものを選《えら》び、記号に○をつけましょう。

Ⓐ **四方八方**《しほうはっぽう》
- ア　さまざまな手段《しゅだん》。
- イ　あらゆる方向。
- ウ　いろいろな形。

Ⓑ **言行一致**《げんこういっち》
- ア　二人が同じ言葉を発すること。
- イ　みんなの考えを一つにすること。
- ウ　言葉と行動が同じであること。

Ⓒ **支離滅裂**《しりめつれつ》
- ア　ばらばらでまとまりがないこと。
- イ　つながりが断《た》たれること。
- ウ　すべてがこわれてしまうこと。

←答えは124・125ページ

「太一兄《たいちにい》の性格《せいかく》からして、そんなふうにだまっておくとは思えないなあ。本当にしていないだけのような気がする。」

「そうなの？　だったら、だれがやってくれたんだと思う？　二階の窓《まど》にかかる枝《えだ》を切るなんて、通りがかりの人ができるようなことじゃないよね。脚立《きゃたつ》のような大きな道具だって必要《ひつよう》だろうし。」

真琴《まこと》のⒹ**思慮分別**《しりょふんべつ》のある物言いに、桐《きり》も柚《ゆず》も反論《はんろん》のしようがありません。

「だからね、私《わたし》は、ⓘ本当は管理人《かんりにん》さんがやってくれたんじゃないかなって思っているの。でも、何か事情《じじょう》があって話せないとか。」

「そんなこと、あるかなあ？」

半信半疑《はんしんはんぎ》の二人でしたが、それ以上《いじょう》は何も聞きだせず、話を終えるしかありませんでした。

桐と柚は、再《ふたた》び庭へと出てみました。

玄関《げんかん》とびらを開け、道路に面した鉄製《てっせい》の門へと歩いていく途中《とちゅう》、右側《みぎがわ》と左側《ひだりがわ》に分かれるようにして、庭が続《つづ》いています。

左側《ひだりがわ》は、リビングのはき出し窓《まど》から出られるようになっていて、ここに鉢植《はちう》えや地植えの植物があります。

一方、右側《みぎがわ》は道路と敷地《しきち》をへだてる垣根《かきね》と、その奥《おく》に物置《ものおき》があるだけで、がらんとしています。

例《れい》の木は、たしかに真琴が住むD号室の向かいにありました。

「『妖精《ようせい》さん』は、あの枝《えだ》をどうやって切ったんだろう？」

4　━ⓘ真琴《まこと》がこう思うのはなぜですか。□に当てはまる言葉を文章中から探《さが》して書きましょう。

枝《えだ》を切ることは、［　　　］にかかるような［　　　］にできるようなことではないから。

5　物置《ものおき》を調べた二人は、どんなものに目を留《と》めましたか。文章中から二十三文字で探《さが》して、最初《さいしょ》の五文字を書きましょう。

［　　　　　］

6　━5のものには、どんな特徴《とくちょう》がありましたか。合うものを選《えら》んで記号に◯をつけましょう。

ア　小さいがとても重い。

イ　子どもにはあつかえない。

ウ　細長くてかなり軽い。

「脚立《きゃたつ》を立てかけて切ったのかな？　でも、切っているところをだれかに見られる可能性《かのうせい》が高いよね。深夜や早朝は暗くて危険《きけん》だし。」

　考えてもわからないので、二人はⒺ**心機一転**《しんきいってん》、物置《ものおき》を調べてみました。ここにはもともと鍵《かぎ》がかかっておらず、だれでも開け閉《し》めすることができます。中には古い脚立《きゃたつ》の他、園芸用《えんげいよう》のスコップや古い鉢《はち》、そして先がハサミになっている、細長い棒《ぼう》のようなものがありました。

「何これ？」

　桐が慎重《しんちょう》に持ち上げます。それは見た目よりもずいぶんと軽く、拍子抜《ひょうしぬ》けしてしまうほどでした。

「私《わたし》、これ、ホームセンターで見たことがある。**老若男女**《ろうにゃくなんにょ》のだれでも、高いところにある枝《えだ》を楽に切ることができるハサミなんだって。Ⓕ**試行錯誤**《しこうさくご》の末《すえ》に開発したんだろうね。」

「へえ。たしかにこれなら、ぼくにでも切れそうだよ。こんなに長かったら、はしごも使わず数分で枝《えだ》を切ることができるだろうね。」

　自分で言いながら、桐はあることを思いついたようです。

「だったら、真琴さんが自分で切ることだってできるよね。」

　その言葉に、柚も大きくうなずきました。

四字熟語《よじじゅくご》の問題にチャレンジ！

次の四字熟語を正しい意味で使っている文を選《えら》び、記号に○をつけましょう。

Ⓓ 思慮分別《しりょふんべつ》

ア　思慮分別《しりょふんべつ》に欠《か》ける言動。

イ　深く考えずに思慮分別《しりょふんべつ》する。

ウ　思慮分別《しりょふんべつ》で直感にたよる。

Ⓔ 心機一転《しんきいってん》

ア　心機一転《しんきいってん》して運動にはげむ。

イ　心機一転《しんきいってん》して落ちこむ。

ウ　心機一転《しんきいってん》、転んでけがをする。

Ⓕ 試行錯誤《しこうさくご》

ア　試行錯誤《しこうさくご》もはなはだしい考え。

イ　試行錯誤《しこうさくご》を重ねる。

ウ　道路が試行錯誤《しこうさくご》している。

← 答えは126・127ページ

なぞ 25

真夜中に整う本棚《ほんだな》

真琴《まこと》が「妖精《ようせい》さん」かもしれないという可能性《かのうせい》を感じつつ、桐《きり》と柚《ゆず》は引《ひ》き続《つづ》き、桃山館《ももやまかん》の入居者《にゅうきょしゃ》が体験《たいけん》した不思議《ふしぎ》な話を聞くことにしました。

二人が次に声をかけたのは、A号室に住む洋平《ようへい》です。

「ぼくは柚ちゃんと同じで読書が好《す》きでね。**座右之銘**《ざゆうのめい》が『Ⓐ**読書百遍**《どくしょひゃっぺん》』なんだ。リビングにあるあの本棚《ほんだな》がお気に入りでね。」

洋平は、そこから興味《きょうみ》のある本を何冊《なんさつ》か見つくろって、ちょくちょく自分の部屋へ持ちこんでいたそうです。

二週間ほど前、大学の授業《じゅぎょう》やアルバイトで**東奔西走**《とうほんせいそう》する日が続《つづ》いたことがありました。

読書をするひまもなく、リビングから持ってきた本が、テーブルの上に積《つ》まれているだけになっていました。

だれか読みたい人がいるかもしれないし、本棚《ほんだな》に戻《もど》しておこうと思った洋平は、真夜中、十数冊《すうさつ》の本をかかえてリビングへ行き、棚《たな》の空いているところに、本を適当《てきとう》に差《さ》しこんだのでした。

ところが次の日、午前中の講義《こうぎ》が急に休みになり、ぽっかりと空き時間ができてしまいました。そこで洋平は、本棚《ほんだな》に返した本のうち、読み

学習日　／

1 洋平《ようへい》が本棚《ほんだな》に本を戻《もど》そうと思ったのは、どう考えたからですか。合うものを選《えら》んで記号に○をつけましょう。

ア 返さないとおこられるだろう。

イ 他の本を新たに借《か》りたい。

ウ 読みたい人がいるかもしれない。

2 ──(あ)どんな本ですか。文章中から探《さが》して八文字で書きましょう。

□□□□□□□□

3 ──(い)洋平がこう思ったのは、本棚《ほんだな》がどうなっていたからですか。□に当てはまる言葉を文章中から探《さが》して書きましょう。

先日まで□だったのに、段《だん》ごとにジャンルが

かけだった一冊《さつ》の続《つづ》きを読もうと思い立ったのです。

リビングへ行って本棚《ほんだな》を物色しましたが、なかなかその本が見当たりません。それは、Ⓑ**波瀾万丈**《はらんばんじょう》な人生を歩んだ冒険家《ぼうけんか》のエッセイでした。

「著者《ちょしゃ》がⒸ**博学多才**《はくがくたさい》で、とても面白《おもしろ》い本なんだ。たしかこの辺《へん》に戻《もど》したはずっていうところをいくら見ても、見当たらなかった。だれかが借《か》りたのかなと思ったけど、なかなかあきらめがつかなくて。それで、上から順《じゅん》に、一段《だん》一段《だん》、端《はし》から端《はし》へと本のタイトルを、指でたどっていったんだよ。」

すると、とうとう、(あ)一番下の段《だん》にその本があるのを発見しました。そのとき、洋平はあることに気づいたのです。

「その本がある段《だん》には、エッセイの本がまとめられていたんだ。そのあと、本棚《ほんだな》をよく見たら、段《だん》ごとにジャンルがまとまっていることがわかったんだよ。つい先日までは、ばらばらだったのに。」

柚が洋平にたずねます。

「それってつまり、(い)だれかが本棚《ほんだな》を整理したっていうこと？」

「おそらくね。」

「それが**神出鬼没**《しんしゅつきぼつ》な『妖精《ようせい》さん』のしわざっ

わかったから。

［　　　　］いることが

四字熟語《よじじゅくご》の問題にチャレンジ！

次の四字熟語《よじじゅくご》の意味に合うものを選《えら》び、記号に○をつけましょう。

Ⓐ **読書百遍**《どくしょひゃっぺん》
- ア 何度も読めば理解《りかい》できてくる。
- イ 自分の目で確《たし》かめたほうが早い。
- ウ さまざまな種類《しゅるい》の本を読むべきだ。

Ⓑ **波瀾万丈**《はらんばんじょう》
- ア 淡々《たんたん》としていてつまらないこと。
- イ 一つの問題が大きくなること。
- ウ 変化《へんか》が大きく劇的《げきてき》なこと。

Ⓒ **博学多才**《はくがくたさい》
- ア 才能《さいのう》はあるが知識《ちしき》がないこと。
- イ 物知りで多くの才能《さいのう》があること。
- ウ 知識《ちしき》はあるが才能《さいのう》がないこと。

答えは126・127ページ

てことか。」

そう言う桐《きり》の顔を、洋平《ようへい》が探《さぐ》るように見つめました。

「君たちは、妖精《ようせい》のしわざじゃないって思っているんだよね？」

「洋平さんは、どう思いますか？」

柚《ゆず》が洋平に質問《しつもん》を返します。

「妖精《ようせい》のしわざ、なんていうⒹ**美辞麗句**《びじれいく》、ぼくには通用しないよ。かといって、だれのしわざかまでは、ぼくにもわからないんだ。」

二人がうなずくと、洋平は自分の考えを聞かせてくれました。

「ぼくが本棚《ほんだな》に本を返しにいったのは、夜中の三時前。このときは、リビングはもちろん、ろうかもトイレも真っ暗で、だれも起きている気配はなかった。それから、再《ふたた》び本棚《ほんだな》に本を探《さが》しに行ったのは、同じ日の午前十時ごろ。管理人《かんりにん》さんは六時ごろには起きているみたいだし、他の入居者《にゅうきょしゃ》も六時ごろには徐々《じょじょ》に活動を始めるから、だれにも見られずに本棚《ほんだな》を整理できる時間は三時から六時の間の三時間ぐらい。そんな時《じ》間帯《かんたい》に、だれがこんなことをするのか。なんのためにするのか、ぼくにはⒺ**一切合切**《いっさいがっさい》わからないよ。」

4 洋平《ようへい》によると、だれかが本棚《ほんだな》の本を整理した時間帯《じかんたい》はいつだと考えられますか。文章中から探《さが》して書きましょう。

5 洋平の話を聞いた柚《ゆず》と桐《きり》は、だれのしわざだと考えましたか。文章中から探《さが》して名前を書きましょう。

6 ――㋒どんな動機《どうき》についてこう言いましたか。文章中の言葉を使って書きましょう。

この話を聞いていた二人の頭に、ある人物が同時にうかびました。

桐と柚は、再《ふたた》び二人きりになってから、その人物の話をしたのです。

その人物とは……。

「千里《せんり》さんでしょ?」

柚の言葉に、桐がうなずきました。

「そう。だって、千里さんなら、朝日がのぼるまでずっと起きていることだってできるし。」

「それに、本の整理っていうところも、ライターである千里さんっぽい気がする。でも、千里さんだっていう証拠《しょうこ》はないよね。」

「うん、そうだね。真琴《まこと》さんの可能性《かのうせい》もまだ捨《す》てきれない。真琴さんなら、本棚《ほんだな》を整理したあとで学校へ行くかもしれないし。」

「私《わたし》も同じことを考えたよ。でも、だれが『妖精《ようせい》さん』だとしても、洋平さんの言うように、目的《もくてき》が全然《ぜんぜん》わからないね。」

二人の推理《すいり》は、再《ふたた》び行きづまってしまいました。

「単《たん》に太一兄《たいちにい》を助けたいとか、そういう気持ちなのかもしれない。だって、前の管理人《かんりにん》さんから、急に太一兄に変《か》わったんだよね。ここの入居者《にゅうきょしゃ》たちなら、みんな自分のことのように、大変《たいへん》だろうなって**一心同体**《いっしんどうたい》に感じるんじゃないかな?」

「それはあるかもしれない。でも、(う)それが動機《どうき》だったら、みんなが『妖精《ようせい》さん』である可能性《かのうせい》が出てきちゃうよ。」

二人の「妖精《ようせい》さん」探《さが》しへの熱意《ねつい》が、(F)**竜頭蛇尾**《りゅうとうだび》となりつつありました。

四字熟語《よじじゅくご》の問題にチャレンジ!

次の四字熟語《よじじゅくご》を正しい意味で使っている文を選《えら》び、記号に○をつけましょう。

(D) 美辞麗句《びじれいく》

ア 景色《けしき》を見て美辞麗句《びじれいく》をよむ。

イ 大声で美辞麗句《びじれいく》を浴《あ》びせる。

ウ 美辞麗句《びじれいく》を並《なら》べる。

(E) 一切合切《いっさいがっさい》

ア 一切合切《いっさいがっさい》には身《み》につかない。

イ 一切合切《いっさいがっさい》の元気もない。

ウ これからは一切合切《いっさいがっさい》気にしない。

(F) 竜頭蛇尾《りゅうとうだび》

ア 公演《こうえん》は竜頭蛇尾《りゅうとうだび》に終わった。

イ 竜頭蛇尾《りゅうとうだび》のような山道。

ウ 竜頭蛇尾《りゅうとうだび》が夜空にうかぶ。

← 答えは126・127ページ

なぞ26

移動《いどう》する洗濯物《せんたくもの》

二人が家へ帰る日がせまっていました。まさに**背水之陣**《はいすいのじん》です。なんとかこの**難攻不落**《なんこうふらく》のなぞを解決《かいけつ》したいところですが、そう簡単《かんたん》にⒶ**快刀乱麻**《かいとうらんま》を断《た》つとはなりません。

次に声をかけたのは、二人がもっともあやしんでいる千里《せんり》でした。

しかし、㋐千里もまた不思議《ふしぎ》なことを体験《たいけん》したというのです。

「二人も知っての通り、ぼくはいつも自分の部屋で仕事をしている。そんなに広い部屋じゃないから、洗濯物《せんたくもの》をたくさん部屋の中に干《ほ》すのは、できればさけたいんだ。仕事中の視界《しかい》のすみに、洗濯物《せんたくもの》がちらちらすると気が散《ち》るんでね。」

そこで千里は、下着以外《いがい》のTシャツやジーンズ、パーカなどといったものは、Ⓑ**青天白日**《せいてんはくじつ》のもと、庭へ干《ほ》すことにしているそうです。

しかし、雨が続《つづ》いたときには困《こま》ってしまいます。一人分とはいえ、何日も洗濯《せんたく》をしないわけにはいきません。

在宅勤務《ざいたくきんむ》であることをいかし、ちょっとの晴れ間ものがさないようにして、外に干《ほ》すようにしていたといいます。

「ある日の夕方、久々《ひさびさ》に雨が上がったから、夕食前に洗濯物《せんたくもの》を干《ほ》したんだ

学習日　／

1 ―㋐どんなことですか。□に当てはまる言葉を文章中から探《さが》して書きましょう。

庭に干《ほ》していたはずの［　　］が、桃山館《ももやまかん》の［　　］を上がったところに、移動《いどう》していたこと。

2 **1**は、何時までに行《おこな》われていましたか。文章中から探《さが》して書きましょう。

［　　］まで

3 ―㋑二人が混乱《こんらん》したのは、「妖精《ようせい》さん」のしわざについて、どう考えたからですか。合うものを選《えら》んで記号に○をつけましょう。

㋐ 千里《せんり》にちがいない。

㋑ 千里ではないかもしれない。

㋒ 千里がうそを言っている。

よ。だけど、いくら夏とはいえ、夕方から干《ほ》したんじゃ、なかなかかわかない。天気予報《てんきよほう》を調べたら、次の日の昼ごろまで降《ふ》らないってことだったから、Ⓒ**不承不承《ふしょうぶしょう》**、夜通し干《ほ》しておくことにしたんだ。」

その日も夜中まで仕事をしていた千里でしたが、つかれがたまっていたので、きりのいいところで休みました。昼までには目が覚《さ》めるだろうと思い、アラームをセットしないでねむったそうです。

ところが、天気予報《てんきよほう》が外れて、翌朝《よくあさ》の四時ごろに雨が降《ふ》り始《はじ》めました。千里はもちろん、住民《じゅうみん》たちもみんなまだねむっていて、だれも雨には気づいていません。

「六時過《す》ぎに雨音で目が覚《さ》めて、こりゃ**絶体絶命《ぜったいぜつめい》**だと思ったんだ。ところが、庭へ向かったら、なかったんだよ。洗濯物《せんたくもの》が全部。管理人《かんりにん》さんに聞いたら、六時に起きてリビングのカーテンを開けたときは、すでになかったって言うんだ。」

不思議《ふしぎ》に思いつつも、千里がいったん部屋へ戻《もど》ろうとしたら、階段《かいだん》を上がったところのスペースに、洗濯用《せんたくよう》のロープがかけてあり、千里の洗濯物《せんたくもの》が干《ほ》してあったそうです。

話しぶりからして、㋑千里がうそを言っているようには思えなかった二人は、ますます混乱《こんらん》してしまいました。

四字熟語《よじじゅくご》の問題にチャレンジ！

次の四字熟語《よじじゅくご》の意味に合うものを選《えら》び、記号に○をつけましょう。

Ⓐ **快刀乱麻《かいとうらんま》**
㋐ 複雑《ふくざつ》にからまっていること。
㋑ 問題を見事に解決《かいけつ》すること。
㋒ 正体をつかめないどろぼう。

Ⓑ **青天白日《せいてんはくじつ》**
㋐ よく晴れた天気。
㋑ どんよりとくもった空模様《そらもよう》。
㋒ 青空にうかぶ太陽。

Ⓒ **不承不承《ふしょうぶしょう》**
㋐ いやいや行《おこな》うこと。
㋑ すんなり聞き入れること。
㋒ 最後《さいご》まであきらめないこと。

答えは128・129ページ

なぞ
27

入《にゅう》居《きょ》者《しゃ》全員のアリバイ

「だれもうそを言っているようには思えないね。」

「うーん。そうだね。Ⓐ**大根役者**《だいこんやくしゃ》がいないだけかもしれないけど。」

そんなことを話しながら、二人がリビングへ行くと、たまたま鈴子《すず こ》と菜緒《なお》がお茶を飲んでいました。桐《きり》と柚《ゆず》は**虚心坦懐**《きょしんたんかい》に、二人の話を聞かせてもらうことにしたのです。

鈴子はある日、女子トイレのトイレットペーパーのストックがなくなってきたことに気づき、太一《たいち》に報告《ほうこく》したといいます。

「でも、そのあとで、女子トイレに入るのは、仕事とはいえ気まずいだろうなって思ったの。だから次の日、買ってきてもらえたら、私《わたし》がトイレの中の棚《たな》に入れておきますって言おうとしたのよ。」

しかし、次の日の朝、女子トイレの棚《たな》には、すでに一定数のトイレットペーパーが納《おさ》められていたのです。

鈴子がお礼を言おうとすると、太一のほうから話しかけてきました。

「トイレットペーパーだけど、女性《じょせい》が全員出かけたときにトイレのそうじをしているから、そのときに棚《たな》に入れようと思って、まだ納戸《なんど》に置《お》いてあるんだ。もし、すぐに必要《ひつよう》だったら、納戸《なんど》から持っていってくれる?」

学習日

／

1 ―Ⓐ鈴子《すずこ》はどんなことについてこう思ったのですか。□に当てはまる言葉を文章中から探して書きましょう。

女子トイレの棚《たな》には、すでに □ があったのに、太一《たいち》が □ に置《お》いてあると言ったから。

2 夜に帰宅《きたく》した菜緒《なお》は、どんなことに気づきましたか。文章中の言葉を使って書きましょう。

□

3 ―Ⓘ菜緒以外《いがい》の住人の様子がわかる連続《れんぞく》した二文を探《さが》し、それぞれの最初《さいしょ》の五文字を書きましょう。

□□□□□

(あ)変《へん》だなと思いつつも、鈴子が納戸《なんど》を開けると、「女子トイレ用」という紙がはられたトイレットペーパーが、未開封《みかいふう》のまま置《お》いてありました。

また、菜緒の話には、かなり重要《じゅうよう》な証言《しょうげん》が含《ふく》まれていました。(い)日曜日、晴れてⒷ相思相愛《そうしそうあい》となった恋人《こいびと》と食事をすることになった菜緒は、夕方ごろに桃山館《ももやまかん》を出発しました。そのとき、庭の雑草《ざっそう》がだいぶのびていたことが気になったといいます。しかし、夜十時過《す》ぎに帰宅《きたく》したときは、その雑草《ざっそう》がきれいさっぱりなくなっていたのです。

その夜は、菜緒以外《いがい》の住人はたまたま全員家にいて、みんなで和気藹藹《わきあいあい》と、テレビでサッカーの試合《しあい》を見ていたそうです。試合《しあい》運びにⒸ一喜一憂《いっきいちゆう》しつつ、最終的《さいしゅうてき》には勝利《しょうり》に歓喜《かんき》し、そのあとはお笑《わら》い番組を見て、捧腹絶倒《ほうふくぜっとう》していたそうです。そこへ菜緒が帰宅《きたく》したのでした。

「雑草《ざっそう》がなくなったことは、もう暗くなっていたし、だれにも確認《かくにん》はしなかったの。草がのびていたところの写真をとっていたわけでもないし……。でも、あとで管理人《かんりにん》さんが、『草むしりをしてくれたのはだれ？　助かったよ。』って言っていたから、やっぱりだれかが草むしりをしたんだと思ったのよ。」

桐と柚は顔を見合わせました。

四字熟語《よじじゅくご》の問題にチャレンジ！

次の四字熟語《よじじゅくご》の意味に合うものを選《えら》び、記号に○をつけましょう。

Ⓐ **大根役者《だいこんやくしゃ》**

ア　顔を白くぬった役者。

イ　演技力《えんぎりょく》のない役者。

ウ　初《はじ》めて舞台《ぶたい》に立った役者。

Ⓑ **相思相愛《そうしそうあい》**

ア　相手のすべてを愛《あい》すること。

イ　相手よりも思いが強いこと。

ウ　おたがいしたっていること。

Ⓒ **一喜一憂《いっきいちゆう》**

ア　状況《じょうきょう》の変化《へんか》にふり回されること。

イ　感情《かんじょう》の表現《ひょうげん》が豊《ゆた》かであること。

ウ　喜《よろこ》びのあとには悲しみがあること。

答えは128・129ページ

なぞ28 太《た》一《いち》兄《にい》の決意

桐《きり》と柚《ゆず》は今、みんなから聞いた話を改《あらた》めて整理しつつ、わかったことを太一《たいち》に知らせています。

「不思議《ふしぎ》な体験《たいけん》をしたことがあるのは、太一兄含《ふく》めて全員だったよ。」

桐のあとに、柚も続《つづ》けます。

「それから、『妖精《ようせい》さん』は、早朝や夜のおそい時間に現《あらわ》れて、住人にとって何かしら役に立つことをしてくれていた。**私利私欲**《しりしよく》を満《み》たそうという行動は一切ない。」

二人の報告《ほうこく》を聞いて、太一は長いため息をつきました。

「そんなⒶ**聖人君子**《せいじんくんし》、本当にいるのかな。千里《せんり》さんの洗濯物《せんたくもの》を取りこんでくれた話や、洋平《ようへい》さんの本を整理してくれた話から考えると、『妖精《ようせい》さん』は早朝に桃山館《ももやまかん》の中に入りこんでいるんだな。」

二人が同時にうなずきます。

「最近《さいきん》は防犯《ぼうはん》のために、夜間や早朝は外の門にも鍵《かぎ》をかけているんだ。チャイムを鳴らすことなく庭や建物《たてもの》の中に入ってこられるのは、兼用《けんよう》の鍵《かぎ》を持っている住人だけ。鍵《かぎ》はⒷ**門外不出**《もんがいふしゅつ》のはずなのに。」

太一はさらに続《つづ》けます。

「だけど、その菜緒《なお》さんの話。たしかにあの日は、菜緒さん以外《いがい》はみんな

学習日　／

1 「妖精《ようせい》さん」が現《あらわ》れる時間を文章中から探《さが》して十文字で書きましょう。

2 ―あ 太一《たいち》がこの可能性《かのうせい》はないと考えるのはなぜですか。□に当てはまる言葉を文章中から探《さが》して書きましょう。

□がSNS《エスエヌエス》に、この日の七時ごろから□の写真をアップしているから。

3 「妖精《ようせい》さん」をつかまえようとするのは、何が問題だからですか。文章中の言葉を使って書きましょう。

リビングにいた。帰ってきた菜緒さんも合流して、十一時過《す》ぎまで全員いたんだ。草むしりが済《す》んでいることに気づいたのは、次の日だった。その夜、菜緒さんが出かけている間にだれかが草むしりをしたとして、それがここの入居者《にゅうきょしゃ》じゃないとしたら、一体何が目的《もくてき》なんだ？」

桐が、太一をなだめるように、こんなことを言いました。

Ⓐ「菜緒さんが草むしりをしていたっていう可能性《かのうせい》もあるよね。実際《じっさい》に食事に行ったかどうかは、だれも見たわけじゃないし。」

すると、太一がスマートフォンを取りだし、ある画面を見せました。

「これ、菜緒さんのＳＮＳ《エスエヌエス》だよ。ほら、この日の七時から、いくつか食事や風景《ふうけい》の写真をアップしている。**比翼連理《ひよくれんり》**の彼氏《かれし》とデートに行く服《ふく》装《そう》で、草むしりはしないだろう。」

自分でそう言っておいて、太一はさらに落ちこんでしまいました。

「ああ、結局《けっきょく》『妖精《ようせい》さん』は、入居者《にゅうきょしゃ》じゃないのか。入居者《にゅうきょしゃ》じゃない人が、庭や建物《たてもの》に出入りしているのなら、これは相当大変《たいへん》なことだぞ。**自由闊《じゆうかっ》達《たつ》**になんて受け止めてはいられない。Ⓒ**乾坤一擲《けんこんいってき》**の大勝負を打って、つかまえないと！」

太一は二人を手招《てまね》きすると、小声で作戦《さくせん》を教えてくれました。

四字熟語《よじじゅくご》の問題にチャレンジ！

次の四字熟語《よじじゅくご》の意味に合うものを選《えら》び、記号に○をつけましょう。

Ⓐ **聖人君子《せいじんくんし》**
- ア 立派《りっぱ》で理想的《りそうてき》な人物。
- イ 語りつがれる伝説上《でんせつじょう》の人物。
- ウ 神話に登場する人物。

Ⓑ **門外不出《もんがいふしゅつ》**
- ア 門限《もんげん》を過《す》ぎたら外出させないこと。
- イ 門を閉《し》めて建物《たてもの》の中にこもること。
- ウ 貴重《きちょう》なものを外に出さないこと。

Ⓒ **乾坤一擲《けんこんいってき》**
- ア 運命をかけて大勝負にいどむこと。
- イ 気合いを入れて練習すること。
- ウ 大声を出して応援《おうえん》すること。

答えは128・129ページ

なぞ 29

妖《よう》精《せい》確《かく》保《ほ》大《だい》作《さく》戦《せん》！

　太一《たいち》の作戦《さくせん》はこうでした。

(あ)「『妖精《ようせい》さん』がつい手を貸《か》したくなるような状況《じょうきょう》をつくりだし、現《あらわ》れそうな時間帯《じかんたい》は、オレたちが交代でずっと見張《みは》って、やってきたらとらえるんだ。Ⓐ**人海戦術**《じんかいせんじゅつ》ってほどじゃないけど、Ⓑ**一蓮托生**《いちれんたくしょう》でがんばるぞ。」

「わなをしかけるってことね。それで、どういう状況《じょうきょう》をつくるの？」

　柚《ゆず》がたずねると、桐《きり》が手を挙《あ》げました。

「はいっ！　ぼく、思いついたよ。千里《せんり》さんのときみたいに、洗濯物《せんたくもの》を干《ほ》しっぱなしにしておくっていうのは？」

「なるほど。その状況《じょうきょう》が一番つくりやすそうだな。」

　太一はすぐに、スマートフォンのアプリで天気を調べました。

「おっ、明日の朝四時過《す》ぎ、雨が降《ふ》りそうだ。取りこみを忘《わす》れたふりをして、干《ほ》しっぱなしにしておこう。勝率《しょうりつ》は**五分五分**《ごぶごぶ》っていうところかな。」

「天気予報《てんきよほう》が当たればね。Ⓒ**百発百中**《ひゃっぱつひゃくちゅう》ってわけにはいかないもの。もし外れて、雨が降《ふ》らなかったら、『妖精《ようせい》さん』はきっと現《あらわ》れないだろうな。」

「柚、信《しん》じる者《もの》は救《すく》われるっていうだろ。天気予報《てんきよほう》を信《しん》じよう。」

　そういうわけで、三人は「妖精《ようせい》さん」をおびき出す作戦《さくせん》を決行することにしたのです。

学習日　／

1　―(あ)どんな状況《じょうきょう》をつくりだすことにしましたか。文章中から探《さが》して十五文字で書きましょう。

2　―(い)なんのためですか。合うものを選《えら》んで記号に○をつけましょう。

ア　入居者《にゅうきょしゃ》が気づくため。

イ　太一《たいち》が忘《わす》れないため。

ウ　「妖精《ようせい》さん」が気づくため。

3　―(う)真っ暗なままにしているのはなぜですか。□に当てはまる言葉を文章中から探《さが》して書きましょう。

明るいと［　　　　］と思い、「妖精《ようせい》さん」がその日の夕方ごろ、(い)太一は大きめのタオルやジーンズなど、目立つものを庭に干《ほ》しました。

夜、いつも通り十時ごろにはふとんに入った桐と柚でしたが、早朝の四時ごろに太一に起こされました。

「うう、なんで起こすの？　まだねむいよう。」

桐は寝《ね》ぼけて、作戦《さくせん》をすっかり忘《わす》れているようです。しばらく、ふとんの中でもぞもぞしていましたが、数分後にがばっと起き上がりました。

「そうだった！　作戦《さくせん》っ！」

柚が「しーっ！」と言って、(う)桐の口をふさぎます。横には太一もいましたが、ゲストルームの中は真っ暗なままです。

「どうして電気をつけないの？」

「つけたら起きてる人がいると思って、妖精《ようせい》さんが来ないかもしれないじゃない。」

柚が小声で答えます。だんだん、暗がりに目が慣《な》れてきて、みんなの顔が見えてきました。

桐はほっとして、太一にたずねます。

「もし、本物の妖精《ようせい》が現《あらわ》れたらどうするの？」

太一は笑《わら》って、こう言いました。

かもしれないから。

四字熟語《よじじゅくご》の問題《もんだい》にチャレンジ！

次の四字熟語の意味に合うものを選《えら》び、記号に○をつけましょう。

Ⓐ **人海戦術《じんかいせんじゅつ》**

ア 陸《りく》ではなく海からせめること。

イ 多くの人数で対応《たいおう》すること。

ウ 人の波が海のように見えること。

Ⓑ **一蓮托生《いちれんたくしょう》**

ア 一人で我《わ》が道《みち》を生きていくこと。

イ 行動や運命を共《とも》にすること。

ウ 代表者に思いをたくすこと。

Ⓒ **百発百中《ひゃっぱつひゃくちゅう》**

ア 何度も挑戦《ちょうせん》して当たること。

イ 予測《よそく》がすべて当たること。

ウ 予想がだいたい当たること。

←答えは130・131ページ

「うーん、まずはなんでこんなことをするのか聞きたいな。その理由に納《なっ》得《とく》できたら、妖精《ようせい》さんの魔法《まほう》で『なぞ解《と》きランド』へ連《つ》れていってもらおうか。なあ、桐《きり》。」

　うなずきながら桐は、Ⓓ**極楽浄土**《ごくらくじょうど》にでもいるようないい気分になって、再《ふた》びうとうとしてしまいました。そのとき、窓《まど》の外を見ていた柚《ゆず》が、

「だれか来た！」

とささやいたのです。

　白み始めた空からは、すでに小雨《こさめ》がぱらついていました。

　頭にスカーフをかぶり、サングラスをかけた小がらな人物が、音をたてないよう慎重《しんちょう》に門を開けて、庭へと入りこんできました。

「よし、千載一遇《せんざいいちぐう》のチャンスだぞ。やっぱり入居者《にゅうきょしゃ》以外《いがい》の人物が鍵《かぎ》を持っているのか。」

　太一《たいち》は苦虫をかみつぶすような顔で言うと、二人に指示《しじ》しました。

「さっそく洗濯物《せんたくもの》を取りこんでいるな。よし、Ⓔ**先手必勝**《せんてひっしょう》だ。今のうちにリビングへ移動《いどう》しよう。二人は隠《かく》れているんだぞ。あとは**臨機応変**《りんきおうへん》に！」

　三人がリビングへ移動《いどう》しているうちに、「妖精《ようせい》さん」は再《ふた》び静《しず》かに玄関《げんかん》とびらの鍵《かぎ》を開け、桃山館《ももやまかん》の中へと入ってきました。

　そして、リビングへ立ち入ろうとしたとき、ぱっと明かりがともり、「妖精《ようせい》さん」の姿《すがた》がさらされました。太一が照明《しょうめい》のスイッチを入れながら、

「**問答無用**《もんどうむよう》！」と大声を出します。

「あらあら、とうとう見つかっちゃったわね。」

4 柚《ゆず》が窓《まど》から見たのは、どんな人物でしたか。文章中から二十六文字で探《さが》し、最初《さいしょ》と最後《さいご》の五文字を書きましょう。

□□□□□ ～ □□□□□

5 「妖精《ようせい》さん」の正体はだれでしたか。□に当てはまる言葉を文章中から探《さが》して書きましょう。

桃山館《ももやまかん》の □ の □ さん

6 太一《たいち》は5の人物が、どこにいると思っていましたか。文章中から探《さが》して書きましょう。

□

「妖精《ようせい》さん」はそう言うと、スカーフとサングラスを外しました。その姿《すがた》を見て、太一がすっとんきょうな声を上げたのです。

「登美子《とみこ》さんっ!?」

桐も柚もわけがわからず、「妖精《ようせい》さん」改《あらた》め「登美子さん」と、太一を代わる代わる見ています。

「おどろかせるつもりはなかったのよ。でもね、私《わたし》の体調のせいでばたばたと管理人《かんりにん》の仕事を押《お》しつけちゃったでしょう。どうしているか気になって。少しでも手伝《てつだ》えたらって思ってね。」

どうやら、「登美子さん」というのは、桃山館の元・管理人《かんりにん》さんのようです。

「えっ、だって、四国からハガキを送ってくれましたよね？　ほら、そこにはってあるのに。」

「ええ、たしかにいったんは移住《いじゅう》したんだけど、そのあとでむすめのだんなさんが急にこっちで仕事をすることになってね。それで、みんなで引《ひ》っ越《こ》してきたのよ。そのうちちゃんと挨拶《あいさつ》に来るつもりだったんだけど……。びっくりさせてごめんなさいね。」

「言ってくださいよ。Ⓕ**一人相撲《ひとりずもう》**をとってしまったじゃないですか。」

太一は安心したと同時に、緊張《きんちょう》がとけて、へなへなと床《ゆか》に座《すわ》りこんでしまいました。

四字熟語《よじじゅくご》の問題にチャレンジ！

次の四字熟語《よじじゅくご》を正しい意味で使っている文を選《えら》び、記号に○をつけましょう。

D 極楽浄土《ごくらくじょうど》

ア 悲しいことが続《つづ》いて極楽浄土《ごくらくじょうど》だ。

イ 極楽浄土《ごくらくじょうど》のように美しい場所。

ウ 極楽浄土《ごくらくじょうど》に試練《しれん》はつきものだ。

E 先手必勝《せんてひっしょう》

ア あとから先手必勝《せんてひっしょう》する。

イ 先手必勝《せんてひっしょう》をねらう。

ウ 先手必勝《せんてひっしょう》して負ける。

F 一人相撲《ひとりずもう》

ア 結局《けっきょく》は一人相撲《ひとりずもう》でむなしい。

イ 二人で一人相撲《ひとりずもう》をとる。

ウ 相手を想定して一人相撲《ひとりずもう》をとる。

答えは130・131ページ

なぞ30

最後《さいご》の夜

「妖精《ようせい》さん」こと登美子《とみこ》は、気を取り直した太一《たいち》にすすめられ、リビングのソファに腰《こし》かけました。太一がお茶をいれると、それをゆっくりとすすりながら、何度も謝《あやま》りました。

「そんなに謝《あやま》らなくていいんですよ。ここのオーナーなんだし、**威風堂堂**《いふうどうどう》といらしてください。登美子さんに会えたら、みんな喜《よろこ》びますし。」

登美子は桃山館《ももやまかん》の持ち主でもあるようです。そんなⒶ**天下御免**《てんかごめん》の存在《そんざい》なら、鍵《かぎ》を持っていても不思議《ふしぎ》ではないと、桐《きり》も柚《ゆず》も納得《なっとく》しました。

「この二人、オレの従弟妹《いとこ》なんですけど、遊びにきていて明日帰るんです。今夜はここで夕飯《ゆうはん》を**大盤振舞**《おおばんぶるまい》しようって話していて。よかったら登美子さんも来てください。**前途洋洋**《ぜんとようよう》たる二人をいっしょに送りましょう。」

えんりょする登美子を、桐と柚もいっしょになってさそいました。

「それはⒷ**恐悦至極**《きょうえつしごく》だわ。改《あらた》めて夜にまたおじゃまさせてもらうわね。」

と言《い》い残《のこ》し、登美子は家へと帰っていきました。

太一から、夕飯前《ゆうはんまえ》に帰る支度《したく》を済《す》ませておくように言われた二人は、ゲストルームで荷物の整理を始めました。

約束《やくそく》の時間になり、二人は部屋を出てリビングへ向かいましたが、な

学習日

／

1 登美子《とみこ》が桃山館《ももやまかん》の鍵《かぎ》を持っていたのはなぜですか。文章中の言葉を使って書きましょう。

2 ―Ⓐみんなは何をしてくれたのですか。□に当てはまる言葉を文章中から探《さが》して書きましょう。

桐《きり》と柚《ゆず》の□を祝《いわ》って、「ハッピーバースデー」を□くれた。

3 ―Ⓑどんなメッセージに対する返事でしたか。五文字で考えて書きましょう。

ぜか真っ暗です。分厚《ぶあつ》いカーテンが閉《し》められているようでした。

「何これ？　だれもいないの？　桐、電気をつけて。」

パチッと音がして電気がついた瞬間《しゅんかん》、

「桐、柚、お誕生日《たんじょうび》おめでとう！」

という太一の声を合図に、洋平《ようへい》、千里《せんり》、菜緒《なお》、真琴《まこと》、鈴子《すずこ》、そして登美子までもが、「ハッピーバースデー」を歌ってくれたのです。

「わあっ、びっくりした。みんな、ありがとう！」

「なぞ解《と》きに夢中《むちゅう》で、今日が誕生日《たんじょうび》だって忘《わす》れてたね。」

（あ）素敵《すてき》なサプライズに、二人は思わずなみだぐんでしまいました。それから、みんなが用意してくれたごちそうやケーキを食べ、二人はとっても幸せな気持ちで十一歳《さい》をむかえました。ⓒ未《み》来永劫《らいえいごう》、忘《わす》れられない誕生日《たんじょうび》となりました。

次の日、バス停《てい》まで見送ってくれた太一に、二人は折《お》りたたんだ小さな紙をわたしました。

そこにあったのは「いたきたま」の文字。

「なんだ？　ああ、こっちから読むのか。」

（い）太一から二人へ、すぐにメールで返事が届《とど》きました。そこには「またいつでもおいで。」と書いてありました。

四字熟語《よじじゅくご》の問題にチャレンジ！

次の四字熟語の意味に合うものを選《えら》び、記号に○をつけましょう。

Ⓐ **天下御免《てんかごめん》**
- ア　だれよりも武道《ぶどう》にはげむこと。
- イ　いつも謝《あやま》ってばかりいること。
- ウ　何をしても許《ゆる》されること。

Ⓑ **恐悦至極《きょうえつしごく》**
- ア　おそれ多くて喜《よろこ》べないこと。
- イ　おそれより喜《よろこ》びが大きいこと。
- ウ　おそれつつしみつつも喜《よろこ》ぶこと。

Ⓒ **未来永劫《みらいえいごう》**
- ア　いつまでも永遠《えいえん》に。
- イ　これまでもこれからも。
- ウ　今まで生きてきた中でもっとも。

← 答えは130・131ページ

答えと解説《かいせつ》

★このページは、右ページ上段《じょうだん》→左ページ上段《じょうだん》→右ページ中段《ちゅうだん》→左ページ中段《ちゅうだん》→右ページ下段《げだん》→左ページ下段《げだん》の順《じゅん》に読んでください。

なぞ23 「妖精《ようせい》さん」のしわざ 100〜103ページ

【100・101ページ】

1 ㋑

解説《かいせつ》

100ページ12・13行目に「『しまった！ 空前絶後《くうぜんぜつご》の大寝坊《おおねぼう》だ。』という声がして、太一《たいち》が管理人室《かんりにんしつ》から顔を出しました」とあることから考えましょう。

2 庭の水やり・太一《たいち》

解説《かいせつ》

100ページ10行目の柚《ゆず》の言葉に「でも、庭の水やりはもう済《す》んでいたよ」とありますが、太一は「庭の植物に水をあげてほしいんだ」（101ページ2行目）と言っていることから考えましょう。

3 代わりにやってくれている

解説《かいせつ》

101ページ19〜21行目の太一《たいち》が「妖精《ようせい》さん」について説明《せつめい》している中に「管理人《かんりにん》としての仕事のうち、何かをするのを忘《わす》れたとき、だれかが代わりにやってくれているんだよ」とあります。

【102・103ページ】

4 ここの入居者《にゅうきょしゃ》のだれか

解説《かいせつ》

102ページ4行目の太一《たいち》の言葉に「ここの入居者《にゅうきょしゃ》のだれかが手伝《てつだ》ってくれているんだと思うんだ」とあります。字数指定にも注意して考えましょう。

5 助かる・負担《ふたん》

解説《かいせつ》

102ページ4・5行目に「ありがたいし助かるけど」とあり、19行目に「入居者《にゅうきょしゃ》に負担《ふたん》をかけているとしたら、申《もう》し訳《わけ》なくて」とあることから考えましょう。

6 ㋐

解説《かいせつ》

――ⓔの直前の部分に注目しましょう。「真琴《まこと》さんが出ていってから、桐《きり》が起きるまでの数分間で、水やりを終えて部屋に戻《もど》るのは難《むずか》しいと思う」（103ページ17〜19行目）とあります。太一《たいち》が自分で水やりをするのは不可能《ふかのう》だとわかったので、自作自演《じさくじえん》ではないと判断《はんだん》したのです。

なぞ24 のびすぎた枝《えだ》 104〜107ページ

【104・105ページ】

1 太一《たいち》

解説《かいせつ》

104ページ5〜15行目の真琴《まこと》と太一のやりとりに注目しましょう。また、105ページ6行目の真琴の言葉に「管理人《かんりにん》さんがやってくれたんでしょう？」とあります。

2 引っかかり・真琴《まこと》

解説《かいせつ》

「引っかかりそうだった枝《えだ》がなくなった木を指さした」（105ページ2行目）真琴に対し、太一《たいち》は「真琴さんが自分でやってくれたの？ すごいね」（4行目）と言っていることから考えましょう。

3 本当に切っていない

解説《かいせつ》

105ページ19・20行目で、柚《ゆず》と桐《きり》に太一《たいち》の話をしていた真琴《まこと》が「本当に切っていないって言うんだよ」と言っていることから考えましょう。

四字熟語《よじじゅくご》の問題にチャレンジ！

Ⓐ ウ
Ⓑ ウ
Ⓒ イ

言葉の学習

お話に出てきた四字熟語《よじじゅくご》の意味を確《たし》かめましょう。

一心不乱《いっしんふらん》……一つのことに熱中《ねっちゅう》して、他に気をとられないこと。

眉目秀麗《びもくしゅうれい》……顔立ちが整っていて、美しい様子。（特《とく》に男性《だんせい》について用いる言葉。）

四字熟語《よじじゅくご》の解説《かいせつ》

空前絶後《くうぜんぜつご》……「空前《くうぜん》」は「今までにないこと」、「絶後《ぜつご》」は「これからもないこと」という意味です。

厚顔無恥《こうがんむち》……「厚顔《こうがん》」は「ずうずうしい、厚《あつ》かましい、面《つら》の皮が厚《あつ》い」という意味です。「無恥厚顔《むちこうがん》」ともいいます。

四字熟語《よじじゅくご》の問題にチャレンジ！

Ⓓ イ
Ⓔ ア
Ⓕ ウ

解説《かいせつ》

「不眠不休《ふみんふきゅう》」は「ねむったり休んだりせずにはげむこと」、「共存共栄《きょうそんきょうえい》」は「二つ以上《いじょう》のものが助け合いながら共存《きょうぞん》し、どちらも栄《さか》えること」、「四六時中《しろくじちゅう》」は「一日中、ずっと」という意味です。

言葉の学習

お話に出てきた四字熟語《よじじゅくご》の意味を確《たし》かめましょう。

完全無欠《かんぜんむけつ》……欠点《けってん》や不足《ふそく》がなく、完璧《かんぺき》なこと。

頑固一徹《がんこいってつ》……一度決めたら、かたくなに考えや態度《たいど》を変《か》えようとしないこと。

四字熟語《よじじゅくご》の解説《かいせつ》

共存共栄《きょうそんきょうえい》……「共存《きょうそん》」は「きょうぞん」とも読みます。

頑固一徹《がんこいってつ》……「頑固《がんこ》」「一徹《いってつ》」どちらも「自分の考えや行動を変《か》えない、かたくなこと」という意味です。

四字熟語《よじじゅくご》の問題にチャレンジ！

Ⓐ イ
Ⓑ ウ
Ⓒ ア

言葉の学習

お話に出てきた四字熟語《よじじゅくご》の意味を確《たし》かめましょう。

取捨選択《しゅしゃせんたく》……必要《ひつよう》なものを選《えら》んで残《のこ》し、不要《ふよう》なものを処分《しょぶん》すること。

不言実行《ふげんじっこう》……だまって、やるべきことを実行すること。

四字熟語《よじじゅくご》の解説《かいせつ》

四方八方《しほうはっぽう》……「四方《しほう》」は東、西、南、北の四つの方角、「八方《はっぽう》」は東西南北に北東、北西、南東、南西を加《くわ》えた八つの方角のことです。

支離滅裂《しりめつれつ》……「支離《しり》」「滅裂《めつれつ》」どちらも「ばらばらになること」という意味です。

『106・107ページ』

4 二階の窓《まど》・通りがかりの人

解説《かいせつ》

106ページ3~5行目の真琴《まこと》の言葉に「二階の窓《まど》にかかる枝《えだ》を切るなんて、通りがかりの人ができるようなことじゃないよね」とあります。そのあとに「だからね」（7行目）とあるので、この部分が真琴の考えの理由になっていることが読み取れます。

5 高いところ

解説《かいせつ》

107ページ15・16行目に「高いところにある枝《えだ》を楽に切ることができるハサミ」とあります。字数指定にも注意して考えましょう。

6 ㋒

解説《かいせつ》

107ページ8・9行目に「先がハサミになっている、細長い棒《ぼう》のようなもの」とあり、さらに11・12行目に「見た目よりもすいぶんと軽く」とあることから考えましょう。

なぞ25 真夜中に整う本棚《ほんだな》

108～111ページ

『108・109ページ』

1 ㋒

解説《かいせつ》

108ページ13・14行目に「だれか読みたい人がいるかもしれないし、本棚《ほんだな》に戻《もど》しておこうと思った洋《よう》平《へい》は」とあります。

2 冒険家《ぼうけんか》のエッセイ

解説《かいせつ》

108ページ17行目~109ページ3行目の内容《ないよう》をよく読みましょう。109ページ3行目に「それは、波瀾万丈《はらんばんじょう》な人生を歩んだ冒険家《ぼうけんか》のエッセイでした」とあります。字数指定にも注意して考えましょう。

3 ばらばら・まとまって

解説《かいせつ》

109ページ12~16行目の洋平《ようへい》の言葉に注目しましょう。「段《だん》ごとにジャンルがまとまっていることがわかったんだよ。つい先日までは、ばらばらだったのに」（14~16行目）とあります。

『110・111ページ』

4 三時から六時の間（の三時間ぐらい）

解説《かいせつ》

110ページ17・18行目の洋平《ようへい》の言葉に「だれにも見られずに本棚《ほんだな》を整理できる時間は三時から六時の間の三時間ぐらい」とあります。

5 千里《せんり》

解説《かいせつ》

111ページ1行目に「この話を聞いていた二人の頭に、ある人物が同時にうかびました」とあり、そのあと二人きりになった桐《きり》と柚《ゆず》は、千里の話をしています。

6 (例《れい》) 太一《たいち》（兄《にい》）を助けたいという気持ち。

解説《かいせつ》

—㋒の「それ」とは、111ページ15行目の「単《たん》に太一兄を助けたいとか、そういう気持ちなのかもしれない」を指していることから考えましょう。例《れい》と同じ内容《ないよう》が書けていれば正解《せいかい》です。

四字熟語《よじじゅくご》の問題にチャレンジ！

Ⓓ ア　Ⓔ ア　Ⓕ イ

解説《かいせつ》

「思慮分別《しりょふんべつ》」は「注意深く、よく考えて判断《はんだん》すること。またはその能力《のうりょく》」、「心機一転《しんきいってん》」は「あることをきっかけに心が入れかわり、新たな気持ちや態度《たいど》でものごとに取り組むこと」、「試行錯誤《しこうさくご》」は「失敗《しっぱい》しても何度も別《べつ》の方法《ほうほう》を試《ため》しながら、次第《しだい》に適切《てきせつ》な方法《ほうほう》を見つけていくこと」という意味です。

言葉の学習

お話に出てきた四字熟語《よじじゅくご》の意味を確《たし》かめましょう。

半信半疑《はんしんはんぎ》……半分信《しん》じ、半分疑《うたが》っているような状態《じょうたい》で、本当かどうか判断《はんだん》に迷《まよ》う感じ。

老若男女《ろうにゃくなんにょ》……年齢《ねんれい》も性別《せいべつ》も問わない、あらゆる人々《ひとびと》。

四字熟語《よじじゅくご》の解説《かいせつ》

思慮分別《しりょふんべつ》……「思慮《しりょ》」は「慎重《しんちょう》に考えること」、「分《ふん》別《べつ》」は「ものごとを常識的《じょうしきてき》に判断《はんだん》すること」という意味です。

試行錯誤《しこうさくご》……「試行《しこう》」は「試《ため》しにやってみること」、「錯誤《さくご》」は「まちがい」という意味です。

四字熟語《よじじゅくご》の問題にチャレンジ！

Ⓐ ア　Ⓑ ウ　Ⓒ イ

言葉の学習

お話に出てきた四字熟語《よじじゅくご》の意味を確《たし》かめましょう。

座右之銘《ざゆうのめい》……自分の生活のいましめとする言葉。

東奔西走《とうほんせいそう》……仕事や用事で、東へ西へとあちこちいそがしく動き回ること。

神出鬼没《しんしゅつきぼつ》……自由自在《じゆうじざい》にとつぜん現《あらわ》れたり、消えたりするので、居場所《いばしょ》が特定《とくてい》できないこと。

四字熟語《よじじゅくご》の解説《かいせつ》

座右之銘《ざゆうのめい》……「座右《ざゆう》」は「手元、身の回り」、「銘《めい》」は「いましめの言葉」という意味です。

波瀾万丈《はらんばんじょう》……「瀾《らん》」は「大きな波」、「万丈《ばんじょう》」は「とても高い、深いこと」という意味です。「波瀾《はらん》」は「波《は》乱《らん》」とも書きます。

四字熟語《よじじゅくご》の問題にチャレンジ！

Ⓓ ウ　Ⓔ ウ　Ⓕ ア

解説《かいせつ》

「美辞麗句《びじれいく》」は「うわべだけかざり立てた、内《ない》容《よう》や真実味のない言葉」、「一切合切《いっさいがっさい》」は「何もかも全部」、「竜頭蛇尾《りゅうとうだび》」は「初《はじ》めだけ勢《いきお》いがあって、終わりのほうになるとふるわないこと」という意味です。

言葉の学習

お話に出てきた四字熟語《よじじゅくご》の意味を確《たし》かめましょう。

一心同体《いっしんどうたい》……二人以上《いじょう》の人が心を一つに合わせてものごとに取り組むこと。

四字熟語《よじじゅくご》の解説《かいせつ》

美辞麗句《びじれいく》……「辞《じ》」は「言葉」、「句《く》」は「文章の一区切り」という意味です。

一切合切《いっさいがっさい》……「合切《がっさい》」は「合財《がっさい》」とも書きます。

竜頭蛇尾《りゅうとうだび》……「竜頭《りゅうとう》」は「りょうとう」とも読みます。

なぞ26 移動《いどう》する洗濯物《せんたくもの》

112・113ページ

【112・113ページ】

1 洗濯物《せんたくもの》・階段《かいだん》

解説《かいせつ》 113ページ11・12行目に「庭へ向かったら、なかったんだよ、洗濯物《せんたくもの》が全部」とあり、さらに16〜18行目に「階段《かいだん》を上がったところのスペースに、〜千里《せんり》の洗濯物《せんたくもの》が干《ほ》してあった」とあることから考えましょう。

2 六時

解説《かいせつ》 113ページ12〜14行目の千里《せんり》の言葉に「管理人《かんりにん》さんに聞いたら、六時に起きてリビングのカーテンを開けたときは、すでになかったって言うんだ」とあります。つまり、六時までには、すでに千里の洗濯《せんたく》物《もの》は移動《いどう》していたということになります。

3 イ

解説《かいせつ》 112ページ4行目に「二人がもっともあやしんでいる千里《せんり》」とありますが、千里が体験《たいけん》したことを聞いた二人は、その話しぶりから「うそを言っているようには思えなかった」（113ページ19・20行目）ため、自分たちのかんちがいかもしれないと考え、混乱《こんらん》したのです。

なぞ27 入《にゅう》居《きょ》者《しゃ》全員のアリバイ

114・115ページ

【114・115ページ】

1 トイレットペーパー・納戸《なんど》

解説《かいせつ》 114ページ12・13行目で「女子トイレの棚《たな》には、すでに一定数のトイレットペーパーが納《おさ》められていた」のに、15〜17行目の太一《たいち》の言葉に「トイレットペーパーだけど、〜まだ納戸《なんど》に置《お》いてあるんだ」とあったので、鈴子《すずこ》は変《へん》だなと思ったのです。

2 （例《れい》）のびていた雑草《ざっそう》が、きれいさっぱりなくなっていたこと。

解説《かいせつ》 115ページ6〜8行目に「庭の雑草《ざっそう》がだいぶのびていたことが気になったといいます。しかし、夜十時過《す》ぎに帰宅《きたく》したときは、その雑草《ざっそう》がきれいさっぱりなくなっていたのです」とあります。のびていた雑草《ざっそう》がなくなっていたということが書けていれば正《せい》解《かい》です。

3 その夜は、・試合《しあい》運びに

解説《かいせつ》 住人について書いてある連続《れんぞく》した二文を探《さが》しましょう。115ページ9・10行目「その夜は、〜見ていたそうです」、その次の「試合《しあい》運びに〜していたそうです」に、その夜の住人の様子が書かれています。

なぞ28 太《た》一《いち》兄《にい》の決意

116・117ページ

【116・117ページ】

1 早朝や夜のおそい時間

解説《かいせつ》 116ページ5行目の柚《ゆず》の言葉に「『妖精《ようせい》さん』は、早朝や夜のおそい時間に現《あらわ》れて」とあります。字数指定に注意して考えましょう。

2 菜緒《なお》（さん）・食事や風景《ふうけい》

解説《かいせつ》 117ページ9〜11行目の太一《たいち》の言葉に「これ、菜緒さんのSNS《エスエヌエス》だよ。ほら、この日の七時から、いくつか食事や風景《ふうけい》の写真をアップしている」とあり、菜緒が実際《じっさい》に食事に出かけた証拠《しょうこ》として、桐《きり》と柚《ゆず》に見せたことがわかります。

3 （例《れい》）入居者《にゅうきょしゃ》じゃない人が庭や建物《たてもの》に出入りしていること。

解説《かいせつ》 117ページ16・17行目の太一《たいち》の言葉に「入居者《にゅうきょしゃ》じゃない人が、庭や建物《たてもの》に出入りしているのなら、これは相当大変《たいへん》なことだぞ」とあり、そのあとで「つかまえないと！」（19行目）と言っています。

四字熟語《よじじゅくご》の問題にチャレンジ!

Ⓐ イ
Ⓑ ア
Ⓒ ア

言葉の学習

お話に出てきた四字熟語《よじじゅくご》の意味を確《たし》かめましょう。

背水之陣《はいすいのじん》……あとがなく、一歩も退《しりぞ》けられない状況《じょうきょう》で力をつくすこと。

難攻不落《なんこうふらく》……解決《かいけつ》するのがとても難《むずか》しいこと。

絶体絶命《ぜったいぜつめい》……にげることのできない、追いつめられた立場や状態《じょうたい》のこと。

四字熟語《よじじゅくご》の解説《かいせつ》

快刀乱麻《かいとうらんま》……「快刀《かいとう》」は「するどい刃物《はもの》」、「乱麻《らんま》」は「からまった麻《あさ》の糸」という意味です。からまった麻《あさ》の糸を切る様子から来ています。するどい刃物《はもの》でかるとらえます。

不承不承《ふしょうぶしょう》……「不承《ふしょう》」は「気が進まないまま引き受けること」という意味です。「不請不請《ふしょうぶしょう》」とも書きます。

四字熟語《よじじゅくご》の問題にチャレンジ!

Ⓐ イ
Ⓑ ウ
Ⓒ ア

言葉の学習

お話に出てきた四字熟語《よじじゅくご》の意味を確《たし》かめましょう。

虚心坦懐《きょしんたんかい》……わだかまりがなく、さっぱりとした心でものごとにのぞむこと。

和気藹藹《わきあいあい》……和《なご》やかな雰囲気《ふんいき》で満《み》ちあふれていること。

捧腹絶倒《ほうふくぜっとう》……おなかをかかえて大笑《おおわら》いする様子。

四字熟語《よじじゅくご》の解説《かいせつ》

虚心坦懐《きょしんたんかい》……「虚心《きょしん》」は「素直《すなお》な心」、「坦懐《たんかい》」は「おだやかな心の状態《じょうたい》」という意味です。

和気藹藹《わきあいあい》……「和気《わき》」は「和《なご》やかな心」、「藹藹《あいあい》」は「和《なご》やかな様子」という意味です。「藹藹《あいあい》」は「靄靄《あいあい》」とも書きます。

捧腹絶倒《ほうふくぜっとう》……「捧腹《ほうふく》」は「抱腹《ほうふく》」とも書きます。

四字熟語《よじじゅくご》の問題にチャレンジ!

Ⓐ ア
Ⓑ ウ
Ⓒ ア

言葉の学習

お話に出てきた四字熟語《よじじゅくご》の意味を確《たし》かめましょう。

私利私欲《しりしよく》……自分の利益《りえき》や欲求《よっきゅう》のためだけに行動すること。

比翼連理《ひよくれんり》……男女がおたがいに愛《あい》し合《あ》っていること。

自由闊達《じゆうかったつ》……心が広くて、ものごとにこだわらない様子。

四字熟語《よじじゅくご》の解説《かいせつ》

私利私欲《しりしよく》……「私欲《しよく》」は「私慾《しよく》」とも書きます。

比翼連理《ひよくれんり》……「比翼《ひよく》」は、翼《つばさ》と目を一つずつ持ち、いつもオスとメスがいっしょに飛《と》ぶという空想上の鳥のことです。「連理《れんり》」は、別々《べつべつ》の木の枝《えだ》がくっついてつながったもののことをいいます。

自由闊達《じゆうかったつ》……「闊達自由《かったつじゆう》」ともいいます。また、「闊《かっ》達《たつ》」は「豁達《かったつ》」とも書きます。

乾坤一擲《けんこんいってき》……「乾《けん》」は「天」、「坤《こん》」は「地」、「一擲《いってき》」は「サイコロを一度だけ投げて勝負する」という意味です。

なぞ29 妖精《ようせい》確保《かくほ》大作戦《だいさくせん》！

118〜121ページ

【118・119ページ】

1 洗濯物《せんたくもの》を干《ほ》しっぱなしにしておく

解説《かいせつ》
118ページ7・8行目の桐《きり》の言葉に「洗濯物《せんたくもの》を干《ほ》しっぱなしにしておくっていうのは？」とあり、これに対して太一《たいち》が「なるほど。その状況《じょうきょう》が一番つくりやすそうだな」（9行目）と応《おう》じています。

2 ウ

解説《かいせつ》
太一《たいち》の作戦《さくせん》は、「『妖精《ようせい》さん』がつい手を貸《か》したくなるような状況《じょうきょう》をつくりだし」（118ページ2行目）、現《あらわ》れたところをとらえるというものですから、「手を貸《か》したくなる状況《じょうきょう》」は、わかりやすく目立つほうがいいと考えたのです。

3 起きてる人がいる・来ない

解説《かいせつ》
119ページ14・15行目の柚《ゆず》の言葉に「つけたら起きてる人がいると思って、妖精《ようせい》さんが来ないかもしれないじゃない」とあることから考えましょう。

【120・121ページ】

4 頭にスカー〜がらな人物

解説《かいせつ》
120ページ9行目に「頭にスカーフをかぶり、サングラスをかけた小がらな人物が、〜庭へと入りこんできました」とあります。字数指定にも注意して考えましょう。

5 元・管理人《かんりにん》・登美子《とみこ》

解説《かいせつ》
121ページ11・12行目に「どうやら、『登美子さん』というのは、桃山館《ももやまかん》の元・管理人《かんりにん》さんのようです」とあることから考えましょう。

6 四国

解説《かいせつ》
121ページ13・14行目の太一《たいち》の言葉に「四国からハガキを送ってくれましたよね？」とあり、登美子《とみこ》も「ええ、たしかにいったんは移住《いじゅう》したんだけど」（15行目）と答えていることから考えましょう。

なぞ30 最後《さいご》の夜

122・123ページ

【122・123ページ】

1 （例《れい》）（桃山館《ももやまかん》の）持ち主だから。

解説《かいせつ》
122ページ6行目に「登美子《とみこ》は桃山館の持ち主でもあるようです」とあることから考えて書きましょう。4行目に「ここのオーナーなんだし」とあるので、「（桃山館の）オーナーだから」という答えでも正解《せいかい》です。

2 誕生日《たんじょうび》・歌って

解説《かいせつ》
123ページ4〜6行目に「『桐《きり》、柚《ゆず》、お誕生日《たんじょうび》おめでとう！』という太一《たいち》の声を合図に、〜そして登美子《とみ》までもが、『ハッピーバースデー』を歌ってくれた」とあることから考えましょう。

3 またきたい

解説《かいせつ》
123ページ20行目の太一《たいち》からの返信《へんしん》に「またいつでもおいで」とあることから、「いたきたま」（17行目）の本来の読み方がどうなのか、推測《すいそく》することができます。太一の「こっちから読むのか」（18行目）という言葉も参考《さんこう》にしましょう。

四字熟語《よじじゅくご》の問題にチャレンジ！

Ⓐ イ
Ⓑ イ
Ⓒ イ

言葉の学習

お話に出てきた四字熟語《よじじゅくご》の意味を確《たし》かめましょう。

五分五分《ごぶごぶ》……二つのことが起こる可能性《かのうせい》が、ほぼ同じであること。

四字熟語《よじじゅくご》の解説《かいせつ》

人海戦術《じんかいせんじゅつ》……「人海《じんかい》」は、たくさんの人が集まっている様子を海にたとえた言葉です。

一蓮托生《いちれんたくしょう》……もとは、同じ蓮《はす》の花（一蓮《いちれん》）の上に生《う》まれ変《か》わる（托生《たくしょう》）という仏教《ぶっきょう》の言葉です。「托生《たくしょう》」は「託生《たくしょう》」とも書きます。

四字熟語《よじじゅくご》の問題にチャレンジ！

Ⓓ イ
Ⓔ イ
Ⓕ ア

解説《かいせつ》

「極楽浄土《ごくらくじょうど》」は「苦しみのない理想的《りそうてき》な世界」、「先手必勝《せんてひっしょう》」は「戦《たたか》いの場で、相手よりも先にしかければ必《かなら》ず勝てる状況《じょうきょう》にあるということ」、「一人相撲《ひとりずもう》」は「意味のないことに、必死《ひっし》で取り組むこと」という意味です。

言葉の学習

お話に出てきた四字熟語《よじじゅくご》の意味を確《たし》かめましょう。

臨機応変《りんきおうへん》……状況《じょうきょう》に応《おう》じた、ふさわしい行動をとること。

問答無用《もんどうむよう》……あれこれと議論《ぎろん》をする必要《ひつよう》のないこと。

四字熟語《よじじゅくご》の解説《かいせつ》

先手必勝《せんてひっしょう》……「先手」は「相手よりも先に始める」という意味です。

臨機応変《りんきおうへん》……「臨機《りんき》」は「そのときや場所に合わせる」、「応変《おうへん》」は「変化《へんか》に合わせる」という意味です。

四字熟語《よじじゅくご》の問題にチャレンジ！

Ⓐ ウ
Ⓑ ウ
Ⓒ ア

言葉の学習

お話に出てきた四字熟語《よじじゅくご》の意味を確《たし》かめましょう。

威風堂堂《いふうどうどう》……おごそかで、立派《りっぱ》な様子。

大盤振舞《おおばんぶるまい》……盛大《せいだい》にごちそうしたり、ものをあげたりすること。

前途洋洋《ぜんとようよう》……未来《みらい》が明るく開けていて、希望《きぼう》に満《み》ちあふれていること。

四字熟語《よじじゅくご》の解説《かいせつ》

前途洋洋《ぜんとようよう》……「前途《ぜんと》」は「これからの行く先、将来《しょうらい》」という意味です。「洋洋《ようよう》」は、水があふれるほど満《み》ちて広がっている様子から「将来《しょうらい》への希望《きぼう》にあふれていること」という意味です。

恐悦至極《きょうえつしごく》……「恐悦《きょうえつ》」は「おそれながら、つつしんで喜《よろこ》ぶこと」、「至極《しごく》」は「この上ないほどに」という意味です。

画数が多い四字熟語《よじじゅくご》

四字熟語《よじじゅくご》	意味	書いてみよう
臥薪嘗胆《がしんしょうたん》	目的《もくてき》のため、苦労《くろう》にたえながら努力《どりょく》を続《つづ》けること。敵《てき》に復讐《ふくしゅう》するために薪《まき》の上で寝《ね》たり（臥薪《がしん》）、苦い肝《きも》をなめたり（嘗胆《しょうたん》）して苦労《くろう》を重ねたという中国の話から。	
深謀遠慮《しんぼうえんりょ》	先のことに頭をめぐらせて、しっかりとした計画を立てること。「遠謀深慮《えんぼうしんりょ》」「深慮遠謀《しんりょえんぼう》」ともいう。	
断崖絶壁《だんがいぜっぺき》	ほぼ垂直《すいちょく》の険《けわ》しいがけのこと。また、とても危機的《ききてき》な様子を表すたとえ。「断崖《だんがい》」「絶壁《ぜっぺき》」どちらも険《けわ》しいがけという意味。	
怒髪衝天《どはつしょうてん》	怒《いか》りで髪《かみ》の毛《け》が逆立《さかだ》つくらいおこっていること。「怒髪《どはつ》」は強い怒《いか》りで逆立《さかだ》った髪《かみ》の毛《け》のこと。「衝天《しょうてん》」は勢《いきお》いがある、天をつく、という意味。	
満身創痍《まんしんそうい》	体中が傷《きず》だらけであること。また、精神的《せいしんてき》にひどく痛《いた》めつけられていること。「満身《まんしん》」は全身、「創《そう》」「痍《い》」は傷《きず》という意味。	
侃侃諤諤《かんかんがくがく》	自分が正しいと思う考えをはっきり言うこと。また、活発に議論《ぎろん》をする様子。「侃侃《かんかん》」はひるまないこと、「諤諤《がくがく》」は遠慮《えんりょ》せず言うこと。	
魑魅魍魎《ちみもうりょう》	妖怪《ようかい》や化け物など、人に危害《きがい》をあたえる存在《そんざい》をまとめて表す呼《よ》び名《な》。また、欲《よく》にかられて悪いことをする人のたとえ。	

四字熟語《よじじゅくご》イラストクイズ

イラストが表している四字熟語《よじじゅくご》を考えて、マスに書いてみよう！

答えは36ページ

もっと四《よ》字《じ》熟《じゅく》語《ご》を楽しもう

このページでは、四字熟語《よじじゅくご》をさまざまなテーマに分けて紹介《しょうかい》するよ。四字熟語《よじじゅくご》の書き取りやイラストクイズにもチャレンジしてみてね！

98ページの答え

① 一心不乱《いっしんふらん》
② 純真無垢《じゅんしんむく》
③ 破顔一笑《はがんいっしょう》

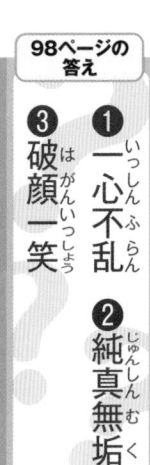

さくいん

監修者

陰山 英男（かげやま ひでお）

1958年、兵庫県生まれ。小学校教員時代、反復学習や規則正しい生活習慣の定着で基礎学力の向上を目指す「陰山メソッド」を確立し、脚光を浴びる。百ます計算や漢字練習の反復学習、そろばん指導やICT機器の活用など、新旧を問わずさまざまな学習法を積極的に導入し、子どもたちの学力向上を実現している。

現在、教育クリエイターとして講演会などで活躍するほか、全国各地で教育アドバイザーなどにも就任。子どもたちの学力向上のための指導を精力的に行っている。

主な著書に『陰山メソッド　たったこれだけプリント』（小学館）、『早ね早おき朝5分ドリル』シリーズ（学研プラス）などがある。

物語

たかはしみか

秋田県出身。児童向けの書籍を中心に幅広く執筆中。著書に『浮遊館』シリーズ、『もちもちぱんだ　もちっとストーリーブック』シリーズ、『ピーナッツストーリーズ』シリーズ（以上、学研プラス）などがある。

カバー・挿絵	ころりよ
コラムイラスト	ARINA
本文デザイン	白石 友（Red Section）
DTP	山名真弓（Studio Porto）
校正	村井みちよ
編集協力	株式会社KANADEL、高橋みか、漆原泉、野口和恵
編集担当	横山美穂（ナツメ出版企画株式会社）

読解力《どっかいりょく》と語彙力《ごいりょく》を鍛《きた》える！
なぞ解《と》きストーリードリル　四字熟語《よじじゅくご》

2023年7月3日　初版発行

監修者　陰山英男《かげやまひでお》
物　語　たかはしみか
発行者　田村正隆

発行所　株式会社ナツメ社
東京都千代田区神田神保町1-52　ナツメ社ビル１Ｆ（〒101-0051）
電話 03-3291-1257（代表）　FAX 03-3291-5761
振替 00130-1-58661

制　作　ナツメ出版企画株式会社
東京都千代田区神田神保町1-52　ナツメ社ビル３Ｆ（〒101-0051）
電話 03-3295-3921（代表）

印刷所　株式会社リーブルテック

ISBN978-4-8163-7391-6　Printed in Japan

本書に関するお問い合わせは、書名・発行日・該当ページを明記の上、下記のいずれかの方法にてお送りください。電話でのお問い合わせはお受けしておりません。
・ナツメ社webサイトの問い合わせフォーム
https://www.natsume.co.jp/contact
・FAX（03-3291-1305）
・郵送（左記、ナツメ出版企画株式会社宛て）
なお、回答までに日にちをいただく場合があります。正誤のお問い合わせ以外の書籍内容に関する解説・個別の相談は行っておりません。あらかじめご了承ください。

『読解力《どっかいりょく》と語彙力《ごいりょく》を鍛《きた》える！　なぞ解《と》きストーリードリル　四字熟語《よじじゅくご》』

1日1ページ × 30日完成《かんせい》

別冊《べっさつ》 四《よ》字《じ》熟《じゅく》語《ご》ドリル

『なぞ解《と》きストーリードリル』を解《と》き終《お》えたら、
次はこのドリルに挑戦《ちょうせん》しよう！
1日1ページ取り組むことを目標《もくひょう》にしてね。
問題のこたえは、次のページの下にのせているので、
解《と》いたらこたえ合わせをしよう。

1 8～11ページの復習《ふくしゅう》
新しい四字熟語《よじじゅくご》を覚《おぼ》えよう①

学習日　／

復習《ふくしゅう》 **1** 文に合う四字熟語《よじじゅくご》になるように、□に当てはまる漢字を□から選《えら》び、記号を書きましょう。使わない漢字もあります。

(1) 明日の試合《しあい》は絶対《ぜったい》に勝つと、自《じ》□《しん》満《まん》□《まん》で答えた。

(2) 宇宙飛行士《うちゅうひこうし》はどんなときにも冷《れい》□《せい》沈《ちん》□《ちゃく》でなければいけない。

(3) 明日までにすみからすみまでそうじをするという□《む》理《り》□《なん》題《だい》を言いつけられた。

(4) 今まで見たこともないような斬《ざん》□《しん》□《き》抜《ばつ》なデザインの洋服だ。

㋐新	㋑信	㋒静	㋓不	㋔満
㋕無	㋖難	㋗万	㋘奇	㋙着

新しい四字熟語《よじじゅくご》① **2** 文の意味の四字熟語《よじじゅくご》になるように、上の熟語《じゅくご》と下の熟語《じゅくご》を線でつなぎましょう。

(1) 家族みんなが集まり、仲良《なかよ》く楽しむ。　一家《いっか》・　・㋐満作《まんさく》

(2) 悪いことが起きそうな不安《ふあん》な状態《じょうたい》が続《つづ》いている。　暗雲《あんうん》・　・㋑錯誤《さくご》

(3) 一日がとても長く感じられるほど待ち遠しい。　一日《いちじつ》・　・㋒成就《じょうじゅ》

(4) 考えや行動が時代の流れに合っていない。　時代《じだい》・　・㋓低迷《ていめい》

(5) 農作物が豊作《ほうさく》で、たくさんとれる。　豊年《ほうねん》・　・㋔教師《きょうし》

(6) 始めから終わりまで、考えなどがずっと変《か》わらない。　終始《しゅうし》・　・㋕団欒《だんらん》

(7) 神様にお願《ねが》いしていたこと、心からの願《ねが》いがかなう。　心願《しんがん》・　・㋖千秋《せんしゅう》

(8) こうしてはいけないと教えてくれる悪い見本。　反面《はんめん》・　・㋗一貫《いっかん》

30 31ページの答え

1 (1) 堂堂 (2) 大盤 (3) 洋洋

2 (1) ㋕ (2) ㋔ (3) ㋑ (4) ㋖ (5) ㋐ (6) ㋒ (7) ㋓

2 12・13ページの復習《ふくしゅう》 新しい四字熟語《よじじゅくご》を覚《おぼ》えよう②

学習日 ／

復習《ふくしゅう》 1

ヒントの意味の四字熟語《よじじゅくご》を［　］から選《えら》び、□にひらがなで書きましょう。

縦《たて》のヒント

(1) あやしく不思議《ふしぎ》な化け物。

横のヒント

(2) あせらず、ゆったり落ち着いている様子。

(3) ものごとに動じず、何もおそれない。

余裕綽綽　妖怪変化　大胆不敵

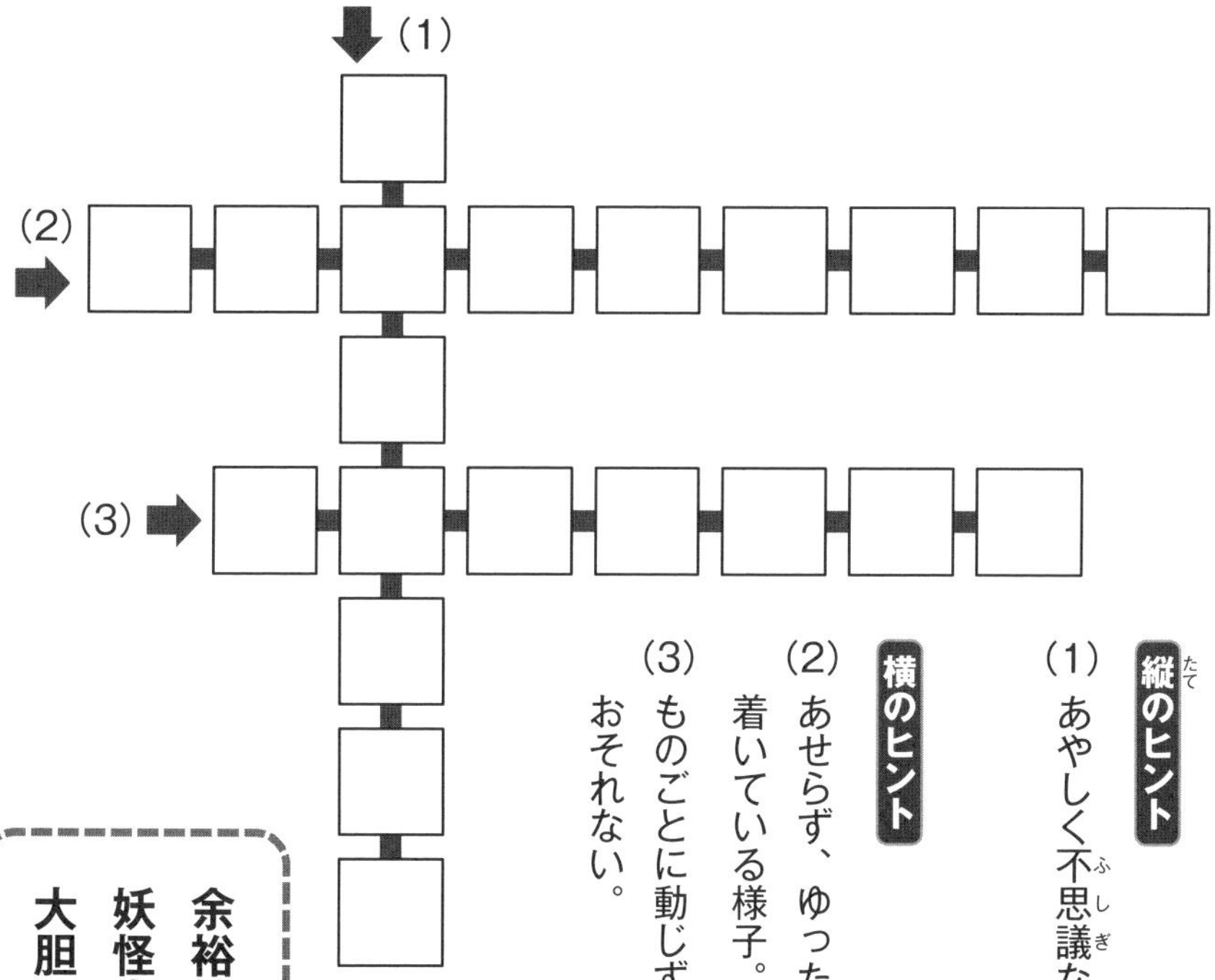

新しい四字熟語《よじじゅくご》② 2

□に数字を入れると、文に合う四字熟語《よじじゅくご》になります。［　］から選《えら》び□に書きましょう。数字は一度しか使えません。使わない数字が一つあります。

(1) とても大きな事故《じこ》に巻《ま》きこまれて、□死《し》□生《しょう》の思いをした。

(2) 寒い日が数日続《つづ》いたあと、暖《あたた》かい日も続《つづ》くようになって、□寒四温《かんしおん》の気候《きこう》になってきた。

(3) ひどい腹痛《ふくつう》で□転《てん》□倒《とう》した。

(4) いろいろな意見があってまとまらず、クラスが□分《ぶん》□裂《れつ》した。

(5) 好《す》きな教科や得意《とくい》な教科は十人《じゅうにん》□色《いろ》だ。

(6) ちっとも練習しないのに、プロの選手《せんしゅ》になりたいなんて笑止《しょうし》□□だ。

(7) 君はぼくにとって、唯一無《ゆいいつむ》□の親友だよ！

(8) おじいちゃんは「これは□薬之長《やくのちょう》だ」と言って毎日少しずつお酒を飲んでいる。

一　二　三　四　五　六　七　八　九　十　百　千　万

1　2ページの答え

1 (1) イオ (2) ウコ (3) カキ (4) アケ

2 (1) カ (2) エ (3) キ (4) イ (5) ア (6) ク (7) ウ (8) オ

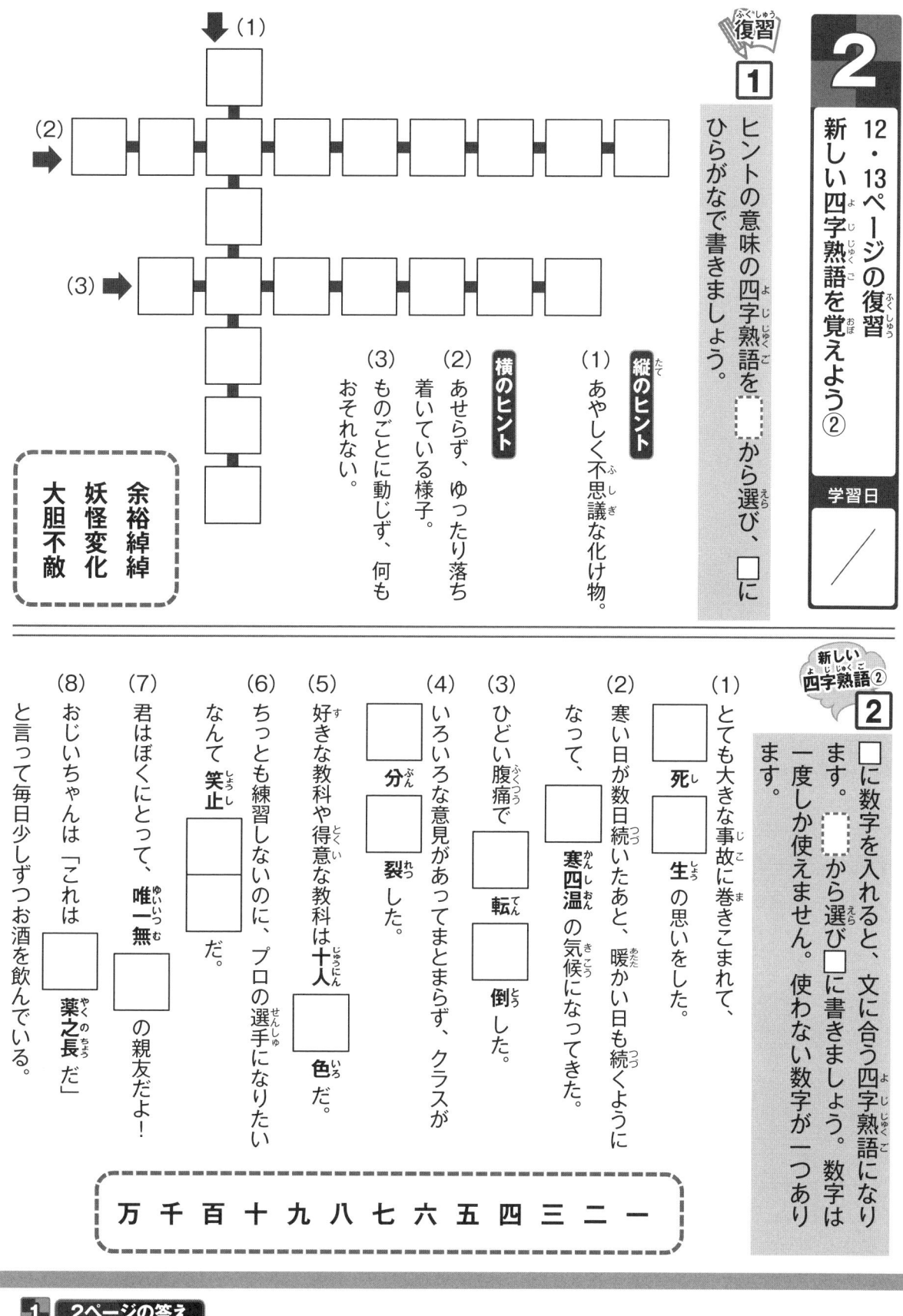

3 14・15ページの復習《ふくしゅう》
新しい四字熟語《よじじゅくご》を覚《おぼ》えよう③

学習日 ／

復習《ふくしゅう》 **1**

下の漢字から選《えら》んで□に記号を書き、文に合う四字熟語《よじじゅくご》をつくりましょう。使わない漢字もあります。

(1) 世界的《せかいてき》なコンクールで優勝《ゆうしょう》した、**前**□□□なピアニスト。

㋐有　㋑途　㋒優　㋓望

(2) みんなで話し合いもしていないのに、一部の人が**独**□□□してしまっている。

㋐行　㋑先　㋒専　㋓断

(3) 試合《しあい》でけがをしてしまうことがあるけれど、だれのせいでもない**不**□□□のものがほとんどだと思う。

㋐可　㋑加　㋒抗　㋓力

新しい四字熟語《よじじゅくご》③ **2**

(1)～(6)の文の——線部は四字熟語《よじじゅくご》です。漢字で書いたときにA～Cに入る文字を、[　]から選《えら》んで書きましょう。使わない漢字もあります。

(1) **きょうかすいげつ**のなんともいえない美しさがある作品だ。

(2) おじさんが**げっかひょうじん**になって、お姉《ねえ》ちゃんが結婚《けっこん》する。

(3) 弟はまじめすぎるのか、なんでも**しゃくしじょうぎ**に考えてしまう。

(4) この技術《ぎじゅつ》は、**いっしそうでん**で大切に受《う》け継《つ》がれてきたものだ。

(5) **せいさつよだつ**の権《けん》をにぎる大物がゲームの最後《さいご》に登場する。

(6) この世界のすべてのものが**せいせいるてん**していると感じる。

(1)↓ 鏡 花 水 [A]
(2)→ [A] 下 氷 人

(3)↓ 杓 [B] 定 規
(4)→ 一 [B] 相 伝

(5)↓ [C] 生 流 転
(6)→ [C] 殺 与 奪

空　月　星　子　死　生

---

2 3ページの答え

1 (1) ようかいへんげ (2) よゆうしゃくしゃく (3) だいたんふてき

2 (1) 九一 (2) 三 (3) 七八 (4) 四五 (5) 十 (6) 千万 (7) 二 (8) 百

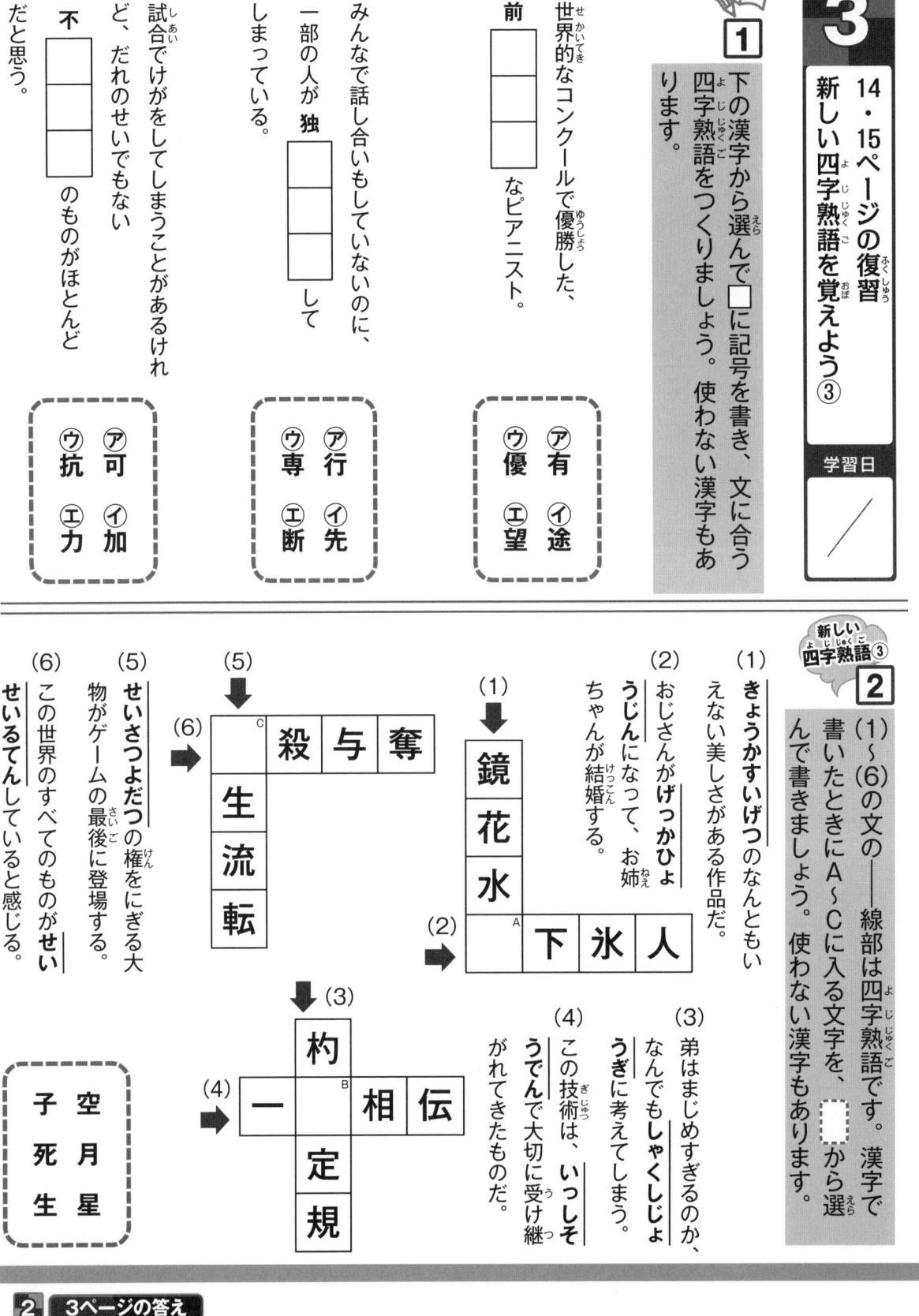

4

16・17ページの復習《ふくしゅう》 新しい四字熟語《よじじゅくご》を覚《おぼ》えよう④

学習日 ／

復習《ふくしゅう》 **1**

文の意味の四字熟語《よじじゅくご》になるように、マスの中の漢字を選《えら》びながら縦《たて》、横に進んでゴールまで行き、□にできた熟語《じゅくご》を書きましょう。

(例《れい》) よそに出かけ、技術《ぎじゅつ》などをみがく。 武《む》者《しゃ》修《しゅ》行《ぎょう》

無	名	順	変	気	集	根	武	← スタート
音	表	単	凡	平	魂	入	者	修
快	明	純	凡	平	普	球	一	行
↓ ゴール	日	命	短	常	通	中	急	習

(1) 一球一球に集中して全力を注ぎこむ。

(2) ごく普通《ふつう》で変《か》わった点がなく、ありふれている。

(3) ものごとがすっきり、はっきりしていてわかりやすい。

新しい四字熟語《よじじゅくご》④ **2**

次の四字熟語《よじじゅくご》の意味《いみ》はどちらでしょう。正しい意味を選《えら》び、記号に○をつけましょう。

(1) **初志貫徹《しょしかんてつ》**
ア 初《はじ》めの計画が悪いと時間がかかる。
イ 初《はじ》めに決めたことを最後《さいご》までやりぬく。

(2) **荒唐無稽《こうとうむけい》**
ア でたらめで現実的《げんじつてき》でない。
イ 天気が悪くて何もできない。

(3) **豪放磊落《ごうほうらいらく》**
ア 大きな石を投げ落とすほど力が強い。
イ 心が広くて小さなことにこだわらず動じない。

(4) **不撓不屈《ふとうふくつ》**
ア 強い心でどんな困難《こんなん》があってもあきらめない。
イ がんじょうで何年もくずれない建物《たてもの》。

(5) **勇猛果敢《ゆうもうかかん》**
ア ものすごい勢《いきお》いで食べる。
イ 勇気《ゆうき》をもち思いきってものごとを行《おこな》う。

(6) **質実剛健《しつじつごうけん》**
ア まじめでかざり気がなく、心も体も強い。
イ とても美しいもよう。

(7) **深謀遠慮《しんぼうえんりょ》**
ア 自分のことより人のことをよく考える。
イ 遠い将来《しょうらい》のことまでよく考えぬき計画を立てる。

(8) **片言隻語《へんげんせきご》**
ア たくさんの言いわけ。
イ ちょっとした短い言葉。

3 4ページの答え

1 (1) イアエ (2) エウア (3) アウエ

2 A 月 B 子 C 生

5

18〜21ページの復習《ふくしゅう》
新しい四字熟語《よじじゅくご》を覚《おぼ》えよう⑤

学習日　／

復習《ふくしゅう》 **1**

(1)〜(5)の――線部の四字熟語《よじじゅくご》の読みがなを選《えら》び、記号に○をつけましょう。

(1) 家族でも、休みの日に何をするかは**三者三様**だ。
（㋐ **さんしゃさんよう**　㋑ **みじゃみよう**）

(2) みんなで**一生懸命**探《さが》したけれど、落とし物は見つからなかった。
（㋐ **いっせいけんめい**　㋑ **いっしょうけんめい**）

(3) お姫《ひめ》さまが着るような**豪華絢爛**なドレス。
（㋐ **ごうかけんらん**　㋑ **ごうかじゅんらん**）

(4) 朝から夕方まで練習をして**疲労困憊**だ。
（㋐ **ひろうこんぱい**　㋑ **ひろうこんぴ**）

(5) 忘《わす》れ物《もの》をすることが**日常茶飯**になってはいけない。
（㋐ **にちじょうちゃはん**　㋑ **にちじょうさはん**）

新しい四字熟語《よじじゅくご》⑤ **2**

(1)〜(7)の内容《ないよう》がもとになっている四字熟語《よじじゅくご》はそれぞれどれでしょう。㋐〜㋖から選《えら》んで線でつなぎましょう。（　）内は四字熟語《よじじゅくご》の意味です。

(1) 海に千年、山に千年住んだへビは竜《りゅう》になる。 •
(2) いっしょに年をとり、死んだら同じ墓《はか》に入る。 •
(3) よく映《うつ》る澄《す》んだ鏡《かがみ》や、静《しず》かな水面の様子。 •
(4) 南部は船、北部は馬で旅をする。 •
(5) 邯鄲《かんたん》の里で不思議《ふしぎ》な枕《まくら》を借《か》り、裕福《ゆうふく》な一生を送る夢《ゆめ》を見る。 •
(6) 父のかたきとは、同じ天の下で生きることはできない。 •
(7) ちょっとさわっただけですぐに爆発《ばくはつ》しそう。 •

• ㋐ **偕老同穴**《かいろうどうけつ》（夫婦《ふうふ》が仲良《なかよ》く結《むす》びつきがかたい）
• ㋑ **不倶戴天**《ふぐたいてん》（にくしみ、うらみがとても深い）
• ㋒ **明鏡止水**《めいきょうしすい》（迷《まよ》いがなく静《しず》かな心の状態《じょうたい》）
• ㋓ **邯鄲之夢**《かんたんのゆめ》（人生は栄《さか》えたりおとろえたり、はかない）
• ㋔ **海千山千**《うみせんやません》（経験《けいけん》が豊富《ほうふ》でずるがしこい）
• ㋕ **一触即発**《いっしょくそくはつ》（すぐにも重大事が起こる危険《きけん》な状態《じょうたい》）
• ㋖ **南船北馬**《なんせんほくば》（いそがしくあちこち旅している）

---

4 5ページの答え

1 (1) 一球入魂《いっきゅうにゅうこん》 (2) 平平凡凡《へいへいぼんぼん》 (3) 単純明快《たんじゅんめいかい》

2 (1) ㋑ (2) ㋐ (3) ㋑ (4) ㋐ (5) ㋑ (6) ㋐ (7) ㋑ (8) ㋑

6 22～25ページの復習《ふくしゅう》 新しい四字《よじ》熟語《じゅくご》を覚《おぼ》えよう⑥

学習日 ／

復習《ふくしゅう》 1

□に当てはまる四字熟語《よじじゅくご》を□から選《えら》び、記号を書きましょう。使わない熟語《じゅくご》もあります。

(1) 校長先生に向かって命令《めいれい》するような話し方をするなんて□だもの、おこられても仕方ないよ。

(2) 絶対《ぜったい》に勝てると思っていた試合《しあい》に負けてしまい、こんなはずじゃなかったと□する。

(3) どうしてこんなことになったのか、けんかを始めてから、仲直《なかなお》りをするまでの□を話します。

(4) わがままな弟は、あれがいやだ、これがいやだと□ばかり言ってみんなを困《こま》らせる。

ア 喜色満面《きしょくまんめん》　イ 無礼千万《ぶれいせんばん》　ウ 多種多様《たしゅたよう》
エ 一部始終《いちぶしじゅう》　オ 全身全霊《ぜんしんぜんれい》　カ 意気消沈《いきしょうちん》
キ 社交辞令《しゃこうじれい》　ク 不平不満《ふへいふまん》

新しい四字熟語《よじじゅくご》⑥ 2

(1)～(6)の文の——線部は四字熟語《よじじゅくご》です。表の中の漢字を縦《たて》、横につなぐとその熟語《じゅくご》ができます。見つけて□に足りない字を書きましょう。

(1) いそがしいが、**むりさんだん**して遊ぶ時間をつくる。
無□□□

(2) 自分の力を**じがじさん**するのはかっこ悪いよ。
□□□賛

(3) **さんしすいめい**の地に遠足に行く。
□紫□□

(4) 思っていることを**たんとうちょくにゅう**に言う。
□□□入

(5) **いちもんいっとう**で、たくさんの問題を解《と》いた。
一□□□

(6) **はっぽうびじん**だときらわれてしまいそう。
□□□人

無	風	一	問	一	答	単	短	八
理	山	紫	水	明	頭	刀	天	方
算	数	四	日	雨	三	直	火	美
段	目	自	画	自	賛	入	引	人

5 6ページの答え

1 (1) ア (2) イ (3) ア (4) ア (5) イ

2 (1) オ (2) ア (3) ウ (4) キ (5) エ (6) イ (7) カ

7 26～29ページの復習《ふくしゅう》
新しい四字熟語《よじじゅくご》を覚《おぼ》えよう⑦

学習日　／

復習《ふくしゅう》 **1** 文に合う四字熟語《よじじゅくご》になるように漢字を選《えら》び、記号に○をつけましょう。

(1) 今年も一年みんなが**平**［㋐**音**　㋑**穏**］**無**［㋐**事**　㋑**自**］に過《す》ごせますように。

(2) そんな決まりはおかしいと、クラスの多くが［㋐**異**　㋑**意**］［㋐**句**　㋑**口**］**同音**に反対した。

(3) 長い時間をかけて話し合い、このもめごとは**一**［㋐**間**　㋑**件**］［㋐**楽**　㋑**落**］**着**した。

(4) ゲームでお父《とう》さんに勝って、妹は［㋐**得**　㋑**特**］**意**［㋐**万**　㋑**満**］**面**だ。

新しい四字熟語《よじじゅくご》⑦ **2** □に体に関《かん》する漢字を入れると、それぞれの文の意味の四字熟語《よじじゅくご》ができます。［　］から選《えら》び□に記号を書きましょう。［　］の漢字は使わないものもあります。

(1) 最初《さいしょ》から最後《さいご》までつらぬいて。　**徹《てっ》□徹尾《てつび》**

(2) うまく人をだまして、いいように操《あやつ》る方《ほう》法《ほう》。　**手練《てれん》□管《くだ》**

(3) 血のつながっている肉親同士《にくしんどうし》のもめごと、争《あらそ》い。　**□肉《にく》之《の》争《あらそい》**

(4) 天をつく勢《いきお》いで髪《かみ》の毛《け》が逆立《さかだ》つほど、ものすごくおこっている。　**怒《ど》□衝天《しょうてん》**

(5) わきから囲碁《いご》を見ている人は八手先までわかるというように、関係《かんけい》のない人のほうが落ち着いて正しく考えられる。　**岡《おか》□八目《はちもく》**

(6) 必要《ひつよう》なものを自分で作って間に合わせる。　**自給自《じきゅうじ》□**

(7) 酒や肉などの食べ物がたくさん並《なら》ぶ、とてもぜいたくな宴会《えんかい》。　**酒池《しゅち》□林《りん》**

㋐**頭**　㋑**髪**　㋒**首**　㋓**目**　㋔**耳**
㋕**口**　㋖**骨**　㋗**肉**　㋘**手**　㋙**足**

---

6 7ページの答え

1 (1) ㋑ (2) ㋕ (3) ㋓ (4) ㋗

2 (1) 理算段 (2) 自画自 (3) 山水明 (4) 単刀直 (5) 問一答 (6) 八方美

8

38・39ページの復習《ふくしゅう》
新しい四字《よじ》熟語《じゅくご》を覚《おぼ》えよう⑧

学習日　／

復習《ふくしゅう》

1 (1)～(3)の意味の四字熟語《よじじゅくご》になるように、下の二文字を選《えら》びながら迷路《めいろ》を進みましょう。

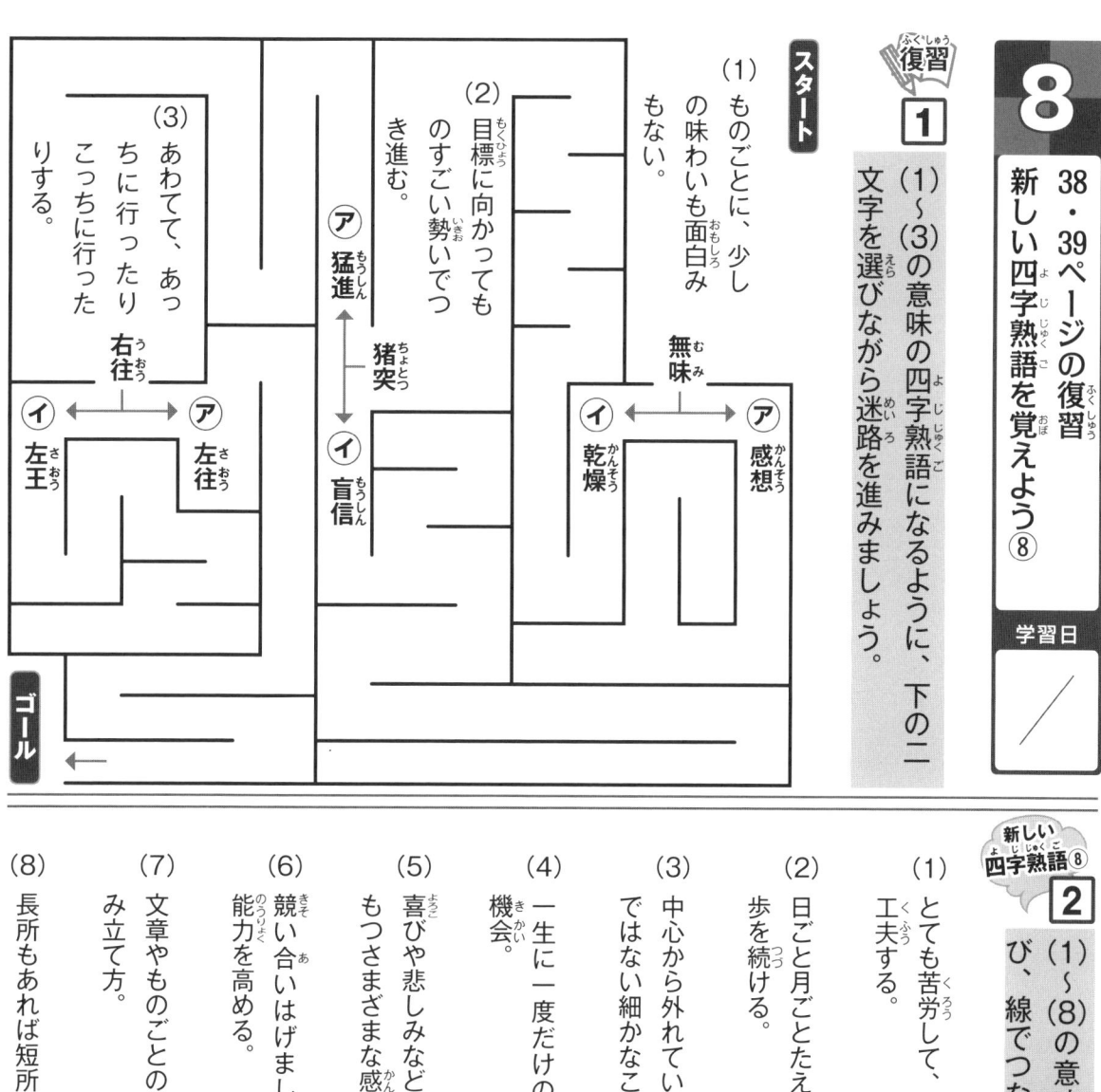

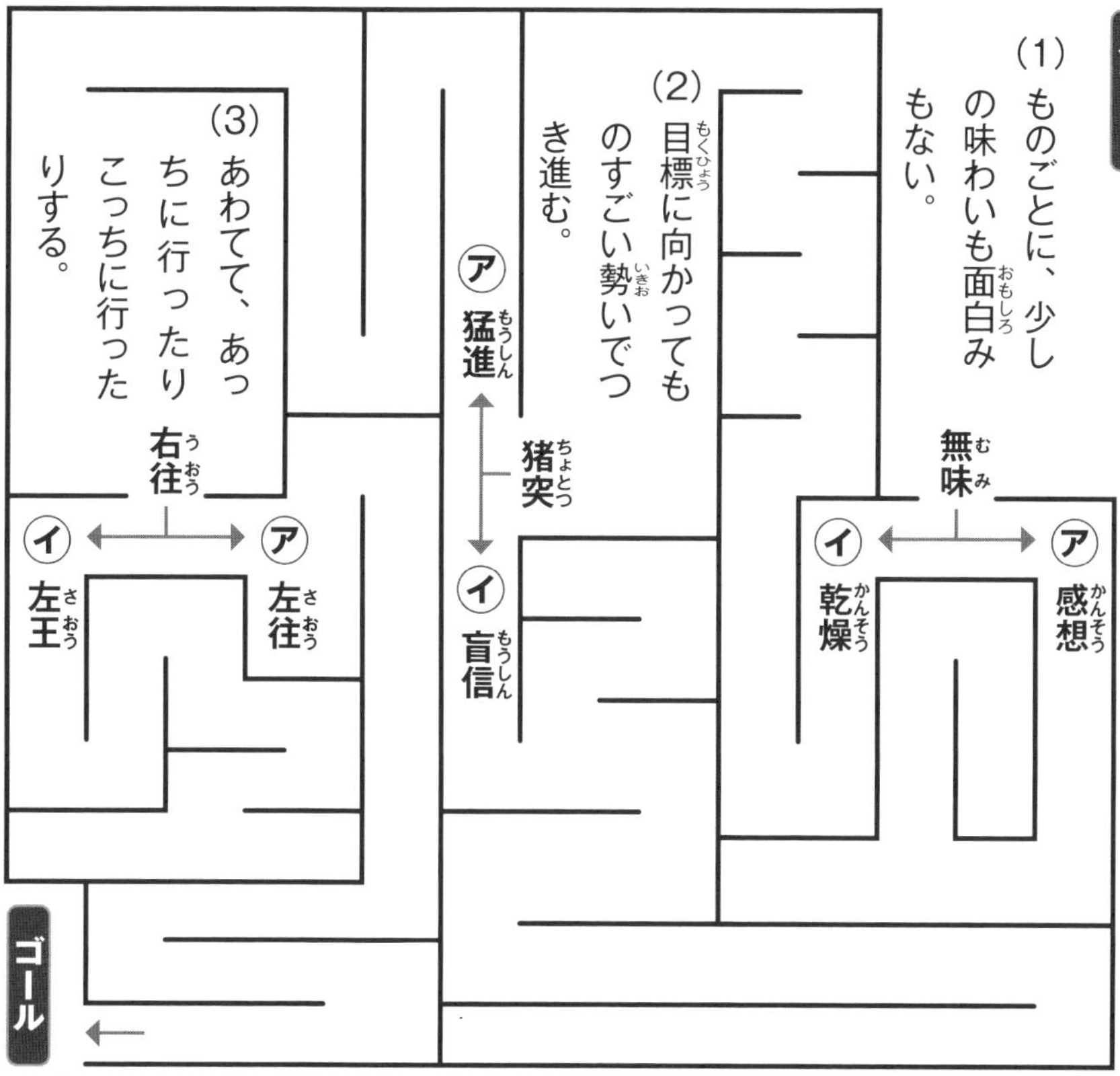

スタート
(1) ものごとに、少しの味わいも面白《おもしろ》みもない。
無味《むみ》
ア 感想《かんそう》
イ 乾燥《かんそう》
(2) 目標《もくひょう》に向かってものすごい勢《いきお》いでつき進む。
猪突《ちょとつ》
ア 猛進《もうしん》
イ 盲信《もうしん》
(3) あわてて、あっちに行ったりこっちに行ったりする。
右往《うおう》
ア 左往《さおう》
イ 左王《さおう》
ゴール

新しい四字熟語⑧

2 (1)～(8)の意味に合う四字熟語《よじじゅくご》をア～クから選《えら》び、線でつなぎましょう。

(1) とても苦労《くろう》して、あれこれ工夫《くふう》する。 ・　　・ ア 枝葉末節《しようまっせつ》

(2) 日ごと月ごとたえまなく進歩を続《つづ》ける。 ・　　・ イ 起承転結《きしょうてんけつ》

(3) 中心から外れていて、重要《じゅうよう》ではない細かなこと。 ・　　・ ウ 日進月歩《にっしんげっぽ》

(4) 一生に一度だけの出会い、機会《きかい》。 ・　　・ エ 切磋琢磨《せっさたくま》

(5) 喜《よろこ》びや悲しみなど、人間のもつさまざまな感情《かんじょう》。 ・　　・ オ 苦心惨憺《くしんさんたん》

(6) 競《きそ》い合《あ》いはげまし合って、能力《のうりょく》を高める。 ・　　・ カ 喜怒哀楽《きどあいらく》

(7) 文章やものごとの順序《じゅんじょ》、組み立て方。 ・　　・ キ 一長一短《いっちょういったん》

(8) 長所もあれば短所もある。 ・　　・ ク 一期一会《いちごいちえ》

7 8ページの答え

1 (1) イア (2) アイ (3) イイ (4) アイ

2 (1) ア (2) ケ (3) キ (4) イ (5) エ (6) コ (7) ク

9 40・41ページの復習《ふくしゅう》 新しい四字熟語《よじじゅくご》を覚《おぼ》えよう⑨

学習日 ／

復習《ふくしゅう》 **1** ヒントの意味の四字熟語《よじじゅくご》を［　］から三つ選《えら》び、□にひらがなで書きましょう。

興味津津
泰然自若
自業自得
有言実行

縦《たて》のヒント

(1) 口に出して言ったことは必《かなら》ず行《おこな》う。

(2) 次々《つぎつぎ》に興味《きょうみ》がわいてきてつきない。

横のヒント

(3) 落ち着いていて、あわてたりしない。

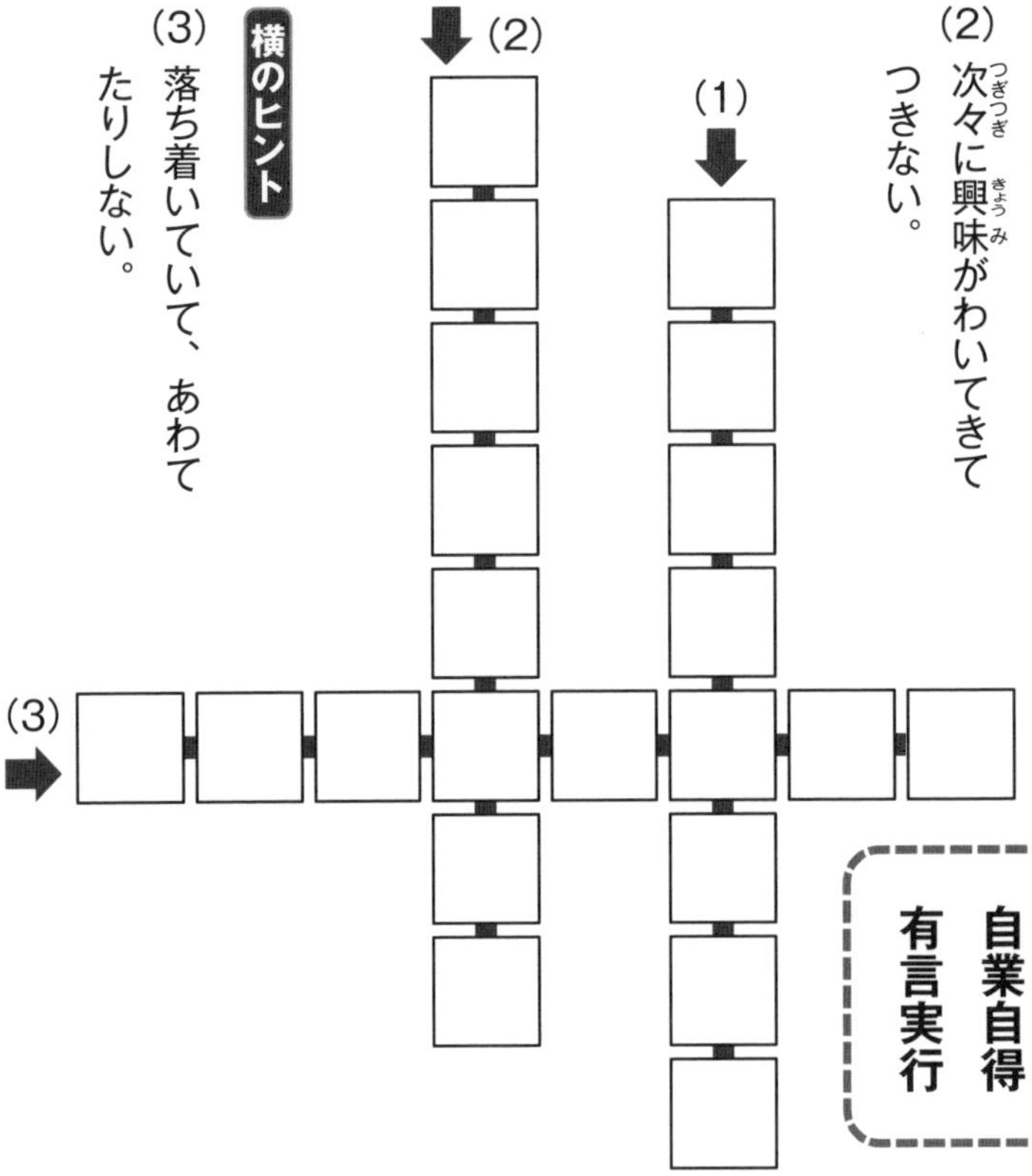

新しい四字熟語《よじじゅくご》⑨ **2** 次の四字熟語《よじじゅくご》の意味はどちらでしょう。正しい意味を選《えら》び記号に○をつけましょう。

(1) **因果応報《いんがおうほう》**
ア よい行《おこな》いをすればよいこと、悪い行《おこな》いをすれば悪いことがある。
イ 行《おこな》いを必《かなら》ず報告《ほうこく》する決まり。

(2) **玉石混淆《ぎょくせきこんこう》**
ア 価値《かち》あるものとつまらないものが混《ま》ざっている。
イ よく混《ま》ぜ合《あ》わせて作る。

(3) **判官贔屓《ほうがんびいき》**
ア 弱い者に同情《どうじょう》して味方をする。
イ 審判《しんぱん》がまちがった判定《はんてい》をする。

(4) **喧喧囂囂《けんけんごうごう》**
ア けんかが始まり、人が集まる。
イ たくさんの人がやかましくさわぐ。

(5) **侃侃諤諤《かんかんがくがく》**
ア 意見を堂々《どうどう》と言い合い、議論《ぎろん》する。
イ 食事をよくかんで食べる。

(6) **是是非非《ぜぜひひ》**
ア 正しいものは正しい、ダメなものはダメと公平に判断《はんだん》をする。
イ 是《ぜ》が非《ひ》でもやりとげようとがんばる。

8 9ページの答え

1 (1) イ (2) ア (3) ア

2 (1) オ (2) ウ (3) ア (4) ク (5) カ (6) エ (7) イ (8) キ

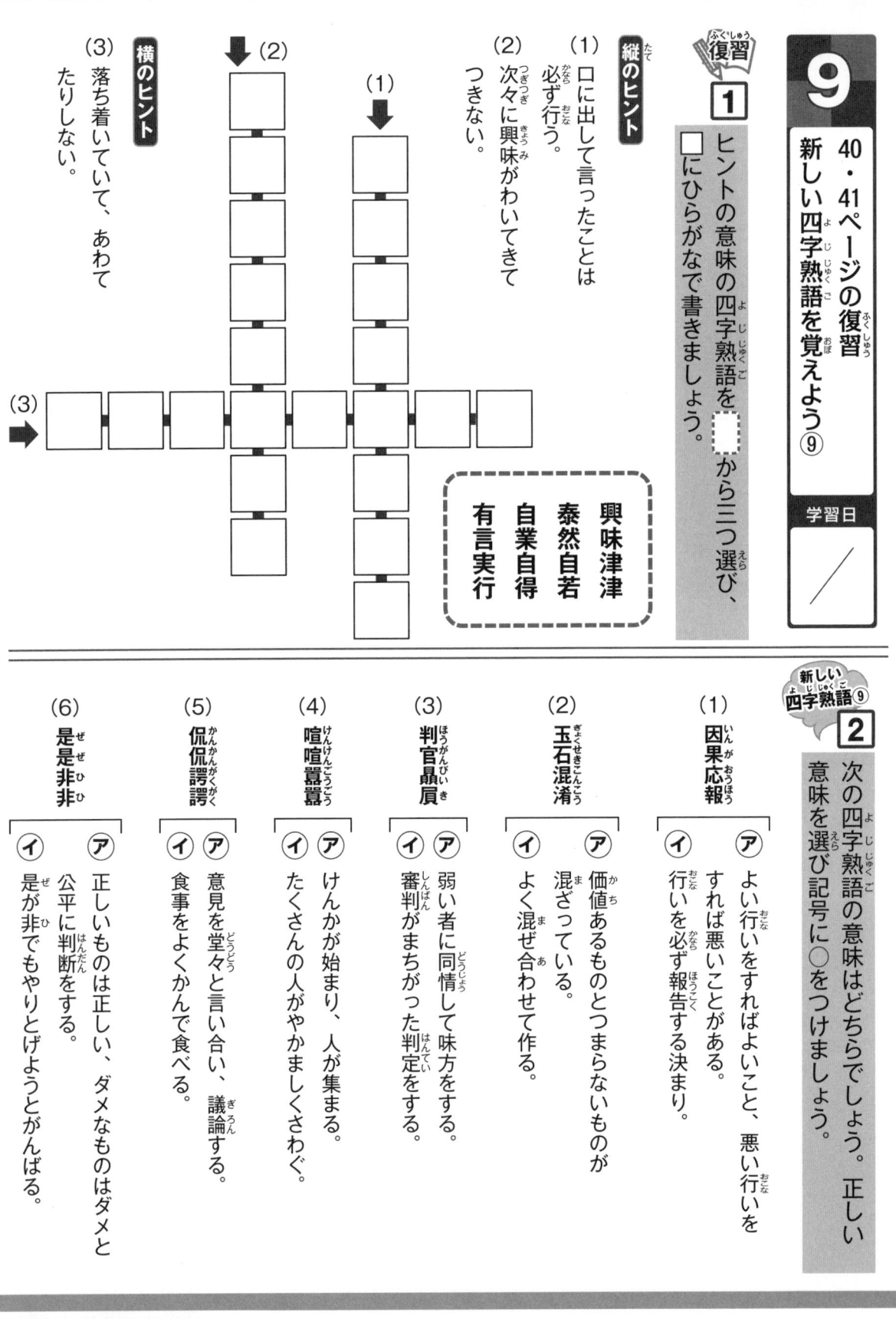

10

42～45ページの復習《ふくしゅう》

新しい四字熟語《よじじゅくご》を覚《おぼ》えよう⑩

学習日　／

復習《ふくしゅう》 **1**

文に合う四字熟語《よじじゅくご》になるように、□に当てはまる漢字を[　]から選《えら》び、記号を書きましょう。使わない漢字もあります。

(1) やっと起きた弟は、**開《かい》**□《こう》**一《いち》**□《ばん》おなかがすいたと言った。

(2) 自由研究には、**創《そう》**□《い》□《く》**夫《ふう》**をした面白《おもしろ》い作品を作りたい。

(3) あと一問できていれば満点《まんてん》だったのに、**残念《ざんねん》**□《む》□《ねん》、とってもくやしい。

(4) みんなで**一致《いっち》**□《だん》□《けつ》して、運動会を成功《せいこう》させよう！

[㋐団　㋑年　㋒工　㋓口　㋔向　㋕無　㋖念　㋗番　㋘結　㋙意]

新しい四字熟語《よじじゅくご》⑩ **2**

(1)～(6)の文の──線部は四字熟語《よじじゅくご》です。漢字で書いたときにA～Cに入る文字を[　]から選《えら》び、書きましょう。使わない漢字もあります。

↓(1)　(2)→

大			
A	用	貧	乏
晩			
成			

↓(3)　(4)→

		朝	
巧	言	B	色
		暮	
		改	

↓(5)　(6)→

一	騎	C	千
		意	
		即	
		妙	

(1) 今はさえないけれど**たいきばんせい**型《がた》だと思うから、まあ見ていて。

(2) **きようびんぼう**で、どのポジションもできるのにレギュラーになれない。

(3) クラスの決まりが**ちょうれいぼかい**だとみんなが困《こま》る。

(4) 悪い人間は**こうげんれいしょく**で近づいてくる。

(5) 芸人《げいにん》になるために、**とういそくみょう**な受け答えを目指す。

(6) キャプテンの、**いっきとうせん**の活躍《かつやく》で勝ち進む。

[当　頭　例　器　気　令]

---

9 **10ページの答え**

1 (1) ゆうげんじっこう (2) きょうみしんしん (3) たいぜんじじゃく

2 (1) ㋐ (2) ㋐ (3) ㋐ (4) ㋑ (5) ㋐ (6) ㋐

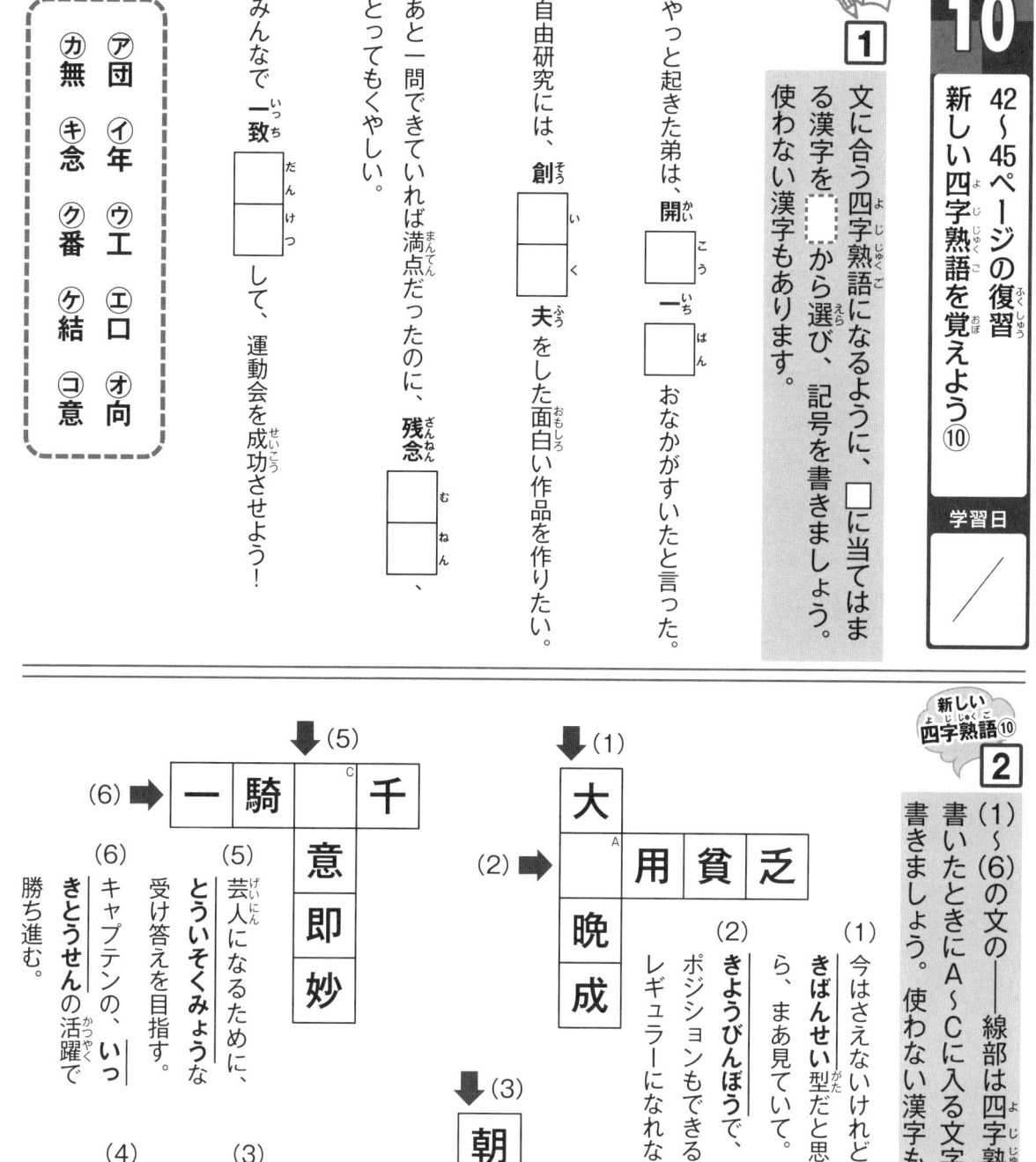

11 46・47ページの復習《ふくしゅう》
新しい四字熟語《よじじゅくご》を覚《おぼ》えよう⑪

学習日 ／

復習《ふくしゅう》

1 表の中の文字を縦《たて》、横につなげて文の意味の四《よ》字熟語《じじゅくご》をつくり、□に書きましょう。

(例《れい》) とてもはっきりしている。 明 明 白 白

(1) 多くの経験《けいけん》をしてきたえられている。 □□□□

(2) とてもあやしく不思議《ふしぎ》。 □□□□

(3) くり返して何度も。 □□□□

九	分	九	厘	明
再	三	再	四	明
五	百	八	六	白
天	戦	朝	時	白
下	錬	習	中	夢
一	磨	行	方	正
品	奇	奇	怪	怪

新しい四字熟語《よじじゅくご》⑪

2 □に生き物の名前の漢字を入れると、文の意味の四字熟語《よじじゅくご》ができます。[ ]から選《えら》び、□に記号を書きましょう。使わない漢字もあります。

(1) 羊の頭の看板《かんばん》を出し、犬の肉を売るというように、見かけは立派《りっぱ》でも中身は大したことがない。 □頭狗肉《とうくにく》

(2) するどい目つきでえものをねらうように、機会《きかい》をねらい、じっと様子をうかがっていること。 □視眈眈《したんたん》

(3) ホタルや雪の明かりなどのわずかな光を利《り》用《よう》するように、苦労《くろう》をして勉強をする。また、その勉強の成果《せいか》。 □雪之功《せつのこう》

(4) とても親しく仲《なか》のよい関係《かんけい》。 水《すい》□之交《のまじわ》

(5) 自然《しぜん》の美しい風景《ふうけい》。また、美しい自然《しぜん》を楽しむこと。 花《か》□風月《ふうげつ》

(6) とてもたくさんの量《りょう》を、飲んだり食べたりする。 □飲馬食《いんばしょく》

ア 牛　イ 羊　ウ 馬　エ 虎　オ 鹿
カ 鳥　キ 魚　ク 虫　ケ 蛍　コ 竜

10 11ページの答え

1 (1) エク (2) コウ (3) カキ (4) アケ

2 A 器 B 令 C 当

12 48～51ページの復習《ふくしゅう》

新しい四字熟語《よじじゅくご》を覚《おぼ》えよう⑫

学習日 ／

復習《ふくしゅう》 1

文に合う四字熟語《よじじゅくご》を選《えら》び、記号に○をつけましょう。

(1) 人数が多くても、練習しなければ［㋐ **少数精鋭《しょうすうせいえい》** ㋑ **開口一番《かいこういちばん》**］のチームには勝てない。

(2) おなかがぺこぺこだったので、［㋐ **無我夢中《むがむちゅう》** ㋑ **五里霧中《ごりむちゅう》**］でおにぎりを食べた。

(3) ［㋐ **以心伝心《いしんでんしん》** ㋑ **意中之人《いちゅうのひと》**］をそっと見ているだけで幸せだ。

(4) 転校生はとても［㋐ **正真正銘《しょうしんしょうめい》** ㋑ **明朗快活《めいろうかいかつ》**］で、すぐにみんなと仲良《なかよ》くなった。

(5) あの家のお姉《ねえ》さんは［㋐ **才色兼備《さいしょくけんび》** ㋑ **前代未聞《ぜんだいみもん》**］で有名で、私《わたし》のあこがれだ。

新しい四字熟語《よじじゅくご》⑫ 2

(1)～(5)の熟語《じゅくご》を使って四字熟語《よじじゅくご》をつくりましょう。意味に合う四字熟語《よじじゅくご》にするためにたす熟語《じゅくご》を下から選《えら》んで、記号をA～Jに書きましょう。

(1) **一言《いちげん》《いちごん》**
- A □ 一つの言葉と一つの行動。
- B □ ほんの少しの短い言葉。

㋐ **一行《いっこう》** ㋑ **半句《はんく》**

(2) **千里《せんり》**
- C □ 悪い評判《ひょうばん》はあっという間に広まる。
- D □ 広々《ひろびろ》として、遠くまで一目《ひとめ》で見渡《みわた》せる。

㋐ **一望《いちぼう》** ㋑ **悪事《あくじ》**

(3) **一致《いっち》**
- E □ その場の全員の意見が一致《いっち》する。
- F □ 書き言葉を話し言葉と同じようにする。

㋐ **言文《げんぶん》** ㋑ **満場《まんじょう》**

(4) **天下《てんか》**
- G □ 世の中が平和で安定している。
- H □ この世のだれも相手にならない。

㋐ **泰平《たいへい》** ㋑ **無敵《むてき》**

(5) **一失《いっしつ》**
- I □ 得《え》るものがある一方で損《そん》もある。
- J □ 十分考えても一つくらいまちがいはある。

㋐ **千慮《せんりょ》** ㋑ **一得《いっとく》**

---

11 12ページの答え

1 (1) 百戦錬磨《ひゃくせんれんま》 (2) 奇奇怪怪《ききかいかい》 (3) 再三再四《さいさんさいし》

2 (1) ㋑ (2) ㋓ (3) ㋘ (4) ㋖ (5) ㋕ (6) ㋐

52・53ページの復習《ふくしゅう》 新しい四字熟語《よじじゅくご》を覚《おぼ》えよう⑬

学習日　／

復習《ふくしゅう》 1

(1)〜(3)の意味の四字熟語《よじじゅくご》になるように、下の二文字を選《えら》びながら迷路《めいろ》を進みましょう。

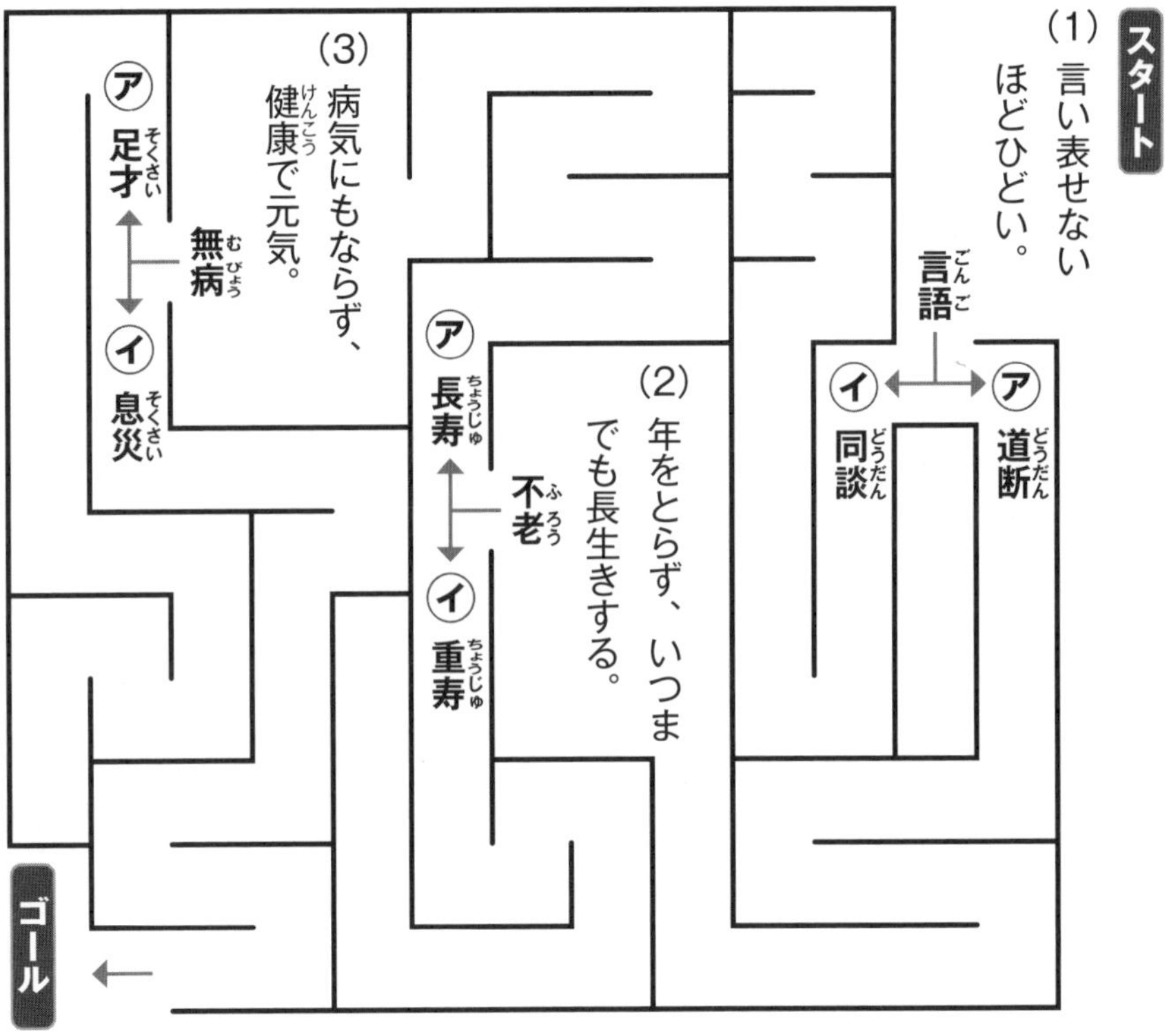

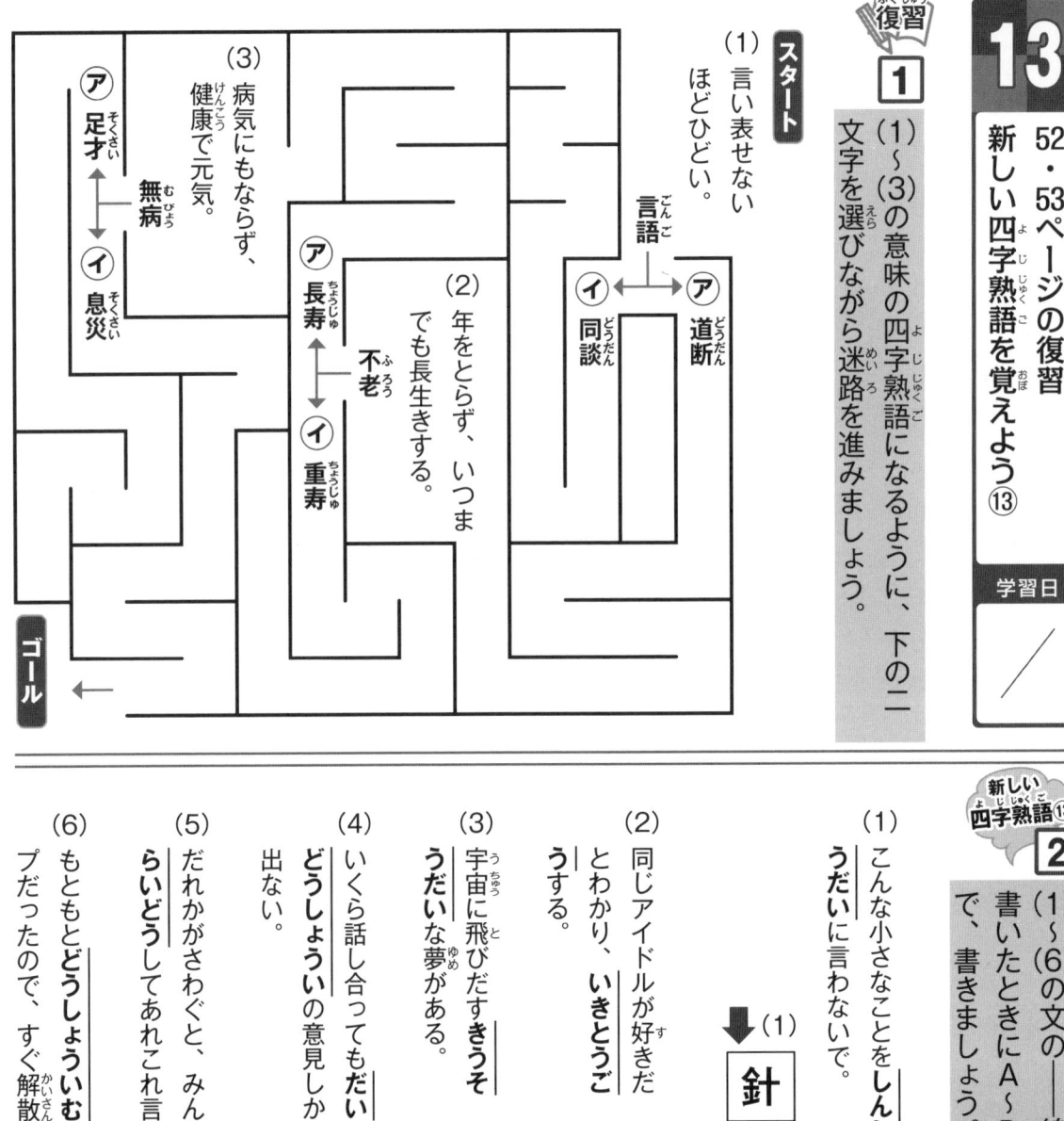

新しい四字熟語《よじじゅくご》⑬ 2

(1)〜(6)の文の——線部は四字熟語《よじじゅくご》です。漢字で書いたときにA〜Dに入る文字を□から選《えら》んで、書きましょう。使わない漢字もあります。

(1) こんな小さなことを**しんしょうぼうだい**に言わないで。

(2) 同じアイドルが好《す》きだとわかり、**いきとうごう**する。

(3) 宇宙《うちゅう》に飛《と》びだす**きうそうだい**な夢《ゆめ》がある。

(4) いくら話し合っても**だいどうしょうい**の意見しか出ない。

(5) だれかがさわぐと、みんなも**ふわらいどう**してあれこれ言いだす。

(6) もともと**どうしょういむ**のグループだったので、すぐ解散《かいさん》した。

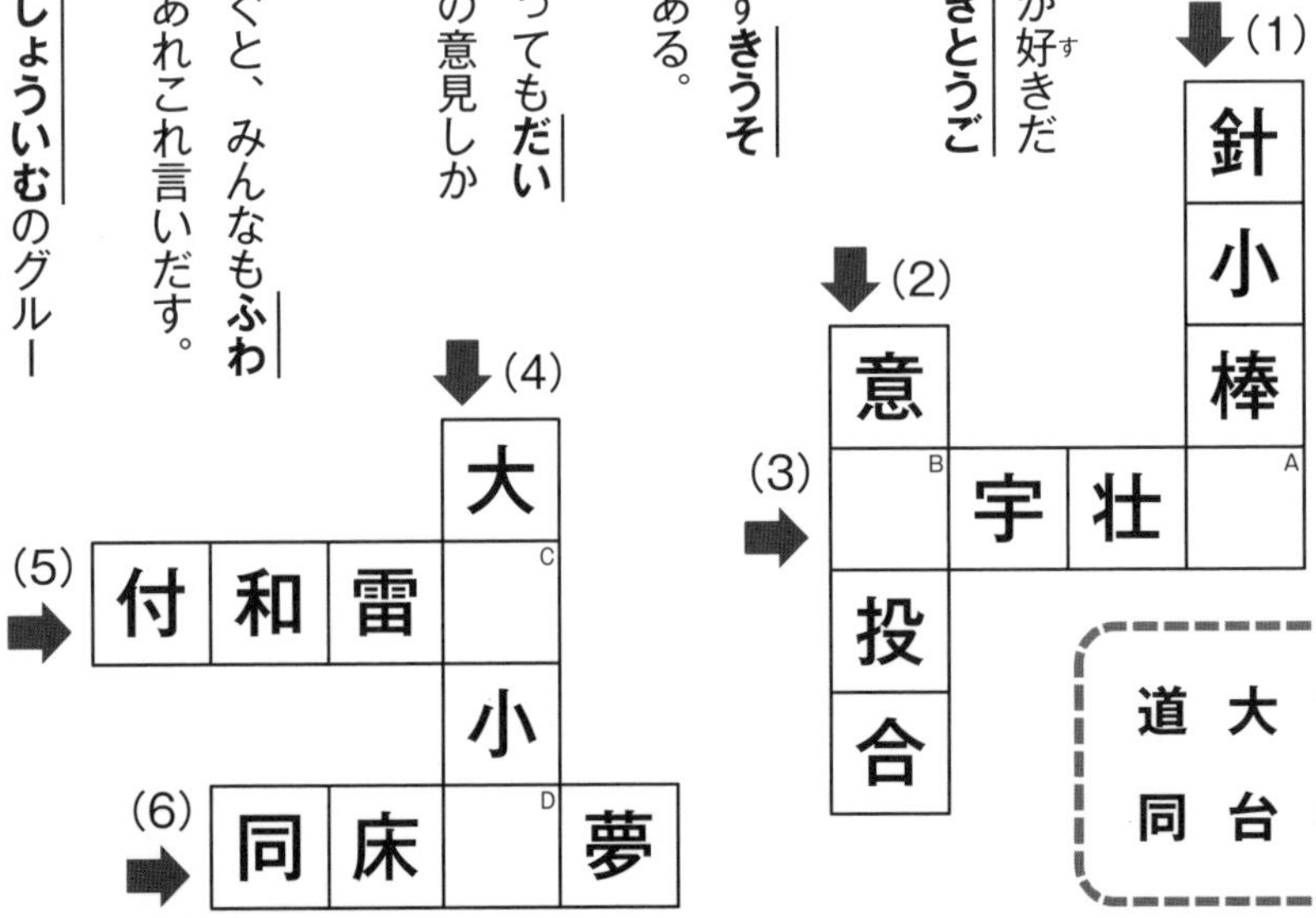

道　大　意　気
同　台　異　期

14 54～57ページの復習《ふくしゅう》 新しい四字熟語《よじじゅくご》を覚《おぼ》えよう⑭

学習日 ／

復習《ふくしゅう》 1

(1)～(4)の――線部の言葉と似《に》た意味の四字熟語《よじじゅくご》を□から選《えら》び、□に記号を書きましょう。

(1) アイドルになる人は、小さいころから**顔もスタイルも美しい**んだろうな。 □

(2) わかってもらえるように、**うそをつかず、まごころをこめて**説明《せつめい》をした。 □

(3) かっこよく踊《おど》るには、**一つ一つの動作**に気を使わなくちゃだめだよ。 □

(4) このままのペースで走ったら、**今までだれも出したことのない**大記録《だいきろく》が出そうだ。 □

㋐ 平身低頭《へいしんていとう》　㋑ 一挙一動《いっきょいちどう》　㋒ 容姿端麗《ようしたんれい》
㋓ 変幻自在《へんげんじざい》　㋔ 三三五五《さんさんごご》　㋕ 前人未踏《ぜんじんみとう》
㋖ 一芸一能《いちげいいちのう》　㋗ 誠心誠意《せいしんせいい》

新しい四字熟語《よじじゅくご》⑭ 2

(1)～(6)の内容《ないよう》がもとになっている四字熟語《よじじゅくご》はそれぞれどれでしょう。㋐～㋕から選《えら》んで線でつなぎましょう。（　）内は四字熟語《よじじゅくご》の意味です。

(1) 孟子《もうし》を立派《りっぱ》に育てるため、母親は三回引《ひ》っ越《こ》した。 •

(2) 右を見たり左を見たりする。 •

(3) 有名な山の泰山《たいざん》も、北《ほく》斗七星《としちせい》も人々《ひとびと》が見上げる。 •

(4) 描《えが》いた竜《りゅう》にひとみをかきこむと、天に昇《のぼ》っていった。 •

(5) 雨がやんで空が晴れわたる。 •

(6) 朝三つ夕方四つのエサと言うとサルはおこり、朝四つ夕方三つと言うと喜《よろこ》んだ。 •

• ㋐ **画竜点睛《がりょうてんせい》**（完成《かんせい》のための大事な部分、仕上げ）

• ㋑ **孟母三遷《もうぼさんせん》**（子どもの教育には環境《かんきょう》が大切だ）

• ㋒ **右顧左眄《うこさべん》**（周囲《しゅうい》を気にして、決められない）

• ㋓ **泰山北斗《たいざんほくと》**（その分野でもっとも尊《そん》敬《けい》される人）

• ㋔ **朝三暮四《ちょうさんぼし》**（目先のことにとらわれ結果《けっか》は同じだと気づかない。またうまい言葉でだます）

• ㋕ **雨過天晴《うかてんせい》**（悪い状況《じょうきょう》がよいほうへと向かう）

13 14ページの答え

1 (1) ㋐ (2) ㋐ (3) ㋑

2 A 大 B 気 C 同 D 異

15

58～61ページの復習《ふくしゅう》
新しい四字《よじ》熟語《じゅくご》を覚《おぼ》えよう⑮

学習日　／

復習《ふくしゅう》

1 下の漢字から選《えら》んで□に記号を書き、文に合う四字熟語《よじじゅくご》をつくりましょう。使わない漢字もあります。

(1) 戦争中《せんそうちゅう》はみんな貧《まず》しくて、一□□□のとても粗末《そまつ》な食事だったんだって。

ア 一　イ 三　ウ 汁　エ 菜

(2) そんな奇□□□なアイデアは、普通《ふつう》の人ではなかなか思いつかないと思うよ。

ア 天　イ 点　ウ 外　エ 想

(3) テストはいつもいい点だし、リレーの選手《せんしゅ》にも選《えら》ばれるなんて、文□□□な人は本当にいるんだね。

ア 道　イ 武　ウ 両　エ 良

(4) だれが見ても一□□□で公園の場所がわかるような避難《ひなん》マップを作ろう。

ア 目　イ 瞭　ウ 全　エ 然

新しい四字《よじ》熟語《じゅくご》⑮

2 文の意味の四字熟語《よじじゅくご》になるように、上の熟語《じゅくご》と下の熟語《じゅくご》を線でつなぎましょう。

(1) 危険《きけん》がせまっていて生きるか死ぬかの分かれ目。

(2) 賛成《さんせい》と反対、両方の意見がある。

(3) 上位《じょうい》の人の考えを下の人に伝《つた》える。

(4) 真実を求《もと》めてまっすぐに進む。

(5) 一つ分の利益《りえき》を少なくしてたくさん売り、全体の利益《りえき》を上げる。

(6) いつまでもほろびることがない。

(7) ばらばらになったり、集まったりする。

(8) すぐれた者は勝《か》ち残《のこ》り、おとっている者は負けていく。

危急《ききゅう》・　　・ア 一路《いちろ》

賛否《さんぴ》・　　・イ 劣敗《れっぱい》

上意《じょうい》・　　・ウ 不滅《ふめつ》

真実《しんじつ》・　　・エ 下達《かたつ》

薄利《はくり》・　　・オ 集散《しゅうさん》

不朽《ふきゅう》・　　・カ 両論《りょうろん》

離合《りごう》・　　・キ 存亡《そんぼう》

優勝《ゆうしょう》・　　・ク 多売《たばい》

---

14 15ページの答え

1 (1) ウ (2) ク (3) イ (4) カ

2 (1) イ (2) ウ (3) エ (4) ア (5) カ (6) オ

16 72〜75ページの復習 新しい四字熟語《よじじゅくご》を覚《おぼ》えよう⑯

学習日　／

復習《ふくしゅう》

1 □に当てはまる漢字を[ ]から選《えら》び、書きましょう。使わない漢字もあります。

(1) **他《た》**□**本願《ほんがん》**な態度《たいど》では、受験《じゅけん》に合格《ごうかく》できそうにない。

(2) お守りをもらったおかげで、□**気凜凜《きりんりん》**として試合《しあい》に臨《のぞ》めた。

(3) その選手《せんしゅ》は観客《かんきゃく》の前で**自由自《じゆうじ》**□にボールを操《あやつ》った。

(4) 迷宮入《めいきゅうい》りした事件《じけん》は、市民《しみん》からの情報《じょうほう》によって**急転直《きゅうてんちょっ》**□で解決《かいけつ》した。

[力　水　上　下　勇　熱　在]

新しい四字熟語《よじじゅくご》⑯

2 次の読みと意味に合う四字熟語《よじじゅくご》になるように、□に漢数字を書きましょう。

(1) **一日《いちにち》**□《いち》**善《ぜん》**……一日に一度よい行《おこな》いをしようという考え。

(2) □《さん》**位一体《みいったい》**……三つのものが一つにまとまること。

(3) **七転《しちてん》**□《はっ》**起《き》**……何回失敗《しっぱい》してもくじけないこと。

(4) □《し》**面楚歌《めんそか》**……敵《てき》に囲《かこ》まれていて、味方が全くいないこと。

(5) □《ひゃっ》**花繚乱《かりょうらん》**……すぐれた人物が同時にたくさん現《あらわ》れること。

(6) **八面《はちめん》**□《ろっ》**臂《ぴ》**……一人で何人分もの活躍《かつやく》をすること。

(7) **一攫《いっかく》**□《せん》**金《きん》**……一度にたくさんのお金をやすやすと手に入れること。

---

15 16ページの答え

1 (1) ㋒㋐㋓ (2) ㋓㋐㋒ (3) ㋑㋒㋐ (4) ㋐㋑㋓

2 (1) ㋖ (2) ㋕ (3) ㋓ (4) ㋐ (5) ㋗ (6) ㋒ (7) ㋔ (8) ㋑

17 76～79ページの復習《ふくしゅう》 新しい四字熟語《よじじゅくご》を覚《おぼ》えよう⑰

学習日　／

復習《ふくしゅう》 1

(1)～(4)の文に合う四字熟語《よじじゅくご》を選《えら》び、記号に○をつけましょう。

(1) いくらお金をもらっても、［㋐ 火中之米《かちゅうのこめ》　㋑ 火中之栗《かちゅうのくり》］を拾うようなことはしたくない。

(2) 出会ったばかりの相手に結婚《けっこん》を申しこむなんて［㋐ 時期尚早《じきしょうそう》　㋑ 時期尚速《じきしょうそく》］だ。

(3) 知り合いもいない、初《はじ》めての土地での生活は［㋐ 後途多難《こうとたなん》　㋑ 前途多難《ぜんとたなん》］だ。

(4) ［㋐ 意志薄弱《いしはくじゃく》　㋑ 意志薄強《いしはくきょう》］なばかりに、何をやっても長く続《つづ》かない。

新しい四字熟語《よじじゅくご》⑰ 2

(1)～(6)の四字熟語《よじじゅくご》に合う意味を㋐～㋕から選《えら》び、線でつなぎましょう。

(1) 公明正大《こうめいせいだい》 ●

(2) 勧善懲悪《かんぜんちょうあく》 ●

(3) 大言壮語《たいげんそうご》 ●

(4) 天衣無縫《てんいむほう》 ●

(5) 三日坊主《みっかぼうず》 ●

(6) 机上之論《きじょうのろん》 ●

● ㋐ できそうもないことをえらそうに言うこと。

● ㋑ すぐにあきてしまい、何をやっても長続《ながつづ》きしないこと。

● ㋒ 理屈《りくつ》は通っていても、実際《じっさい》には役に立たない議論《ぎろん》。

● ㋓ かざり立てたところがなく、自然《しぜん》で美しいこと。

● ㋔ 心にかたよりがなく、正しく堂々《どうどう》としていること。そのようにものごとを行《おこな》うこと。

● ㋕ よい人や行《おこな》いをたたえ、悪い人や行《おこな》いをこらしめること。

16 17ページの答え

1 (1) 力 (2) 勇 (3) 在 (4) 下

2 (1) 一 (2) 三 (3) 八 (4) 四 (5) 百 (6) 六 (7) 千

18 80・81ページの復習《ふくしゅう》 新しい四字《よじ》熟語《じゅくご》を覚《おぼ》えよう⑱

学習日　／

復習《ふくしゅう》 1

(1)～(3)とつなげて四字熟語《よじじゅくご》になる言葉を選《えら》び、迷路《めいろ》を進みましょう。

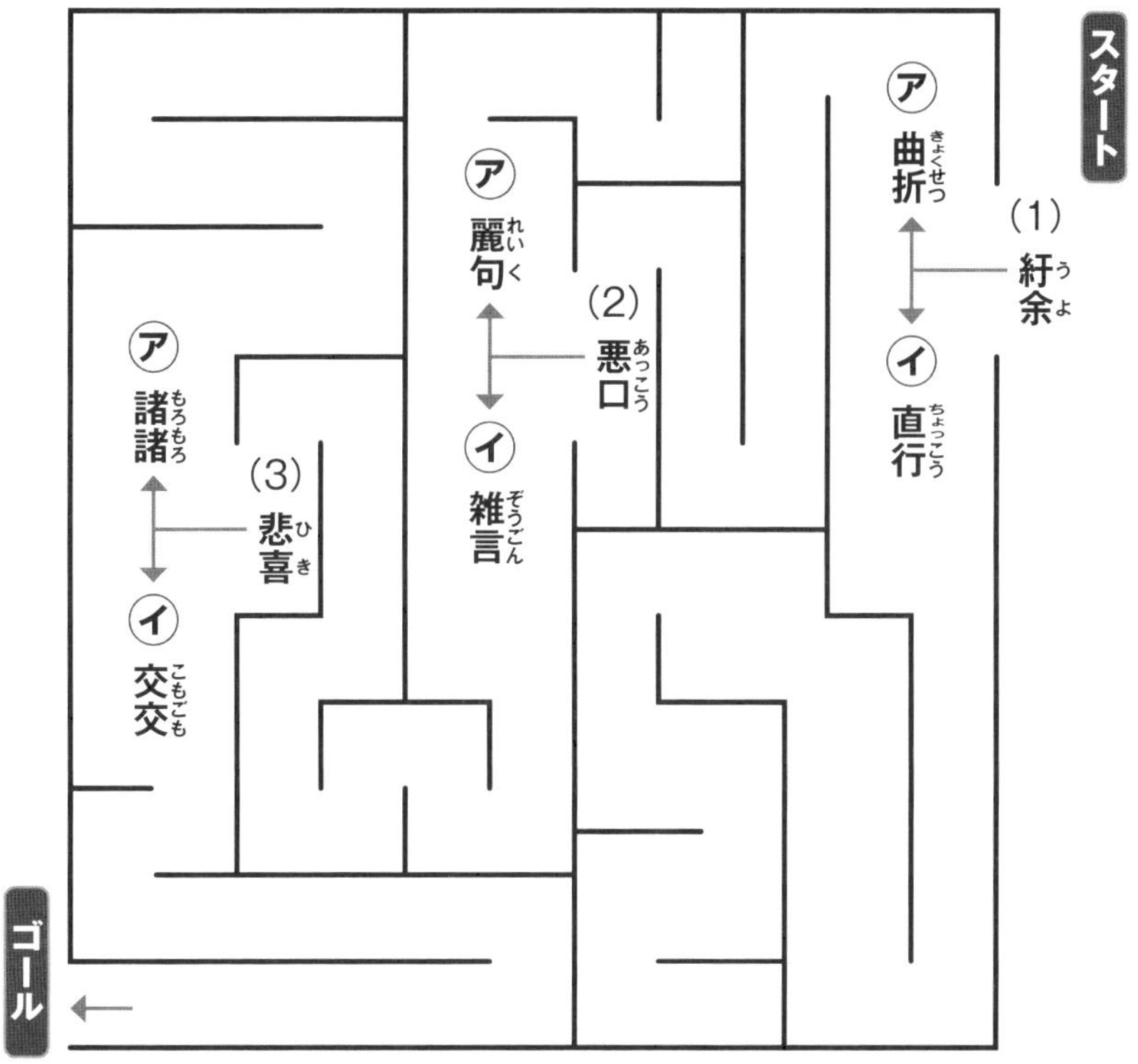

新しい四字熟語《よじじゅくご》⑱ 2

(1)～(2)の□にはそれぞれ同じ漢字が入ります。□の中から一つずつ選《えら》んで書きましょう。

(1)

□《ふ》易流行《えきりゅうこう》……昔から変《か》わらないものを意識《いしき》しながら、新しいものを求《もと》めて変化《へんか》すること。

□《ふ》協和音《きょうわおん》……不安定《ふあんてい》な状況《じょうきょう》や関係《かんけい》のこと。

□《ふ》老《ろう》□《ふ》死《し》……いつまでも年をとらずに死なないこと。

(2)

有形《ゆうけい》□《む》形《けい》……形があるものとないもの。

孤立《こりつ》□《む》援《えん》……一人ぼっちで、だれからも助けてもらえないこと。

傍若《ぼうじゃく》□《ぶ》人《じん》……人の目を気にしないで、自分勝手にふるまうこと。

不　無　富　夢

---

17 18ページの答え

1 (1) イ (2) ア (3) イ (4) ア

2 (1) オ (2) カ (3) ア (4) エ (5) イ (6) ウ

19 82・83ページの復習《ふくしゅう》
新しい四字熟語《よじじゅくご》を覚《おぼ》えよう⑲

学習日　／

復習《ふくしゅう》 1

(1)〜(3)の四字熟語《よじじゅくご》に合う読みを選《えら》びながら、迷路《めいろ》を進みましょう。

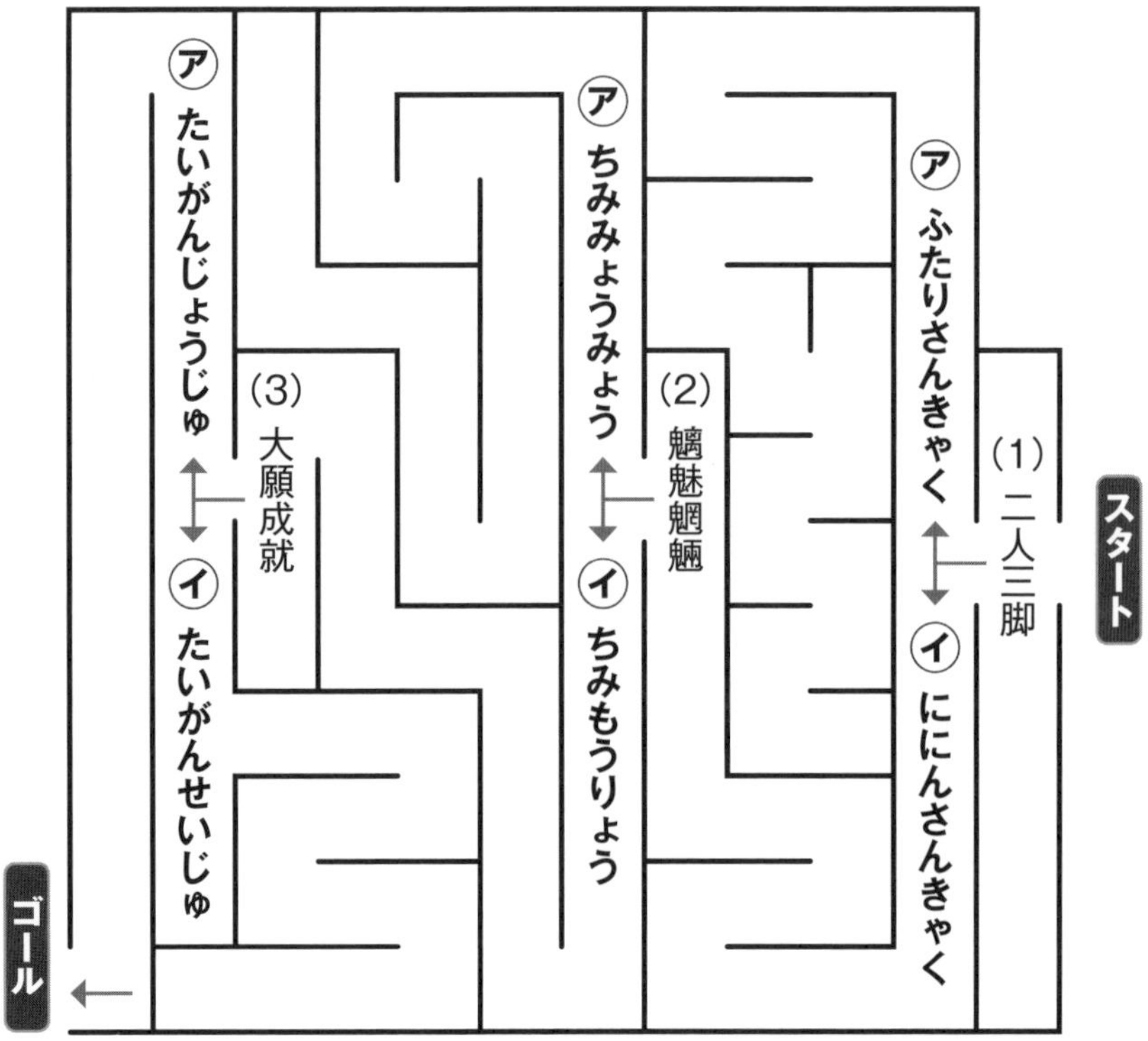

新しい四字熟語《よじじゅくご》⑲ 2

(1)〜(7)の——線部の四字熟語《よじじゅくご》の読みがなを選《えら》び、記号に○をつけましょう。

(1) 父が服をぬぎっぱなしにしていたので弟が注意した。**主客転倒**だ。
（ア しゅかくてんとう　イ しゅきゃくてんとう）

(2) 国会での**丁丁発止**の議論《ぎろん》の末《すえ》、法律《ほうりつ》が改正《かいせい》された。
（ア ていていはっし　イ ちょうちょうはっし）

(3) この世の**森羅万象**について知りつくすことはできない。
（ア しんらまんしょう　イ しんらばんしょう）

(4) 高額《こうがく》で買った着物を売ったら**二束三文**にしかならなかった。
（ア にそくさんぶん　イ にそくさんもん）

(5) 成功《せいこう》をおさめた俳優《はいゆう》の周りには、**有象無象**の人々《ひとびと》が集まってきた。
（ア うぞうむぞう　イ ゆうしょうむしょう）

(6) あの博物館《はくぶつかん》では**古今東西**の衣装《いしょう》が展示《てんじ》されている。
（ア こきんとうざい　イ ここんとうざい）

(7) 昨年《さくねん》**一宿一飯**の恩《おん》を受けた家にお礼に訪《たず》ねた。
（ア いっしゅくいっぱん　イ いっしゅくいちはん）

18 19ページの答え

1 (1) ア (2) イ (3) イ

2 (1) 不 (2) 無

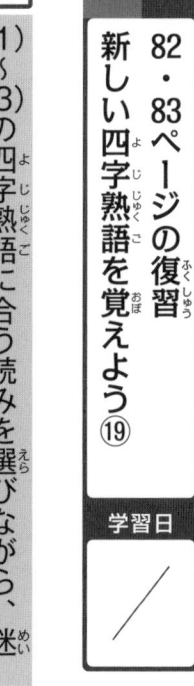

20

84～87ページの復習《ふくしゅう》
新しい四字《よじ》熟語《じゅくご》を覚《おぼ》えよう⑳

学習日　／

復習《ふくしゅう》 1

――線部の四字熟語《よじじゅくご》は、一部の漢字がまちがっています。正しい四字熟語《よじじゅくご》を（　）に書きましょう。

(1) 弟はおとなしいが、サッカーの試合《しあい》になると**縦横無人**の活躍《かつやく》を見せる。（　　）

(2) 思うようにものごとが運ばないときも、**自坊自棄**になってはいけない。（　　）

(3) 外国の大統領《だいとうりょう》をむかえるため、その旅館は**容意周到**な準備《じゅんび》をした。（　　）

(4) 深夜に起きたその事件《じけん》は、目撃者《もくげきしゃ》が現《あらわ》れず、捜査《そうさ》は**案中模索**だった。（　　）

新しい四字熟語《よじじゅくご》⑳ 2

(1)～(7)の四字熟語《よじじゅくご》に合う意味を㋐～㋖から選《えら》び、線でつなぎましょう。

(1) **意味深長《いみしんちょう》** ・
(2) **栄枯盛衰《えいこせいすい》** ・
(3) **小春日和《こはるびより》** ・
(4) **正正堂堂《せいせいどうどう》** ・
(5) **悠悠自適《ゆうゆうじてき》** ・
(6) **立身出世《りっしんしゅっせ》** ・
(7) **適材適所《てきざいてきしょ》** ・

・㋐ 世間を気にせず、のんびりとくらすこと。
・㋑ 晩秋《ばんしゅう》から初冬《しょとう》の春のようにおだやかな日。
・㋒ 出世をして世の中に認《みと》められること。
・㋓ 表面的《ひょうめんてき》な意味の他に深い意味がある。
・㋔ 態度《たいど》や行《おこな》いが正しく立派《りっぱ》であること。
・㋕ 栄《さか》えるときもあればおとろえるときもあること。
・㋖ その人の力や適性《てきせい》に応《おう》じた仕事を任《まか》せること。

---

19 20ページの答え

1 (1) ㋑ (2) ㋑ (3) ㋐

2 (1) ㋐ (2) ㋑ (3) ㋑ (4) ㋑ (5) ㋐ (6) ㋑ (7) ㋐

21

88・89ページの復習《ふくしゅう》
新しい四字熟語《よじじゅくご》を覚《おぼ》えよう㉑

学習日 ／

復習《ふくしゅう》

1 (1)〜(3)の漢字を正しい順《じゅん》に並《なら》べて、四字熟語《よじじゅくご》をつくりましょう。

(1) 回 名 誉 挽 → （　　）

(2) 断 優 柔 不 → （　　）

(3) 八 十 九 中 → （　　）

新しい四字熟語《よじじゅくご》㉑

2 (1)〜(7)の□に——と反対の意味の漢字を書いて、下の意味に合う四字熟語《よじじゅくご》を完成《かんせい》させましょう。

(例《れい》) 昼《ちゅう》夜《や》兼行《けんこう》……昼も夜も休まず仕事を続《つづ》けること。

(1) 夏炉《かろ》□扇《せん》……時期外れで必要《ひつよう》のないもの。

(2) 起《き》死回《しかい》□……絶望的《ぜつぼうてき》な状態《じょうたい》から立て直すこと。

(3) 和魂《わこん》□才《さい》……日本の精神《せいしん》を忘《わす》れずに西洋の文化を学び活用すること。

(4) □裏一体《りいったい》……二つのものが切りはなせないほど強い関《かん》係《けい》にあること。

(5) 有名《ゆうめい》□実《じつ》……名前は知られていても実力がともなっていないこと。

(6) 弱肉《じゃくにく》□食《しょく》……強いものが弱いものをほろぼして勝《か》ち残《のこ》ること。

(7) 天変《てんぺん》□異《い》……自然界《しぜんかい》で起こる異常《いじょう》なできごと。

---

20 21ページの答え

1 (1) 縦横無尽《じゅうおうむじん》 (2) 自暴自棄《じぼうじき》 (3) 用意周到《よういしゅうとう》 (4) 暗中模索《あんちゅうもさく》

2 (1) エ (2) カ (3) イ (4) オ (5) ア (6) ウ (7) キ

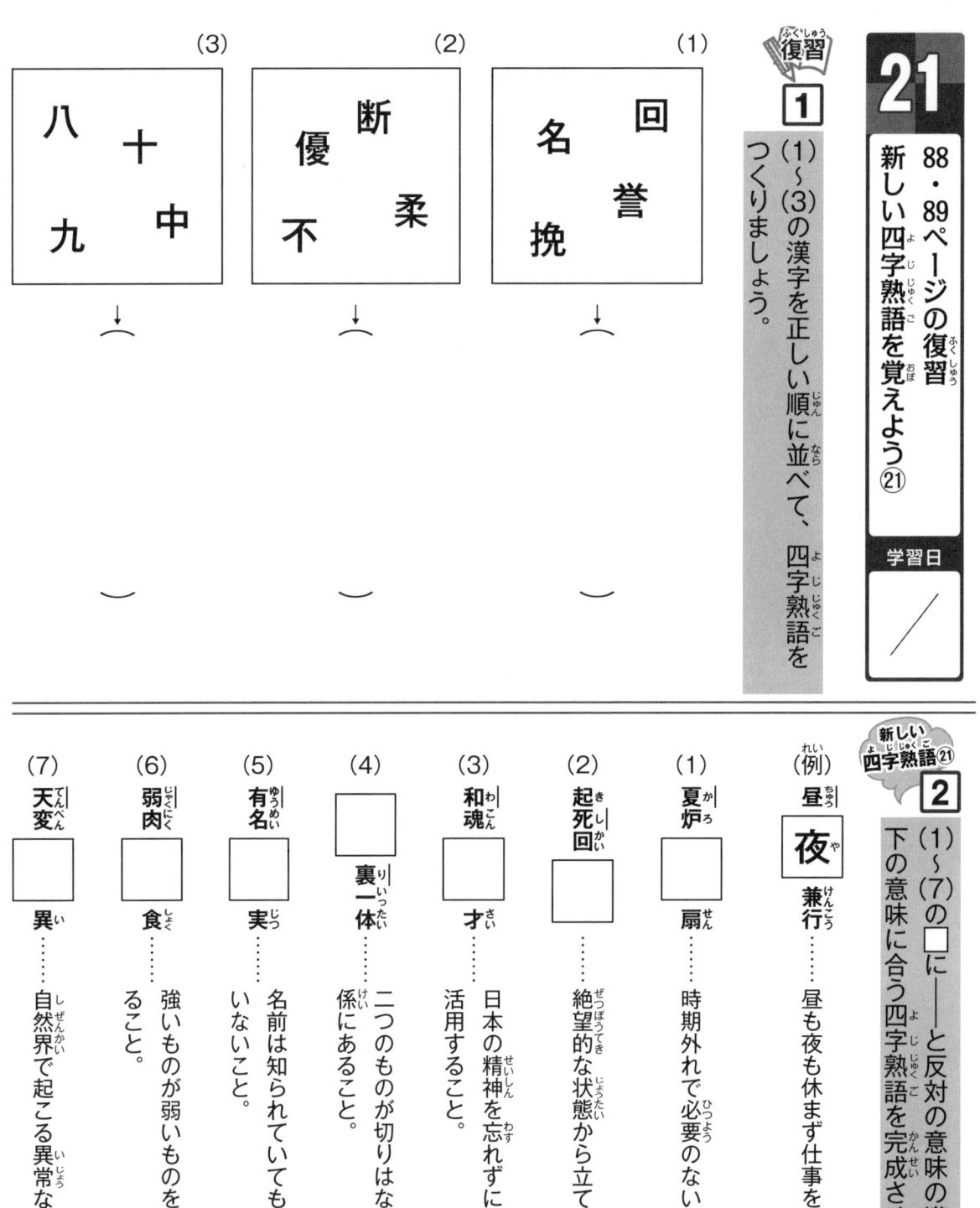

22 90・91ページの復習《ふくしゅう》 新しい四字熟語《よじじゅくご》を覚《おぼ》えよう㉒

学習日　／

復習《ふくしゅう》

1 (1)～(3)の□に当てはまる漢字を、□の中から選《えら》んで書きましょう。使わない漢字もあります。

(1) その会社で起きた盗難事件《とうなんじけん》は、第一発見者の自作自《じさくじ》□《えん》だった。

(2) ぼくが試験《しけん》でカンニングをしたなんて、事実無《じじつむ》□《こん》というものだ。

(3) あこがれの高校に進学した姉は、このごろ意気軒《いきけん》□《こう》としている。

延　昂　康　演　根　困

新しい四字熟語《よじじゅくご》㉒

2 (1)～(4)の読みと意味に合う四字熟語《よじじゅくご》になるように、それぞれの□の中の漢字を並《なら》べかえましょう。

(1) 読み せいこううどく
耕　晴　雨　読
（　　　　）
意味 田園で自由にのんびりと日々《ひび》をくらすこと。

(2) 読み びじんはくめい
薄　美　人　命
（　　　　）
意味 美しい人は早く亡《な》くなってしまうことが多いこと。

(3) 読み ふうこうめいび
光　風　媚　明
（　　　　）
意味 自然《しぜん》の景色《けしき》が清《きよ》らかで美しいこと。

(4) 読み おんこちしん
知　新　故　温
（　　　　）
意味 昔のものごとを調べて新しい考え方を得《え》ること。

---

21 22ページの答え

1 (1) 名誉挽回《めいよばんかい》 (2) 優柔不断《ゆうじゅうふだん》 (3) 十中八九《じっちゅうはっく》

2 (1) 冬《とう》 (2) 生《せい》 (3) 洋《よう》 (4) 表《ひょう》 (5) 無《む》 (6) 強《きょう》 (7) 地《ち》

23 100～103ページの復習《ふくしゅう》 新しい四字熟語《よじじゅくご》を覚《おぼ》えよう㉓

学習日　／

復習《ふくしゅう》

1

(1)～(4)の文に合う四字熟語《よじじゅくご》を選《えら》び、記号に○をつけましょう。

(1) その少年は［㋐ 眉目秀麗《びもくしゅうれい》　㋑ 岡目八目《おかめはちもく》］な容姿《ようし》で人目を引いた。

(2) 志望校《しぼうこう》に合格《ごうかく》するため［㋐ 一心同体《いっしんどうたい》　㋑ 一心不乱《いっしんふらん》］に勉強した。

(3) 父は［㋐ 頑固一徹《がんこいってつ》　㋑ 徹頭徹尾《てっとうてつび》］で人の意見を聞こうとしない。

(4) 彼《かれ》は頭がよく人格《じんかく》が素晴《すば》らしい［㋐ 傍若無人《ぼうじゃくぶじん》　㋑ 完全無欠《かんぜんむけつ》］の人だ。

新しい四字熟語《よじじゅくご》㉓

2

(1)～(6)の――線部の四字熟語《よじじゅくご》の読みがなを選《えら》び、記号に○をつけましょう。

(1) 長く売《う》れ続《つづ》ける芸人《げいにん》は少ない。まさに芸能界《げいのうかい》は**盛者必衰**だ。
（㋐ もじゃひっすい　㋑ じょうしゃひっすい）

(2) 海岸沿《ぞ》いをドライブして**白砂青松**の景色《けしき》を楽しんだ。
（㋐ はくしゃせいしょう　㋑ しろすなあおまつ）

(3) 彼《かれ》はまじめな性格《せいかく》だが、**一言居士**なところが欠点《けってん》だ。
（㋐ いちげんこじ　㋑ いちげんきょし）

(4) 土日はハイキングに出かけ、**雪月風花**を楽しむのが好《す》きだ。
（㋐ せつげつふうか　㋑ せつげつかざばな）

(5) 多くの**文人墨客**がこの景色《けしき》を詩や絵に残《のこ》した。
（㋐ もじんぼっきゃく　㋑ ぶんじんぼっかく）

(6) 父は定年後、**行雲流水**の旅に出たいと考えている。
（㋐ ぎょううんりゅうすい　㋑ こううんりゅうすい）

---

22 23ページの答え

1 (1) 演 (2) 根 (3) 昂

2 (1) 晴耕雨読《せいこううどく》 (2) 美人薄命《びじんはくめい》 (3) 風光明媚《ふうこうめいび》 (4) 温故知新《おんこちしん》

24 104～107ページの復習《ふくしゅう》 新しい四字熟語《よじじゅくご》を覚《おぼ》えよう㉔

学習日 ／

復習《ふくしゅう》 1 (1)～(4)の□に当てはまる漢字を[ ]の中から選《えら》んで書きましょう。

(1) 引《ひ》っ越《こ》しの機会《きかい》に、必要《ひつよう》なものと捨《す》てるものを取捨《しゅしゃ》□□した。

(2) 性格《せいかく》が正反対の二人が結婚《けっこん》するとは、まだ半信《はんしん》□□だ。

(3) この街《まち》の夏祭りは、老若《ろうにゃく》□□が集まってにぎやかに行《おこな》われる。

(4) あの選手《せんしゅ》は不言《ふげん》□□で記録《きろく》をのばし、ついに優勝《ゆうしょう》を果《は》たした。

[男女《なんにょ》　実行《じっこう》　半疑《はんぎ》　選択《せんたく》]

新しい四字熟語《よじじゅくご》㉔ 2 (1)～(7)の四字熟語《よじじゅくご》に合う意味《いみ》を㋐～㋖から選《えら》び、線でつなぎましょう。

(1) 一言一句《いちごんいっく》 ・　　・㋐ 成功《せいこう》するために大変《たいへん》な苦労《くろう》をすること。

(2) 虚虚実実《きょきょじつじつ》 ・　　・㋑ 口ぎたない言葉で人をののしること。

(3) 鬼面仏心《きめんぶっしん》 ・　　・㋒ 事実を示《しめ》すものごとを消し去ること。

(4) 糟糠之妻《そうこうのつま》 ・　　・㋓ たがいに相手のすきをねらって戦《たたか》うこと。

(5) 証拠隠滅《しょうこいんめつ》 ・　　・㋔ 外見はこわそうでも中身は優《やさ》しい人。

(6) 罵詈雑言《ばりぞうごん》 ・　　・㋕ 貧《まず》しいときから苦労《くろう》を共《とも》にしてきた妻《つま》。

(7) 臥薪嘗胆《がしんしょうたん》 ・　　・㋖ ほんのちょっとした言葉。

---

23 24ページの答え

1 (1) ㋐ (2) ㋑ (3) ㋐ (4) ㋑

2 (1) ㋑ (2) ㋐ (3) ㋐ (4) ㋐ (5) ㋑ (6) ㋑

25

108~111ページの復習《ふくしゅう》
新しい四字《よじ》熟語《じゅくご》を覚《おぼ》えよう㉕

学習日
／

復習《ふくしゅう》

1 (1)~(4)の読みに合う四字《よじ》熟語《じゅくご》を選《えら》びながら、迷《めい》路《ろ》を進みましょう。

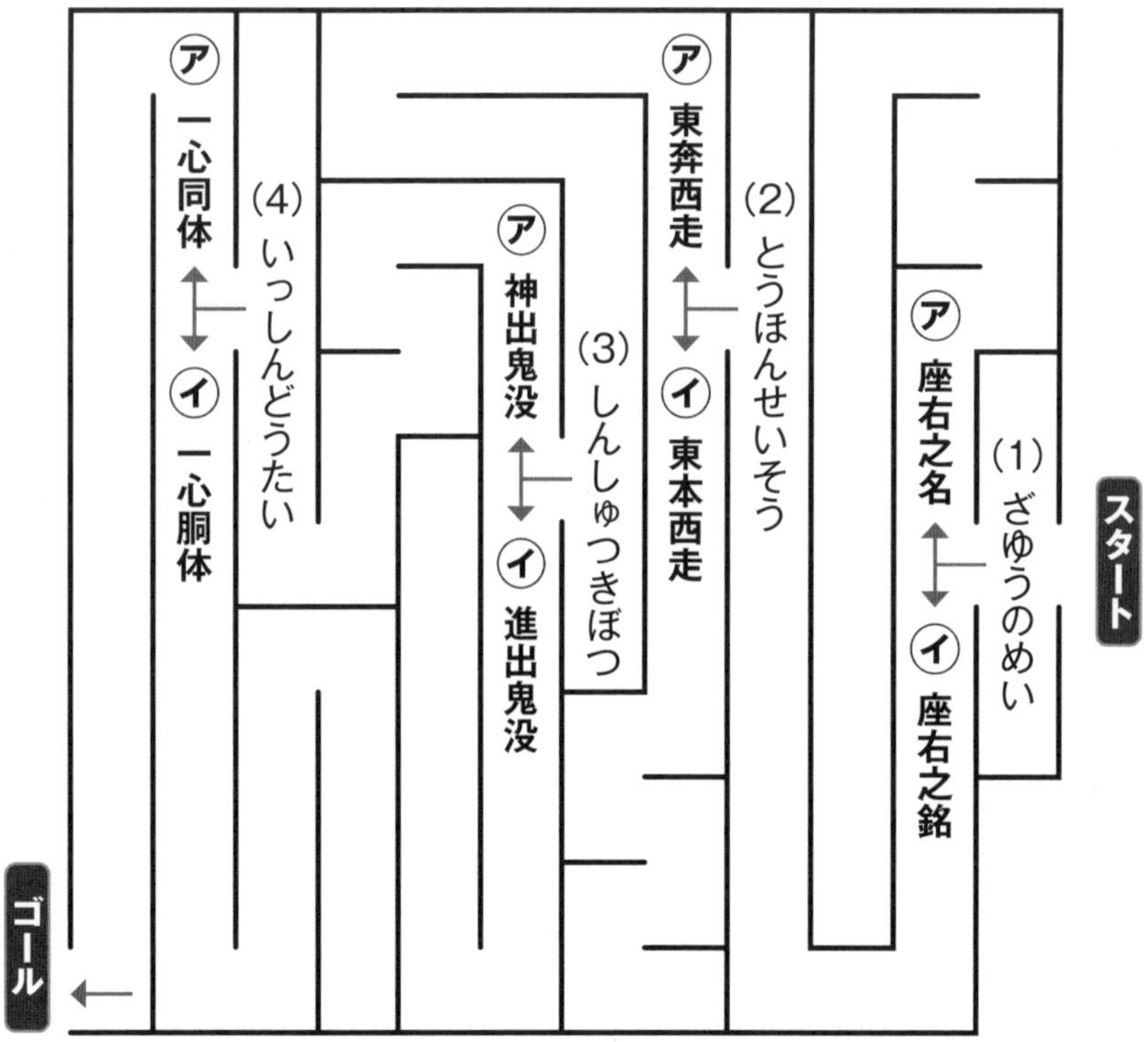

新しい四字《よじ》熟語《じゅくご》㉕

2 (1)~(7)の――線部の四字《よじ》熟語《じゅくご》の読みがなを選《えら》び、記号に○をつけましょう。

(1) その国の国民《こくみん》は王の命令《めいれい》に**唯唯諾諾**と従《したが》うしかなかった。
（ア **ゆいゆいだくだく**　イ **いいだくだく**）

(2) その作家は短編小説《たんぺんしょうせつ》を**一気呵成**に書き上げた。
（ア **いっきあせい**　イ **いっきかせい**）

(3) 寄《よ》せ集《あつ》めの人《ひと》で構成《こうせい》したチームは**烏合之衆**だ。勝てるはずはない。
（ア **うごうのしゅう**　イ **ちょうごうのしゅう**）

(4) その店は、たくさんの客が来ると想定して準備《じゅんび》していたが、実際《じっさい》はわずかだった。**大山鳴動**だった。
（ア **おおやまめいどう**　イ **たいざんめいどう**）

(5) 父親に**三拝九拝**して、新しいゲームを買ってもらった。
（ア **さんぱいくはい**　イ **さんぱいきゅうはい**）

(6) 好《す》きな俳優《はいゆう》のサイン会があると聞いて、**疾風迅雷**のごとくかけつけた。
（ア **しっぷうじんらい**　イ **しっぷうじんう**）

(7) 昨年《さくねん》は予選敗退《よせんはいたい》したチームが**捲土重来**、優勝《ゆうしょう》を果《は》たした。
（ア **かんどじゅうらい**　イ **けんどちょうらい**）

24 **25ページの答え**

1 (1) 選択 (2) 半疑 (3) 男女 (4) 実行

2 (1) ㋖ (2) ㋓ (3) ㋔ (4) ㋕ (5) ㋒ (6) ㋑ (7) ㋐

26

112・113ページの復習《ふくしゅう》 新しい四字熟語《よじじゅくご》を覚《おぼ》えよう㉖

学習日 ／

復習《ふくしゅう》 **1**

(1)～(3)のうち四字熟語《よじじゅくご》の使い方が合っているものには○、まちがっているものには×を□に書きましょう。

(1) □ もう一試合《しあい》も負けられないと、**背水之陣**《はいすいのじん》で試合《しあい》に臨《のぞ》んだ。

(2) □ 深い霧《きり》におおわれて道を見失《みうしな》った探検隊《たんけんたい》は**難攻不落**《なんこうふらく》におちいった。

(3) □ 変装《へんそう》した友だちの姿《すがた》があまりにもおかしくて、**絶体絶命**《ぜったいぜつめい》した。

新しい四字熟語《よじじゅくご》㉖ **2**

(1)～(6)の□にはそれぞれ生物を表す漢字が入ります。□の中から選《えら》んで書きましょう。

(1) **九**《きゅう》□《ぎゅうの》**一毛**《いちもう》……たくさんある中のごく一部であること。

(2) □《けい》**口牛後**《こうぎゅうご》……大きな集団《しゅうだん》の末端《まったん》にいるより、小さな集《しゅう》団《だん》のリーダーになったほうがよいこと。

(3) □《こ》**穴虎子**《けつこし》……大きな成果《せいか》を得《え》るためには、多少の危険《きけん》がつきものであること。

(4) **胡**《こ》□《ちょう》**之夢**《のゆめ》……夢《ゆめ》か現実《げんじつ》か区別《くべつ》がつかないこと。

(5) □《けん》**猿之仲**《えんのなか》……非常《ひじょう》に仲《なか》が悪いこと。

(6) □《か》**角之争**《かくのあらそい》……ささいなつまらないことで争《あらそ》うこと。

虎 犬 蝸 蝶 鶏 牛

---

25 26ページの答え

1 (1) ㋑ (2) ㋐ (3) ㋐ (4) ㋐

2 (1) ㋑ (2) ㋑ (3) ㋐ (4) ㋑ (5) ㋑ (6) ㋐ (7) ㋑

27 114・115ページの復習《ふくしゅう》

新しい四字熟語《よじじゅくご》を覚《おぼ》えよう㉗

学習日　／

復習《ふくしゅう》 1

(1)～(3)の文に合う四字熟語《よじじゅくご》を選《えら》び、記号に○をつけましょう。

(1) 難《むずか》しい交渉《こうしょう》だったが［㋐ 虚心坦懐《きょしんたんかい》　㋑ 不承不承《ふしょうぶしょう》］の気持ちで臨《のぞ》んだところ、うまくいった。

(2) ぼくのクラスはいつも［㋐ 和気藹藹《わきあいあい》　㋑ 快刀乱麻《かいとうらんま》］としていて、居心地《いごこち》がよい。

(3) 彼《かれ》の失敗話《しっぱいばなし》は、いつ聞いても［㋐ 捧腹絶倒《ほうふくぜっとう》　㋑ 絶体絶命《ぜったいぜつめい》］する。

新しい四字熟語《よじじゅくご》㉗ 2

(1)～(5)の読みと意味に合う四字熟語《よじじゅくご》になるように、それぞれの□の中の漢字を並《なら》べかえましょう。

(1) 読み あいべつりく
離　苦　愛　別
（　　　）
意味 愛《あい》する人と別《わか》れる苦しみ。

(2) 読み きゅうたいいぜん
旧　然　態　依
（　　　）
意味 昔のままで進歩がなく時代おくれであること。

(3) 読み こうだいむへん
無　大　辺　広
（　　　）
意味 限《かぎ》りなくどこまでも広いこと。

(4) 読み いちびょうそくさい
息　一　災　病
（　　　）
意味 一つ病気があったほうが、健《けん》康《こう》に気を配り長生きすること。

(5) 読み てんちむよう
天　無　用　地
（　　　）
意味 こわれやすく逆《さか》さまにしてはいけないこと。

26 27ページの答え

1 (1) ○ (2) × (3) ×

2 (1) 牛 (2) 鶏 (3) 虎 (4) 蝶 (5) 犬 (6) 蝸

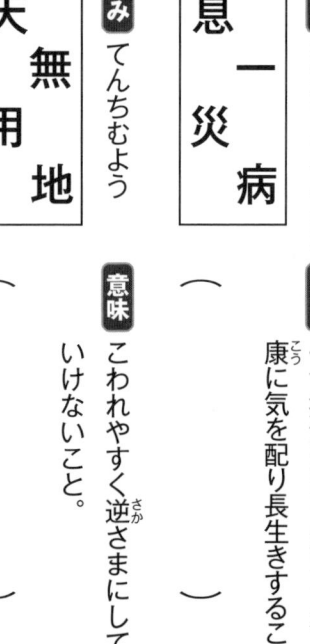

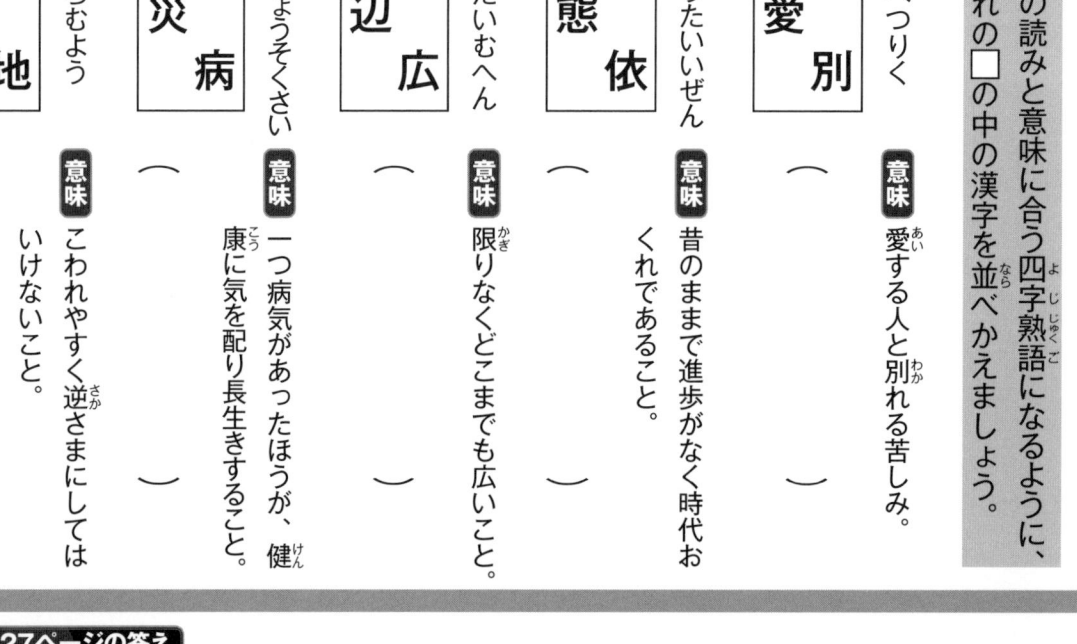

28 116・117ページの復習《ふくしゅう》

新しい四字熟語《よじじゅくご》を覚《おぼ》えよう㉘

学習日 ／

復習《ふくしゅう》

1 (1)〜(3)の漢字を正しい順《じゅん》に並《なら》べて四字熟語《よじじゅくご》をつくりましょう。

(1) 欲　私　利　私

↓（　　　　）

(2) 比　連　翼　理

↓（　　　　）

(3) 自　達　闊　由

↓（　　　　）

新しい四字熟語《よじじゅくご》㉘

2 下の意味に合う四字熟語《よじじゅくご》になるように、(1)〜(7)の□に当てはまる語句《ごく》を［　］の中から選《えら》んで書きましょう。

(1) □□二鳥《にちょう》……一つの行《おこな》いで二つの利益《りえき》を得《え》ること。

(2) 慇懃《いんぎん》□□……表面はていねいでも、心の中では相手をばかにしていること。

(3) □□豹変《ひょうへん》……意見や態度《たいど》をがらりと変《か》えること。

(4) □□楼閣《ろうかく》……根拠《こんきょ》のないこと。現実《げんじつ》からかけはなれたものごと。

(5) □□千金《せんきん》……価値《かち》の高い、すぐれた文字や文章。

(6) □□味噌《みそ》……自分で自分のことをほめること。

(7) □□無双《むそう》……この世に比《くら》べるものがないほどすぐれていること。

［手前《てまえ》　天下《てんか》　一字《いちじ》　空中《くうちゅう》　一石《いっせき》　君子《くんし》　無礼《ぶれい》］

---

27 28ページの答え

1 (1) ㋐ (2) ㋐ (3) ㋐

2 (1) 愛別離苦《あいべつりく》 (2) 旧態依然《きゅうたいいぜん》 (3) 広大無辺《こうだいむへん》 (4) 一病息災《いちびょうそくさい》 (5) 天地無用《てんちむよう》

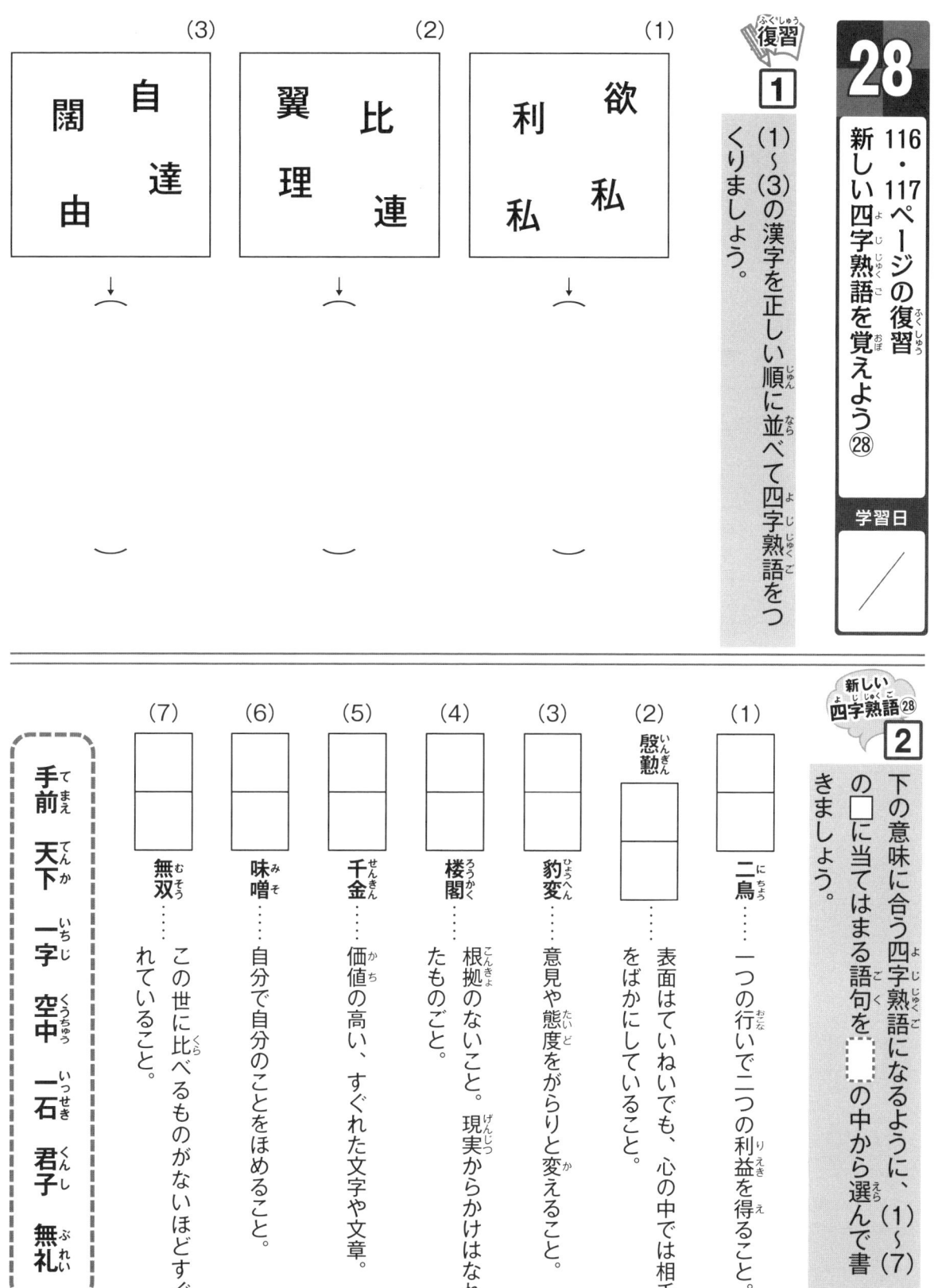

29 118～121ページの復習《ふくしゅう》 新しい四字熟語《よじじゅくご》を覚《おぼ》えよう㉙

学習日　／

復習《ふくしゅう》

1 (1)～(3)の□に当てはまる四字熟語《よじじゅくご》を、[ ]の中から選《えら》んで記号を書きましょう。使わない熟語《じゅくご》もあります。

(1) あやしい男は言いわけをしたが、□で逮捕《たいほ》された。

(2) 対戦相手《たいせんあいて》もなかなか強い。次の試合《しあい》に勝てるかどうかは□だろう。

(3) 台風が接近《せっきん》しているらしい。日曜日の予定は□に考えよう。

ア 文武両道《ぶんぶりょうどう》　イ 聖人君子《せいじんくんし》　ウ 問答無用《もんどうむよう》
エ 傍若無人《ぼうじゃくぶじん》　オ 臨機応変《りんきおうへん》　カ 五分五分《ごぶごぶ》

新しい四字熟語《よじじゅくご》㉙

2 (1)～(7)に当てはまる四字熟語《よじじゅくご》を選《えら》び、記号に○をつけましょう。

(1) 「ア 閑話休題《かんわきゅうだい》　イ 百花繚乱《ひゃっかりょうらん》」、今日の議題《ぎだい》についてまじめに話すとしよう。

(2) 前を走っていた二人が続《つづ》けて転び、その後ろのランナーが先にゴールした。「ア 一石二鳥《いっせきにちょう》　イ 漁夫之利《ぎょふのり》」だ。

(3) 戦国時代《せんごくじだい》は「ア 群雄割拠《ぐんゆうかっきょ》　イ 天地無用《てんちむよう》」の時代といわれている。

(4) 「ア 驚天動地《きょうてんどうち》　イ 胡蝶之夢《こちょうのゆめ》」の大事件《だいじけん》が起こり、世間をさわがせた。

(5) 「ア 少壮気鋭《しょうそうきえい》　イ 森羅万象《しんらばんしょう》」の社員が入り、うちの会社の将来《しょうらい》は安泰《あんたい》だ。

(6) 昔は繁盛《はんじょう》していた商店街《しょうてんがい》も今は活気がない。まさに「ア 不協和音《ふきょうわおん》　イ 諸行無常《しょぎょうむじょう》」だ。

(7) だれよりもピアノがうまいと思っていたが、コンクールの結果《けっか》はさんざんだった。「ア 夜郎自大《やろうじだい》　イ 問答無用《もんどうむよう》」だった。

---

28 29ページの答え

1 (1) 私利私欲《しりしよく》 (2) 比翼連理《ひよくれんり》 (3) 自由闊達《じゆうかったつ》

2 (1) 一石 (2) 無礼 (3) 君子 (4) 空中 (5) 一字 (6) 手前 (7) 天下

30 122・123ページの復習《ふくしゅう》 新しい四字熟語《よじじゅくご》を覚《おぼ》えよう㉚

学習日 ／

復習《ふくしゅう》 **1** (1)〜(3)の□に当てはまる語句《ごく》を[　]の中から選《えら》んで書きましょう。使わない語句《ごく》もあります。

(1) 卒業生《そつぎょうせい》の挨拶《あいさつ》は**威風《いふう》**□□とした態度《たいど》で素晴《すば》らしかった。

(2) 古い友人が訪《たず》ねてきたので父は□□**振舞《ぶるまい》**して、すしをとった。

(3) 大学で優秀《ゆうしゅう》な成績《せいせき》をおさめた彼《かれ》の将来《しょうらい》は**前途《ぜんと》**□□としている。

小盤《こばん》　大盤《おおばん》　相判《あいばん》　堂堂《どうどう》　洋洋《ようよう》　悶悶《もんもん》

新しい四字熟語《よじじゅくご》㉚ **2** (1)〜(7)の四字熟語《よじじゅくご》に合う意味をㇵ〜キから選《えら》び、線でつなぎましょう。

(1) **危機一髪《ききいっぱつ》** ●　　● ア 自信《じしん》がたっぷりでほこらしげなこと。

(2) **砂上楼閣《さじょうのろうかく》** ●　　● イ 自分より立場が下の相手にも礼儀《れいぎ》をつくすこと。

(3) **三顧之礼《さんこのれい》** ●　　● ウ 早くしたりおそくしたり、ゆるめたりきつくしたり、思うままに操《あやつ》ること。

(4) **我田引水《がでんいんすい》** ●　　● エ 自分の責任《せきにん》、役目を人になすりつけること。

(5) **意気揚揚《いきようよう》** ●　　● オ 素晴《すば》らしく見えても基本《きほん》がしっかりしていないこと。

(6) **緩急自在《かんきゅうじざい》** ●　　● カ すぐそこに危険《きけん》がせまっていること。

(7) **責任転嫁《せきにんてんか》** ●　　● キ 自分に都合がよいようにものごとを行《おこな》うこと。

---

29 30ページの答え

1 (1) ウ (2) カ (3) オ

2 (1) ア (2) イ (3) ア (4) ア (5) ア (6) イ (7) ア